中国自由贸易试验区协同创新中心

自贸区研究系列

2021上海城市经济与管理发展报告

上海自由贸易试验区临港新片区发展研究

上海财经大学上海发展研究院　上海财经大学城市与区域科学学院
上海市政府决策咨询研究基地"赵晓雷工作室"
上海市教育系统"赵晓雷城市经济与管理工作室"　编

主　编　赵晓雷

副主编　张祥建

编　委　（按姓氏笔画排序）

何　骏　周三玉　殷　华

格致出版社　　上海人民出版社

前　言

2019 年 8 月 6 日,国务院印发《中国(上海)自由贸易试验区临港新片区总体方案》,设立中国(上海)自由贸易试验区临港新片区。设立新片区是以习近平同志为核心的党中央总揽全局、科学决策作出的进一步扩大开放重大战略部署,是新时代彰显中国坚持全方位开放鲜明态度、主动引领经济全球化健康发展的重要举措。

新片区按照在更深层次、更宽领域、更大力度推进全方位高水平开放的总体要求和发展目标,到 2025 年,建立比较成熟的投资贸易自由化便利化制度体系,打造一批更高开放度的功能型平台,集聚一批世界一流企业,区域创造力和竞争力显著增强,经济实力和经济总量大幅跃升;到 2035 年,建成具有较强国际市场影响力和竞争力的特殊经济功能区,形成更加成熟定型的制度成果,打造全球高端资源要素配置的核心功能,成为中国深度融入经济全球化的重要载体。新片区对标国际上公认的竞争力最强的自由贸易园区,在适用自由贸易试验区各项开放创新措施的基础上,实施具有较强国际市场竞争力的开放政策和制度,加大开放型经济的风险压力测试,实现新片区与境外之间的投资经营便利、货物自由进出、资金流动便利、运输高度开放、人员自由执业、信息快捷联通。

全书共分五章,分别从不同的视角分析了上海自由贸易试验区临港新片区建设相关的重大问题。本书的主要内容包括:临港新片区代表国家参与国际竞争的思路和举措、临港新片区的核心制度体系、临港新片区的对外贸易活动、临港新片区的开放型产业体系,以及发挥桥梁引领作用推动长三角一体化迈向新格局。

本书的研究工作由上海市政府决策咨询研究基地"赵晓雷工作室"及上海财经大学上海发展研究院、城市与区域科学学院负责实施。本书的主题设计、框架确定及总体组织由赵晓雷负责。各章的分工如下:第 1 章,赵晓雷;第 2 章,张祥建、林伟芬、彭娜;第 3 章,殷华;第 4 章,何骏、董春风、郭岚;第 5 章,周三玉。

赵晓雷

2020 年 12 月于上海财经大学

目　录

第1章
上海自由贸易试验区临港新片区代表
国家参与国际竞争的思路和举措

上海自由贸易试验区临港新片区要按照"五个重要"目标定位,进行更深层次、更大力度的全方位高水平开放,构建最具国际竞争力的规则体系,打造全球高端资源要素配置的核心功能,成为中国深度融入经济全球化的重要载体,代表国家参与国际竞争。

1.1　临港新片区代表国家参与国际竞争的思路

1.1.1　开放模式:在商品和要素流动层面更大力度开放的基础上实施制度型开放

20世纪下半期,以世界贸易组织(WTO)为主要平台的全球多边贸易体制确立,在联合国、WTO等机构的主持协调下,经济全球化成为时代潮流,全球范围内商品和要素流动型开放构成经济全球化的重要特征。商品和要素流动型开放本质上属于"边境开放",即多边框架中的关税和非关税壁垒大幅降低。贸易自由化带动了资本、技术、人力资源等要素的跨国流动,极大地促进了世界经济发展。

20世纪末21世纪初以来,经济全球化出现了新的形势。随着经济全球化及国际产业分工体系的发展,全球商品和要素跨境流动加强,规模空前,各经济体为追求经济全球化利益最大化,致力于更开放、更自由、更便捷的跨境经贸合作。美、欧、日等发达经济体更是在"自由"的基础上进一步提出有针对性的"公平"诉求,联合推动以"自由""公平"为准则的全球经贸规则重构,以求凭借其在全球市场体系、价值链体系和治理方面的优势,继续掌握经济全球化发展的引领权。这些新的国际经贸规则在商品和要素流动层面提出了更高标准的零关税和非关税壁垒等要求,更重要的是提出了"边境后"的规则,即制度型开放要求。在现有的国际经贸关系中,与制度型开放相关的国际投资保护和贸易自由化规则包括:削减和消除非关税壁垒(补贴、技术检验、非国民待遇等),外商投资准入前和准入后国民待遇(高标准负面清单模式),公平竞争和竞争中立(非国别和所有制歧视的商务环境和监管要求),知识产权保护(包括非强制性技术转让),服务贸易开放(包括金融服务业、数字贸易开放和数字自由跨境流动),资金自由转移(与投资相关的资金和利润等投资收益自由跨境转移),政府采购非歧视和透明化原则[WTO框架下的《政府采购协定》(GPA)],反对非市场导向扭曲(包括汇率浮动),投资者与东道国争端解决(ISDS)机制,劳工权益保护(包括集体谈判权及最低工资限制),全面可执行的环境义务,等等。这些规则和相应的行为审查标准不单是在商品和要素流动层面,而是涉及行为规则、一国的宏观经济政策、制度和法律层面。

面对全球化经贸治理规则的新一轮调整,中国的战略思维是:中国是经济全球化的积极参与者和受益者,中国并不挑战现行世界经济体系,而是以改革开放、和平发展的积极姿态融入经济全球化。同时,中国要主动适应经济全球化新形势,针对一些规则涉及中国经济及治理的结构性弱点,以开放促改革。基于这样的战略思维,中国继续推动全方位对外开放,推动由商品和要素流动型开放向规则等制度型开放转变。2019年4月26日,国家主席习近平在第二届"一带一路"国际合作高峰论坛开幕式主旨演讲中宣布,中国将采取一系列重大改革开放举措,加强制度性、结构性安排,促进更高水平对外开放,包括:更广领域扩大外资市场准入、更大力度加强知识产权保护国际合作、更大规模增加商品和服务进口、更加有效实施国际宏观经济政策协调、更加重视对外开放政策贯彻落实。

2020年11月4日,国家主席习近平在第三届中国国际进口博览会开幕式上的主旨演讲中提出,过去7年来,中国各自由贸易试验区锐意进取、大胆探索,取得显著成效。海南自由贸易港建设顺利开局。中国将有效发挥自由贸易试验区、自由贸易港引领作用,出台跨境服务贸易负面清单,在数字经济、互联网等领域持续扩大开放,深入开展贸易和投资自由化便利化改革创新,推动建设更高水平开放型经济新体制。

设立上海自由贸易试验区临港新片区是新时代中国坚持全方位开放、主动引领经济全球化健康发展的重大战略部署和重要举措。临港新片区按照"五个重要"目标定位,主动服务和融入国家重大战略,必须适应新形势、把握新特点,实施由商品和要素流动型开放向规则等制度型开放转变,努力成为参与国际经济治理的重要试验田,更好服务对外开放总体战略布局,代表国家参与国际竞争。

1.1.2　发展维度:集聚配置全球高端资源要素核心功能

经济全球化及国际分工格局演进的前沿趋势是,国际分工的边界已从产业结构层次转换到价值链层次。在新型国际分工体系中,一个经济体在国际分工体系中的地位提升不仅表现为产业结构高度化,还表现在产业链全球分工体系中的地位以及对全球货物、资金、信息、人力资源等高端要素的集聚、配置、增值能力的提升上。"五个重要"所要求的"重要基础""重要枢纽""重要跳板""重要通道""重要试验田",正是把握住了国际分工体系演进的前沿趋势,对临港新片区提出更深层次、更大力度全方位高水平开放的目标定位。

集聚配置全球高端资源要素核心功能的绩效标准是建立以投资贸易自由化为核心的制度体系,建设具有国际市场竞争力的开放型产业体系。临港新片区推进投资贸易便利化的重点是投资自由、贸易自由、资金自由、运输自由、人员从业自由,符合国际上自由贸易园区发展的前沿趋势。国际上竞争力强的自由贸易园区的发展有两个重要趋势,即由以贸易功能为主向贸易功能与投资功能、科技创新功能并重转型;由以贸易自由制度安排为主向贸易自由、投资自由、金融自由、人力资源流动自由制度安排转型,这也是符合商品和要素流动层面开放向制度型开放转型的全球化经贸治理规则。

临港新片区建设具有国际市场竞争力的开放型产业体系应具有以下特点:一是高度开放的国际化产业和业务;二是符合全球产业链变化前沿趋势、以关键核心技术为突破口的前沿产业;三是依托临港地区产业基础支撑;四是贸易端、科技端、制造端相融合的新兴产业和业态;五是全产业链的产业体系和产业集群。

1.1.3　规则体系:对标国际上公认的竞争力最强的自由贸易园区

临港新片区代表国家参与国际竞争,要根据新片区实现与境外投资经营便利、货物自由进出、资金流动便捷、运输高度开放、人员自由执业、信息快捷联通的总体要求,精选权威性、适用性的国际规则,建立最具国际竞争力的规则体系,对标国际上公认的竞争力最强的自由贸易园区。

目前对全球自由贸易园区进行评估的国际权威系统是英国《金融时报》集团旗下的《外国直接投资》(FDI)杂志每年发布的"全球自由贸易区排行榜"和世界自由

区组织(WFZO)于 2018 年 4 月推出的"未来自贸区计划"评估体系。2009 年,《金融时报》推出"面向未来的全球自贸区"评价体系;2014 年,《金融时报》又推出"年度最佳全球自贸区"评估体系。两个评价体系的指标各有不同。"面向未来的全球自贸区"评价体系从基本情况、优惠措施、基础设施、费用效率、交通、自贸区提升、服务等七个方面评价自贸区,覆盖了自贸区硬件、软件条件,更是突出了"升级战略""服务"等决定自贸区未来发展质量的关键指标。在"全球最佳自贸区"评价中,除了年度全球排行榜,还有亚太地区、非洲地区、欧洲地区、美洲地区、中东地区等分区域排名。

世界自由区组织总部位于阿联酋迪拜,是当今最具影响力的自由贸易区非政府国际组织。2016 年 5 月,世界自由区组织在迪拜举行的第二届年会上推出"未来自贸区计划"国际动议,并以此为框架构建一套引领性、适用性的国际评估体系。2018 年 4 月,世界自由区组织在迪拜举行的第三届国际年会和展会上发布了"未来自贸区计划"评估体系,迪拜总部于 2019 年开始对全球自贸区的营商环境开展评估。世界自由区组织所倡导的"未来自贸区计划"包含的"卓越性和最佳实践""创新和创业""可持续性"三大核心支柱及组成部分,有助于为自贸区确立实现卓越发展和可持续发展的长期目标。由于数据获得等原因,世界自由区组织目前没有对中国的自贸试验区和综合保税区开展评估。

临港新片区一方面要参照以上两个国际权威的评估体系,与这两个评估体系评出的竞争力最强的自由贸易区对标发展;另一方面也要主动参与全球自贸区评估活动和国际评价标准制定,这既有利于新片区建设确立全球竞争力最强发展坐标,又可使世界自由贸易区评价体系融入中国元素,从而更具国际普适性。

1.1.4 战略空间:更具国际市场影响力和竞争力的特殊经济功能区

临港新片区是新时代全方位扩大开放的高能级平台。到 2035 年,新片区要建成具有较强国际市场影响力和竞争力的特殊经济功能区。特殊经济功能区是国家推动形成全面开放新格局、加快培育国际经济合作和竞争新优势的新的战略空间概念。2020 年 1 月 1 日正式实施的《中华人民共和国外商投资法》第十三条载明:国家根据需要,设立特殊经济区域,或者在部分地区实行外商投资试验性政策措施,促进外商投资,扩大对外开放。

特殊经济功能区和经济特区是中国改革开放不同阶段的战略空间概念。经济特区是经济体制改革和对外开放的试验区和窗口,是中国改革开放初期实施对内搞活经济、对外开放的战略举措。经济特区实行特殊的经济政策和特殊的管理体制。特殊经济政策包括:经济发展主要靠吸收和利用外资,产品主要出口以换取外汇;经济活动充分发挥市场机制的调节作用;对外商在税收、出入境等方面给予特殊的优惠和便利政策。特殊管理体制主要是在对外开放、市场准入、注册经营、人事制度、劳动管理、收入分配等方面有更大自主权。

特殊经济功能区是中国深度融入经济全球化的重要载体,其核心功能是服务国家全面开放总体战略布局。选择条件是国家战略需要、国际市场需求大、对外开放要求高,但其他地区尚不具备实施条件的重点领域,加大开放型经济的风险压力测试,实现更深层次、更宽领域、更高水平的开放。

特殊经济功能区应该具有以下特征:第一,在开放层次上,从商品要素流动层面开放向制度型开放转变;第二,在政策制度创新上,从以优惠政策为主向通过制度创新优化国际营商环境为主转变;第三,在资源要素流向上,从以单一的引进外资为主向"引进来""走出去"双向流动转变;第四,在产业结构上,从以出口加工制造为主向具有国际市场竞争力的开放型产业体系转变;第五,在核心功能上,从经济体制改革和对外开放试验到集聚配置全球高端资源要素转变。

临港新片区要建成更具国际市场影响力和竞争力的特殊经济功能区,既是国家推动形成全面开放新格局的战略空间,也是上海新一轮发展的战略空间拓展。新片区要紧紧把握集聚配置全球高端资源要素核心功能,建立有利于产业链网络形成、产业生态系统集成和产业集聚发展的以投资贸易自由化为核心的制度体系和营商环境,建设具有国际市场竞争力的开放型产业体系,形成发展新功能,推动经济发展质量变革、效率变革、动力变革,带动上海及长三角一体化高质量发展。

1.2　临港新片区代表国家参与国际竞争的重大举措

1.2.1　试验开放度更高的"特殊版"外商投资准入负面清单

临港新片区要进行更深层次、更大力度的全方位高水平开放,有必要在全国自贸试验区率先实现分类化、差别化功能提升,试验"特殊版"外商投资准入负面清单,进行有针对性的体制机制创新。

从全国层面考察,全国自贸试验区实施统一的外商投资负面清单,每年发布新的版本,目前实施的是 2020 年版本。自贸试验区实施的外商投资准入负面清单,其功能还比较单一,即外商享受准入前国民待遇,效应是试验区对外商的单方面准入开放和外资准入不符产业指导目录。负面清单制度的核心功能还包括宽泛的投资概念、准入后国民待遇、投资保护、争端解决规则等。如果这些功能缺失,就不能形成负面清单制度所追求的公开透明、法治规范、有限管理、公平竞争、权益保护等制度环境。负面清单管理模式是扩大开放的前沿制度及操作机制,临港新片区有必要试验开放标准更高的负面清单。临港新片区试验"特殊版"外商投资准入负面清单的优化要点有三个方面。

一是形式上与国际标准对接。负面清单在形式上要与国际标准形式基本对接,转型为双边投资条约(BIT)范本及自由贸易协定(FTA)的保留条款(reservation measures),包括的核心要素有 6 个。(1)部门:指负面清单所针对的部门;(2)子部门:指负面清单实施所针对的特定子部门;(3)行业分类:指负面清单所针对的国内行业分类代码;(4)保留条款类型:特指负面清单所针对的职责条款(如国民待遇、最惠国待遇等);(5)政府级别:指对负面清单进行维护的政府级别(中央政府、地方各级政府);(6)描述:指对保留条款中相关内容的解释、承诺和约定。负面清单形式转型为保留条款形式,既符合国际标准,使外商更容易理解;也可以避免负面清单的保留行业及特别管理措施目录太细太长,使形式更简洁、要素更严密、维护更具操作性。

二是减少投资限制。"特殊版"负面清单可以进一步在国际金融、国际贸易、国际航运、高端制造等领域放宽外商投资准入限制,同时试验服务贸易、数字贸易扩大开放。一方面为扩大投资领域开放和监管进行操作试验,为国际经贸谈判提供经验;另一方面也能有效培育新的产业链和价值链,推动经济转型升级。

三是提高负面清单变动程序的透明度。负面清单的一个重要功能就是保障市场准入管理的公开透明,使外商有稳定的预期。这就要求负面清单框架相对稳定,不宜频繁变动,且变动程序要公开透明。"特殊版"负面清单率先试验在信息发布、决策程序、框架设定、内容变更等方面的公开透明和一致性,通过对标国际高标准,推进产业规制、市场监管、行政管理等层面的深化改革,创建高质量开放型营商环境。

1.2.2 洋山特殊综合保税区实施特殊的"一线放开"口岸监管制度及"区内自由"业务监管制度

贸易投资自由化便利化是各国自贸区竞争的核心制度。贸易投资自由化便利化不是单纯的开放问题,而是要求在开放环境下实施便捷高效的监管服务。新加坡樟宜机场自由贸易区,货物到区后 4—6 小时,货主即可凭舱单到货运站提货。韩国、阿联酋等亚洲国家的自贸区,一般 1 天就可提货。上海自贸试验区现在的"一线放开"状态对分拆集拼、国际中转、全球维修、离岸贸易等产业的发展有一定的约束,制约了贸易转型升级和上海国际贸易中心建设,也制约了国际高标准自由贸易园(港)区建设。

《中华人民共和国海关对洋山特殊综合保税区监管办法》(海关总署公告 2019 年第 170 号)与《中华人民共和国海关保税港区(综合保税区)管理暂行办法》(海关总署令 191 号)相比,其"特殊"监管主要集中在四个方面。要从这四个方面优化推进实施。

第一,关税及进出口环节代征税监管。除法律、法规和现行政策另有规定外,境外货物入境保税或免税;境内区外货物入区视同出口,实行退税。监管办法推进实施的要点:一是境外货物入区免税,即免征进口关税和进出口环节海关代征税;二是从境内区外入区的所有合规货物均实行出口退税。

第二,洋山特殊综合保税区与境外之间("一线")进出货物监管。洋山特殊综合保税区与境外之间进出的货物,除《中华人民共和国海关对洋山特殊综合保税区监管办法》第十一、十二条规定范围的,企业应向海关办理申报手续;不属于上述范围的,海关径予放行。该条监管办法推进实施的要点是规定范围以外的货物进出特殊综合保税区"一线",免除备案申报手续,向海关电子舱单系统传输舱单电子数据后"径予放行"。进一步的优化实施措施建议试验"一线放开"负面清单口岸监管模式。国家贸易管制类项目(包括禁止类、限制类)列入负面清单,负面清单之外的货物进出洋山特殊综合保税区"一线"实行电子舱单申报制度。欧盟、美国等发达地区和国家都采用"自动舱单系统"(AMS)提前申报模式,物流企业在货物装船前 24 小时向主管海关提交舱单,海关即径予放行。

第三,洋山特殊综合保税区内货物监管。区内企业可依法开展中转、集拼、存储、加工、制造、交易、展示、研发、再制造、检测维修、分销和配送等业务。海关不要求区内企业单独设立海关账册。该条监管办法推进实施的要点是进一步扩展"区内自由"的内涵,除业务经营自由外,还须对区内市场主体之间商品及劳务交易的流转税和区内特定产业企业所得税争取优惠政策。

第四,国际中转货物监管。《中华人民共和国海关对洋山特殊综合保税区监管办法》单列一章(第五章)"对洋山特殊综保区国际中转货物的监管"。除国家禁止进出境货物外,其他货物均可在洋山特殊综保区内开展国际中转(包括中转集拼)。

该条监管办法推进实施的要点:一是进一步提升国际中转集拼货物出入境电子舱单等电子数据申报系统的便利化;二是在洋山港和浦东国际机场设置能满足国际中转业务发展的国际中转集拼专用作业场所,使洋山综合保税区成长为全球重要的国际中转集拼枢纽港。

1.2.3 试验防范税基侵蚀及利润转移的离岸业务税制改革和监管制度支持 "两头在外"跨境业务发展

离岸业务是临港新片区重要的功能性业务。为使临港新片区快速成长为统筹发展在岸业务和离岸业务的重要枢纽,要求有相配套的、具有国际竞争力的离岸业务税收政策的支持。

离岸业务税收监管制度设计(以离岸贸易为例)如下。

1. 设立离岸贸易专用账户

为加强对离岸贸易企业的监管,应设立银行专用账户进行离岸贸易结算。可以在自贸试验区 FT 账户体系中设置"离岸贸易专用账户",方便有关部门对涉及离岸贸易业务的资金流转入和转出进行监管和控制,避免跨国机构的利润转移和税基侵蚀。

2. 建立认证制度

借鉴新加坡的经验,建立认证制度,包括离岸贸易公司的认定、离岸贸易种类的认定、离岸贸易收入的认定、离岸贸易金额的认定等。根据离岸贸易公司提供的合乎贸易惯例的凭证,对离岸贸易的真实性予以核查。例如,可查验交易合同和支付凭证等项目,以确认贸易的合规性(贸易过程和货物交付均发生在离岸法域之外);记录贸易概况,如实际贸易商品、数量和金额等。根据监管部门对离岸贸易的登记文件以及贸易的收入金额予以结汇。参照国际经验,临港新片区对进入离岸市场的经营主体应由审批制(实质审查)逐步过渡到审核制(形式审查)。

3. 防范税基侵蚀及利润转移监管

国际避税行为是离岸业务税收政策的固有风险。在岸公司通过离岸业务中心设置子公司,采取转移定价行为避税,转移了利润,侵蚀了在岸公司的税基,扭曲了国际贸易和投资模式,影响国际资本的流向,增加了离岸业务中心以外的国家征收税款的成本,导致竞争环境缺乏公平性和有序性。国际上针对税基侵蚀及利润转移的通行做法是采用预约定价协议(advance pricing agreement, APA)机制和加强国际合作。

　　预约定价协议机制就是由纳税人与税务机构就有关关联交易的转移价格方法事先签订协议,预先确定税务机构和离岸业务主体双方同意的关联交易定价原则,即将转移定价的事后税务审计变为事前约定,用以解决和确定在未来年度关联交易所涉及的税收问题。作为国际通行的反关联企业避税的方式(目前预约定价协议机制被认为是解决转移定价反避税最有效的方式,已成为经合组织国家、新西兰、墨西哥、中国香港等国家和地区普遍使用的反避税调整方法),预约定价显然可以被运用到离岸市场上。而且基于离岸业务的国际性以及离岸业务关联企业国籍的复杂性,在离岸市场上应主要采取多边预约定价机制。

　　世界范围内规范预约定价机制的代表性法律文件,主要是美国的《2006-9 税收程序》(Revenue Procedure 2006-9)和经济合作与发展组织(OECD)于 1999 年发布的《相互协议程序下处理预约定价安排的指南》(Guidelines For Conducting Advance Pricing Arrangement Under the Mutual Agreement Procedure, MAP APAs),其中,后者主要针对双边或多边预约定价。临港新片区试行预约定价协议机制对防范税基侵蚀和利润转移进行有效监管,既有利于离岸业务规范发展,又能与国际通行规则有效对接。

1.2.4　实施监管创新培育发展全球高端再制造产业

　　临港新片区要打造全球高端再制造产业高地,引领制造业及实体经济提质升级,必须实施监管创新,消除全球再制造业务的监管障碍。

　　1. 再制造旧件进口(入境)及再制造产品出口监管创新

　　利用特殊综合保税区更高水平的“一线放开”制度改革创新,解决再制造原料与成品进出口监管障碍。特殊综合保税区“一线”将建立自由进出、便利安全的货物进出境管理制度。境外货物与物品以及区内企业的货物进出特殊综合保税区“一线”,货主及其代理免于向海关、检验检疫等部门申报,免于惯常海关监管。建议改革现行关于再制造原料与产品进出口(出入境)多头监管体制,将此事项统一归集到特殊综合保税区“一线放开”监管制度框架中进行有效整合。根据国家现行的贸易管制法规,旧机电产品可以归入“固体废料”,属限制类进口货物及物品,实施进入“一线”备案申报和许可证管理。此举可以整合商务部、海关总署、质检总局、环保部对再制造毛坯件和旧机电产品进口(入境)的监管要求,打通再制造旧件进口(入境)通道。

　　至于再制造产品出口,在特殊综合保税区“一线放开”包括免除关税及进出口环节税的制度框架下,原先的障碍不复存在。

2. 再制造企业登记注册、经营许可审批监管创新

特殊综合保税区实施"区内自由"监管制度。企业在区内可自由开展投资准入范围内的加工、制造、组装、维修、检测、展示、交易等业务。除因涉及国家安全、公共安全、生态安全、文化安全等重大公共利益外,最大限度取消生产经营许可证或改为备案、告知承诺等管理方式。这些监管创新可以消解再制造企业在登记注册、经营许可审批方面的监管障碍,为再制造产业发展提供自由、便利的市场准入条件。

3. 探索试验保税再制造监管模式

保税再制造业务是以保税方式将"再制造旧件"(比照保税维修业务的"待维修货物")从境外运入临港新片区进行检测、再制造后作为"再制造产品"复运出境;以保税方式将"再制造旧件"从境内(特殊综合保税区)运入区域内进行检测、再制造后作为"再制造产品"复运回境内(区域外)。

入境保税再制造监管。再制造旧件从境外运入临港新片区进行检测、再制造后的再制造产品应当复运出境。再制造旧件从境外入区和再制造产品复运出境,按照特殊综合保税区"一线放开"监管制度管理,监管方式为"保税再制造"(代码待定)。"零件再制造"的一次再制造模式与传统加工贸易模式类似,可以将旧的整机视为加工贸易料件,将再制造的零件视为成品,实施保税监管。在核销环节通过工单式核销方式,根据生产过程中实际耗用的料件实施核销。"整机再制造"的两次再制造模式与传统加工贸易模式不同。但可以对监管模式进行适用性调整,即针对两次加工环节,设立两本账册:第一本账册比照"零件再制造"模式,以旧件作为加工贸易料件,以拆散后再制造的零件作为成品,实施保税监管;第二本账册以再制造后的零件以及新的零件为料件,以再制造的整机为成品,实施保税监管。核销环节比照"零件再制造"核销模式。

入区保税再制造监管。再制造旧件从境内(特殊综合保税区外)进入区域内进行检测、再制造后的再制造产品应当复运回境内(区域外)。再制造旧件从境内(区域外)入区和再制造产品从区域内复运回境内(区域外),按照特殊综合保税区"二线管住"监管制度管理。再制造旧件从境内(区域外)入区,区域外企业或区域内企业应当填报出口货物报关单,监管方式为"再制造旧件"(代码待定),同时区域内企业应当填报进境货物备案清单,监管方式为"保税再制造"(代码待定)。再制造产品复运回境内(区域外),区域外企业或区域内企业应当填报进口货物报关单,监管方式为"再制造产品"(代码待定),再制造产品和再制造费用分列商品项填报。区

域内企业应当填报出境货物备案清单,监管方式为"保税再制造"(代码待定),商品名称按再制造产品的实际名称填报。再制造业务产生的制造费用完税价格,以耗用的保税料件费和制造费为基础审定。

保税再制造过程中拆解、检测后报废的零部件(坏件)可参照保税维修相关规定,依据相关环保政策实施监管。

4. 实施以企业集团为单元管理模式优化全球再制造市场准入及监管制度

对在特殊综合保税区外的特定产业开展全球再制造的企业,实施以企业集团为单元的"一企一策"市场准入及监管模式。可以制定"特定产业"指导目录,重点开展飞机和船舶发动机、大型构件、高端工业控制设备、海洋工程设备、汽车电子、计算机网络、通信系统、航空器材等高科技、高附加值的全球维修及再制造。从企业所属产业、生产规模、信用等级等方面研究制定企业准入评估制度,对符合准入评估条件的企业集团实施"一企一策"监管模式。新监管模式的业务范围包括账册设立(变更)、进出口、外发加工、深加工结转、集中内销、剩余料件结转、核拨和核销、本企业集团的售后维修等。海关依托信息技术实施特殊的监管服务,对进出企业的监管货物实施"电子账册+企业如实申报+货物实际进出企业或库区自动触发账册登记+根据风险布控开展海关稽核"方式监管,并通过企业 ERP 联网、事中事后监督等措施,加强实际监管,在风险可控前提下支持全球维修及再制造的发展。

5. 支持产业集聚发展形成完整产业链

在临港新片区规划保税维修、再制造产业园区,类似深圳的国家高新技术产品入境检测维修示范区模式,以高效的保税维修及再制造监管服务和相应的第三方公共服务为平台,吸引高端维修产业链上的企业入驻,形成检测服务、高端维修及再制造、专业化回收拆解清洗、第三方仓储物流、维修后坏件废料合规处理等的完整产业链,通过产业链培育打造有国际竞争力的全球维修中心。并借鉴苏州工业园区的经验,探索电子围网园区管理模式,围网由入境维修检验监管系统与 ECIQ 和企业 ERP 系统数据对接,实现入境维修全过程电子围网监管。

6. 研究制定全球维修、再制造旧机电设备允许进口目录(正面清单)

2016 年发布的《国务院关于促进加工贸易创新发展的若干意见》提出"在条件成熟的地区试点开展高技术含量、高附加值项目境内外检测维修和再制造业务"。2017 年 3 月国务院发布《全面深化中国(上海)自由贸易试验区改革开放方案》要求"研究制定再制造旧机电设备允许进口目录,在风险可控的前提下,试点数控机床、工程设备、通信设备等进口再制造"。临港新片区根据全球维修及再制造产业发展需求制定旧机电设备允许进口目录，并在国务院相关部委支持下实施便捷、高效的"正面清单"监管模式，根本解决阻碍全球维修和再制造货物进口的监管瓶颈。

7. 争取全球维修、再制造企业经营许可审批权下放

现在对拟开展全球维修和再制造业务的企业准入实施的是"个案审批"，全球维修及再制造准入需获得商务部、工信部、国家质检总局及海关总署的资质证书和批件。临港新片区要加快发展全球维修及再制造产业，需要在企业准入审批环节进行合理的便捷化改革。争取将全球维修及再制造企业的资质审批权下放到上海市。在严格执行相关政策法规和有效防控环境风险前提下，把握"高科技、高附加值、无污染"原则，规范企业准入标准并建立退出机制，建立便捷、高效、安全的准入监管服务制度。

1.2.5 实施上海临港高质量发展指数评估，参与引领全球自贸区前沿发展

根据临港新片区建设最具国际竞争力规则体系，对标国际上公认的竞争力最强的自由贸易园区，建成具有较强国际市场影响力和竞争力的特殊经济功能区的总体要求和发展目标，实施上海临港高质量发展指数评估。

1. 上海临港高质量发展指数指标体系特殊要求

高质量发展指数指标体系既要有国际元素，又要有中国元素。

国际元素是国际权威性、国际普适性、国际可比性。参照最具国际竞争力对标准则和国际权威自贸区评价体系，确立全球竞争力最强发展坐标。

中国元素要符合"五个重要"发展定位，新片区建设总体要求和目标，以及中国对外开放总体战略布局。

按照国际元素和中国元素相结合的特殊要求，以临港新片区最具国际竞争力的规则体系为基础框架，对规则体系的二级规则指标和三级规则指标作精简技术处理，设计严整、精炼的高质量发展指数指标体系。

2. 上海临港高质量发展指数编制特殊要求

根据高质量发展指数指标体系，编制高质量发展指数。高质量发展指数编制具有创新性强、科学性强、操作性强等特殊要求。

高质量发展指数度量要充分考虑数据的可获得性，度量设计类型尽可能是客观定量数据，尽量避免主观判断的定性度量。指数编制要公开披露指标设计依据、指标权重赋值、国际标杆单项数据来源、临港新片区单项数据来源、国际标杆原始值和标准值、国际对标值，并对指标度量国际对标测算作出精准说明。

3. 上海临港高质量发展指数国际对标标杆值选取特殊要求

根据指标度量,在保证统计口径和数据质量一致性原则下,在全球运营良好的自贸区选取最优单项指标值,集合成一个模拟的全球最高标准自贸区,作为高质量发展指数国际标杆对标值,显示临港新片区在高质量发展指数框架中与全球最高标准值对标状况,既有即时评估效应,又有动态引领效应。

高质量发展指数所对标的国际标杆值所需数据,要搜索全世界公认的竞争力最强的自贸区官方公布的数据,并且参考世界权威评估体系公布的数据,选取相适应的最优单项指标数据,经过"原始值"到"标准值"的数据处理,作为高质量发展指数对标值。临港新片区的数据由新片区管委会协调相关的政府管理部门、驻区机构、监管部门、中介机构、有关企业等提供相关第一手数据,保证数据质量及指数对标的科学性。

上海临港高质量发展指数在有效试验的基础上,与英国《金融时报》"面向未来的全球自贸区"评估体系和世界自由区组织"未来自贸区计划"评估体系合作,共同构建高标准、高质量、引领性的全球自贸区权威评估体系。

第2章
上海自由贸易试验区临港新片区的核心制度体系

上海自由贸易试验区临港新片区在适用自贸试验区各项开放创新措施的基础上,支持新片区以投资自由、贸易自由、资金自由、运输自由、人员从业自由等为重点,推进投资贸易自由化便利化。为此,本章将围绕上海自由贸易试验区临港新片区的核心制度体系展开论述。

2.1　公平竞争的投资经营便利

2.1.1　国际通行的外商投资安全审查制度

对外商投资实行准入前国民待遇、建立负面清单管理模式是目前世界主要自由贸易园区的通行做法,而建立和完善国家安全审查制度,可以最大限度减少外资进入对国家安全的威胁,是实行"准入前国民待遇＋负面清单管理模式"的安全屏障。

1. 美国

二战后,美国逐步构建起完整的外商投资安全审查制度,既没有损害其开放公平的投资环境,又有效贯彻了维护国家安全的理念。

(1) 通过立法构建和强化外国投资安全审查制度。

美国对外国投资的安全审查依据法律进行。以下五部法律在构建和强化美国的外国投资安全审查制度进程中发挥了关键作用:一是 1950 年的《国防生产法》(Defense Production Act)。第 721 节要求"对可能危及国家安全的兼并、收购或接管进行审查"。二是 1988 年的《埃克森—佛罗里奥修正案》(Exon-Florio Amendment),对《国防生产法》第 721 节进行了修正和扩充,明确列举了五项可能威胁国家安全的因素,规定了审查外资的具体程序,赋予总统中止或禁止被认作威胁国家安全的外资并购的权力,成为构建美国外国投资安全审查制度的一部关键法律。三是 1992 年的《伯德修正案》(Byrd Amendent),对《埃克森—佛罗里奥修正案》进行了修正,扩充了安全审查范围,强化了总统向国会报告的义务。四是 2007 年的《外国投资和国家安全法》(Foreign Investment and National Security Act, FINSA),对《埃克森—佛罗里奥修正案》进行了修正,规定了更多更严格的内容,同时要求外国投资安全审查更加透明化、程序化。五是 2008 年美国财政部发布的《外国人兼并、收购和接管规制:最终规则》(Regulation of Merger, Acquisition and Takeover by Foreigners: Final Rules),作为《外国投资和国家安全法》的实施细则。

(2) 设立外国投资委员会作为安全审查的执行机构。

美国外国投资委员会(The Committee on Foreign Investment in the United States, CFIUS)成立于 1975 年,起初专门负责审议外资对美国的影响,协调适用于外资的相关政策,但不掌握任何采取实质措施的权力。1988 年为实施《埃克森—佛罗里奥修正案》,时任美国总统里根签署总统令,授权 CFIUS 履行该修正案规定的外资审查职责。从此,CFIUS 的性质和职能发生了根本性转变,拥有了对外资并购的调查权,及就是否中止或禁止并购向总统提出建议的权力,成为美国对外资并购进行安全审查的执行机构。

CFIUS 是一个跨联邦行政部门机构,其组成部门和人员由九个联邦机构首长构成:财政部长(兼任 CFIUS 主席)、司法部长、国土安全部长、商务部长、国防部长、国务卿、能源部长、美国贸易代表、美国科学技术政策办公室主任。此外,白宫预算与管理办公室、总统经济顾问委员会、国家安全委员会、国家经济委员会和国土安全委员会五个机构的首长作为观察员,在合适的时候可以参与 CFIUS 的行动,CFIUS 部分成员的职责如表 2.1 所示。

(3) 逐步扩充"国家安全"因素列表。

在美国的外国投资安全审查制度中,如何界定"国家安全"的概念是关键。只有首先划清"国家安全"的边界,CFIUS 在审查外资并购是否对美国国家安全形成潜在威胁时才有明确依据。然而,界定"国家安全"的概念十分困难,引发了诸多争论。实践中,美国采用开放式列表的方法,列举与国家安全相关的因素作为对外资并购安全审查的依据。从《埃克森—佛罗里奥修正案》到《外国投资和国家安全法》,列表逐步扩充,需要考虑的国家安全因素增多,对外资并购审查趋严。

截至 2013 年,美国国家安全因素列表中有十一项内容:一是对国防所需的国内产品的潜在影响;二是对满足国防需要的国内产能的潜在影响,包括对人力资

表 2.1　CFIUS 部分成员的职责

成　员	职　责
财政部	承担沟通、协调和服务性工作。具体包括：(1)针对每个案件，指定领导部门，负责案件缓和协议的谈判、调整、监督和执行工作；(2)向 CFIUS 提交阶段性报告；(3)向国家情报部、司法部和与案件有关的部门领导报告
司法部	包含于国防和核心基础设施相关的敏感信息技术，通过防止和打击计算机犯罪，保护通信系统和通信私密性
国土安全部	负责核心基础设施和国防技术基础领域的外资并购审查
商务部	在内部成立工作小组，成员包括国际贸易管理署、产业安全局等。其中，国际贸易管理署分析与评估并购交易的安全风险；产业安全局负责军民两用品的出口管制，同时也负责实施确保国防工业基础牢固性与先进性的计划，如国防重点与系统分布方案等
国防部	依据所申报的交易对以下五方面进行分析后，向 CFIUS 提出个案意见书：(1)被并方技术的重要性，如军事重要程度、机密程度是否属于出口管制；(2)被并方对美国国防工业的重要性，例如，若是唯一供应商，考量寻求新供应商所需的安全和经济技术；(3)特定外国主并方可能触发的安全风险，如主并方是否为外国政府控制、是否有违反出口管制的纪录；(4)被并方是否为国防部履行职责所依赖的核心基础设施的组成部分；(5)交易所引起的安全风险可否根据国防部有关规定或与各方当事人协商，采取措施加以消除
劳动部	把握有关缓和协议中任何违反劳动法的条款
国家情报局	协助情报收集和分析工作。国家情报部门在有关人员提交书面通知后 20 天内提交其调查报告，也可根据其他法律提前开始调查

资料来源：作者根据相关资料整理而得。

源、产品、技术、材料及其他服务的适用性影响；三是外国人对美国国内产业和商业设施的控制对美国满足其国家安全的能力的潜在影响；四是对美国在国家安全技术领域保持国际领先地位的影响；五是对与国家安全相关的关键技术的潜在影响；六是对美国能源、关键资源和原材料长期需求的潜在影响；七是关于美国关键基础设施(包括主要能源资产)的交易对国家安全产生的潜在影响；八是交易涉及向支持恐怖活动、导弹技术及生化武器扩散的国家转让军事物资设备或技术的潜在影响；九是对军事应用技术的输送和扩散的潜在影响；十是交易是否导致美国企业被国外政府或代表国外政府的实体所控制；十一是相关外国政府对防扩散控制机制的遵守情况及与美国进行"反恐"合作的纪录。

综上，CFIUS 安全审查考虑的因素包括两大类：一是行业因素，若被并购企业与国防或关键基础设施相关，则可能被认为对美国国家安全存在潜在威胁；二是主体因素，若并购主体代表外国政府利益，或来自在反恐和防扩散控制方面存在"不良记录"的国家，则可能被认为对美国国家安全存在潜在威胁。

同时,美国国家安全列表是开放式的。除上述十一种因素外,美国会根据形势需要增加其他方面的考虑。

(4)规定健全而灵活的外资安全审查程序。

美国对外资并购安全审查的完整程序包括四个环节(见图2.1):

第一个环节是申报前非正式磋商。是否进行安全审查由并购当事人自愿决定。但如果不主动申报,法律规定CFIUS成员部门有权发起调查,届时并购当事人将处于十分不利的地位,交易被否决的风险明显上升。而在申报前非正式磋商环节,并购当事人有机会与CFIUS非正式接触,或递交安全审查申请草案,就交易可能涉及的国家安全因素进行仔细甄别,并与CFIUS商讨采取措施消除可能涉及的国家安全问题,使并购方与CFIUS都获得了较大的回旋空间。

第二个环节是30天审议期。一旦并购方正式申请安全审查且财政部投资安全办公室主任确认材料齐备,就进入最长30天的审议期。在这期间,CFIUS要确定并购交易是否涉及国家安全问题。若涉及,则要推动并购当事人采取措施消除这些问题,最常见是CFIUS与当事人商讨达成消除安全威胁的协议。

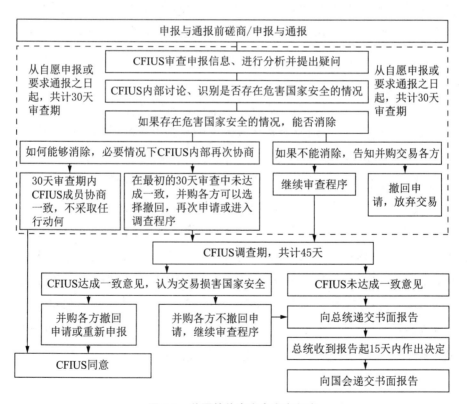

图 2.1　美国的外资安全审查程序

资料来源:作者绘制。

第三个环节是 45 天调查期。若审议期 CFIUS 认为交易存在影响美国国家安全的可能,且该威胁没有采取有效措施消除,则进入最长 45 天的调查期。在这期间,CFIUS 要进一步深入调查交易可能给国家安全带来的影响,以及继续与当事方探讨减轻乃至消除安全潜在影响的途径。调查结束时,CFIUS 向总统提出交易是否应被批准的建议。建议中应如实反映 CFIUS 成员就交易是否影响美国国家安全存在的意见分歧。

第四个环节是 15 天总统决定期。总统根据 CFIUS 的调查和建议,决定是否批准该项并购交易。

若 CFIUS 认为交易不存在影响美国国家安全的风险,或即使存在该风险,但也可通过其他法律予以解决,或总统决定不行使否决权,则交易当事人将获得"安全港"地位。在审议中,当事人可随时撤回安全审查申请,但 CFIUS 将保留对交易进行追踪的权利。

(5)美国的外国投资安全审查制度的经验。

迄今为止,美国政界和学界主流意见认为,美国的外国投资安全审查制度较好地实现了投资开放与国家安全的平衡。纵观整个制度的运作,有三个突出经验:

首先,立法确定。美国的外国投资审查制度是通过法律确立的,具有内在的系统性、规范性和稳定性,可以使外国投资者形成明确的预期,也给予外国投资者保护自身权益的武器。

其次,依据透明。美国明确列举进行安全审查时要考虑的十一项因素;美国财政部出台了详细指南,使外国投资者在进入美国并购市场前,能够较准确地判断交易是否可能涉及美国国家安全因素。

最后,程序规范且具有灵活性。从美国安全审查制度的整个运作看,从申报前非正式磋商,到 30 天审议期帮助并购当事人形成消除安全威胁的措施,再到 45 天调查期进一步与当事方探讨减轻乃至消除安全潜在影响的途径,美国安全审查的目的并非故意将"问题"投资挡在门外,而是帮助"问题"投资消除"问题"从而成功进入美国市场。这种寓服务于审查、寓积极解决问题于被动发现问题的做法,恰恰体现了美国投资开放的基本理念。2009—2011 年,共 269 件并购提起安全审查,仅100 件进入第三环节调查期,到最后总统决定环节的为 0 件,一定程度也反映了美国外资安全审查制度的基本倾向是开放而不是设门槛。

2. 德国

(1)德国的法律框架。

2008 年 8 月,为应对日益增多的外国投资者,尤其是日趋活跃的主权财富基金参股德国企业,德国内阁通过了《外国贸易与支付法》修正案(以下使用德语简称 AWG)。AWG 在获得议会批准后,于 2009 年 4 月正式生效,从法律层面上建立了外资并购国家安全审查制度。为了与 AWG 相衔接,2010 年 8 月和 2013 年 8 月,德国相继对《对外贸易与支付条例》进行修订,增加了外资并购安全审查的内容。

(2)德国的工作机制。

根据 AWG,当欧洲境外的投资者收购德国企业并可能对德国安全或社会基本利益造成威胁时,德国联邦经济与技术部(以下使用德语简称 BMWI)有权禁止该项交易。

(3)德国的审查对象。

AWG 及《对外贸易与支付条例》规定,审查对象为非欧盟企业或个人,即主并方来自欧盟以外,或者来自欧洲自由贸易联盟(Europe Free Trade Association)之外。然而,《对外贸易与支付条例》(2013 版)第 55 条和第 56 条规定,若遇以下两种情况,交易也须接受审查:第一种情况是尽管主并方来自欧盟内部,但持有主并方表决权 25% 及以上的股东来自第三国;第二种情况是有证据表明存在规避审查的安排或者交易。

德国法律依据实际有效的营业场所判定企业是否属于欧盟境内。对于不具有法人资格的分支机构,视为与其代表的法律主体所具有的国籍一致;对于具有法人资格的分支机构,即便企业是非欧盟人设立,但只要在其他欧盟成员国正常经营,也应视为欧盟境内企业。

(4)德国的审查标准。

《对外贸易与支付条例》修正案规定,当非欧盟投资者收购任意行业中德国企业的有投票权股份达到 25% 及以上时,须对并购行为进行审查。在并购方式上,既包括直接收购,也包括间接收购。直接收购指非欧盟企业或个人直接持有德国企业 25% 及以上的投票权股份。间接收购指非欧盟企业或个人购买中间公司 25% 及以上的投票权股份,且中间公司至少持有德国企业 25% 的股份。由此,完全发生在德国之外的交易也可能适用于德国法律。

(5)德国的审查程序。

德国的审查程序分为两个阶段:第一阶段,BMWI 决定是否对外资并购交易启动复审程序;第二阶段,BMWI 基于德国公共秩序或安全的考虑,决定是否禁止外资并购交易或者对交易附加特定的并购限制条件。如图 2.2 所示。

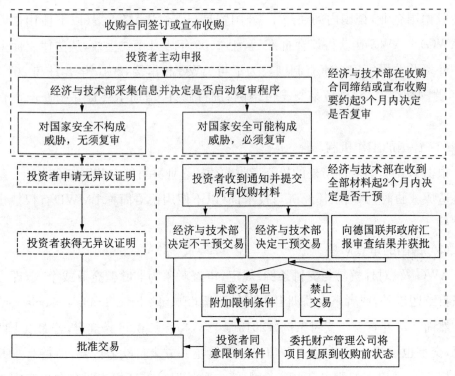

图 2.2　德国的外资安全审查程序

资料来源：作者绘制。

3. 俄罗斯

（1）俄罗斯的法律框架。

自 2003 年起，随着外国资本大量收购俄罗斯企业，俄有关部门担心经济安全的基础将受到冲击和动摇。2005—2007 年，俄罗斯总统普京多次提出政府应在短期内出台专项法律，对涉及国家安全、国防军工和战略性矿产资源的行业实施国家监控。2008 年 5 月，俄罗斯国家安全审查制度的基础法律《俄联邦有关外资进入对保障国防和国家安全具有重要战略意义的商业实体的程序法》（以下简称《程序法》）正式出台。《程序法》中第 2 条、第 5—7 条以及第 9—12 条分别对审查对象、审查标准以及审查程序进行了详细规定。

（2）俄罗斯的工作机制。

《程序法》规定，任何外国投资者控制俄罗斯战略性商业实体的交易，将由全权负责监督在俄外国投资的执行权力机构（简称全权负责机构）与外资审查政府委员会进行审查和裁决。尽管《程序法》未对全权负责机构进行解释和说明，不过美国审计署（UAO）公布的报告《对 10 个国家的外商投资法律和政策的比较研究》指出，该负责机构是俄罗斯联邦反垄断署，下设外资控制战略性企业调查部。在审查过程中,反垄断署主要负责接收申请以及进行初审,而进一步审查和最终裁决权归属俄罗斯外资审查政府委员会。

俄罗斯外资审查政府委员会是一个由总理领导并横跨多个部门的机构,成员包括副总理、联邦反垄断署等 15 个部门或机构以及国营民用核工业集团公司。与 CFIUS 的最大区别在于,俄罗斯外资审查政府委员会的权力更大,拥有外资审查的最终决定权。

(3) 俄罗斯的审查对象。

《程序法》第 2 条第 1 款指出,外国投资者或团体获得对保障国防和国家安全具有战略意义的商业实体的股权或份额,并且进行能够控制该类商业实体的交易,将接受审查。从该法条中可以看出,安全审查对象是外国投资者或团体。

外国投资者的定义参照 1999 年《俄罗斯联邦外商投资法》第 2 条。具体包括:有权进行投资的外国法人、外国非法人组织、外国公民、长期居住在俄联邦境外的无国籍人员、国际组织和外国政府。另外,外国投资者还包括在俄联邦领土建立,但由外国投资者控制的组织。团体的定义参照俄罗斯联邦《保护竞争法》第 9 条,即由一组自然人与法人构成的团体。

(4) 俄罗斯的审查标准。

俄罗斯国家安全审查关注的焦点是外国投资者是否取得战略性企业的控制权。这里有两个问题需要厘清:第一,何谓战略性企业;第二,如何认定"取得控制权"。针对何谓战略性企业,《程序法》第 6 条明确规定 13 大类 42 种经营活动被视为战略性行业,如国防军工、核原料生产、航空航天活动等。凡涉足上述行业的企业均被视为战略性企业。针对如何认定"取得控制权",《程序法》第 5 条规定:控制人直接或间接持有商业实体注册资本中 50% 以上的有投票权股份;依据合同或其他交易,左右商业实体的战略决策,包括企业活动的环境;有权任命商业实体的单人执行权力机构和(或)合议执行权力机构中超过 50% 以上的成员,并(或)有毫无限制的权力选择董事会(监事会)或其他合议管理机构中超过 50% 以上的成员;掌握商业实体的管理公司;尽管直接或间接持有商业实体注册资本中少于 50% 的投票权股份,但由于该控制人与其余拥有投票权股份的股东保持良好关系,使控制人可以左右商业实体的战略决策。另外,当投资者是主权财富基金和国有企业,或者投资涉及利用联邦级矿产地时,审查标准更为严格。

(5) 俄罗斯的审查程序。

俄罗斯的审查程序分为三个阶段:全权机构接受申请、交易初审以及政府委员会最终裁决(见图 2.3)。整个审查程序的最长时限为 3 个月,特殊情况下可能延长至 6 个月。

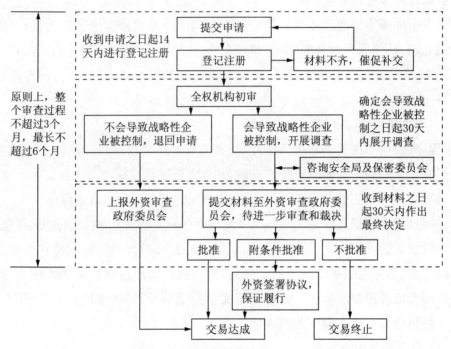

图 2.3 俄罗斯的安全审查程序

资料来源:作者绘制。

4. 日本

（1）日本的法律框架。

1949 年 12 月颁布的《外汇及外国贸易法》（以下简称《贸易法》）第 5 章对外国直接投资制定了较为详细的规定,其中要求政府部门在发现外国投资危害国家安全、公共秩序、公共安全以及干扰经济平稳运行时,应当禁止外资进入或者设置条件。1980 年 10 月,日本内阁颁布了《关于对内直接投资的法令》（以下简称《法令》）,对《贸易法》第 5 章相关条款进行了解释和补充。

（2）日本的工作机制。

《贸易法》授权财务省（原大藏省）作为主要的审查机构,财务大臣负责审查资本交易,有权变更或者中止交易。除财务省外,还有其他相关产业的主管部门配合审查,包括经济产业省、国土交通省、厚生劳动省和法务省等。

早在 2001 年之前的大藏省时期,为了审查对内直接投资等事项,并协助大藏大臣（现财务大臣）就投资活动是否危害国家安全陈述意见,《外汇及外国贸易管理法》（现《贸易法》）在大藏省设置了 17 个审议会。审议会不直接主管国家安全审查,仅在审查过程中为大藏大臣提出意见并提供咨询。审议会不是一个独立部门,设置于大藏省内部,不能独立决定审查结果。

(3)日本的审查对象。

《贸易法》第 5 章第 30 条第 3 款规定,若外国投资者的对内投资行为涉及以下两点:第一,损害国家安全、扰乱公共秩序、阻碍公共安全保护;第二,对日本经济的平稳管理带来重大负面影响时,应向财务省或其他主管部门申报,接受安全审查。显然,审查对象即外国投资者。

《贸易法》第 5 章第 26 条第 1 款将外国投资者分为四类,包括:第一类是非居民个人;第二类是根据外国法律设立的法人及其他团体,或在外国有总办事处的法人及其他团体;第三类是直接或间接持有某一公司的表决权总数达 50% 及以上且属于第一类或第二类中的法人及其他团体;第四类是管理人员(指董事或其他与之相当者)或有代表权的管理人员中超过半数是非居民个人的法人及其他团体。

(4)日本的审查标准。

外国公司取得日本企业的股份时,出于国家安全保障、能源政策等方面的考虑,会受到被称为“对内直接投资管制”的限制。依据《贸易法》,需要进行审查的外国投资包括:第一,非日本个人或团体取得任何日本非上市公司的股份或股权;第二,在成为非日本居民后,将曾经作为日本居民时所取得的日本非上市公司的股份或股权转让给外国投资者;第三,非日本个人或团体收购日本公司 10% 以上的股份,并且该情况下的持股比例包含取得人和与其有“特别关系”的外国投资者所持有的股份;第四,外国投资者持有日本公司 1/3 及以上的有投票权股份,从而促成对公司营业目的的实质性改变;第五,非日本个人或团体在日本设立分支机构;第六,以超过内阁规定的贷款数额贷款给在日本设有分支机构的法人,且贷款期限超过一年(贷款人为银行等金融机构的正常贷款行为除外);第七,其他由日本内阁规定,与上述行为等同的对内直接投资。另外,《法令》第 3 条补充规定,以下行为属于对内直接投资:第八,尽管多个外国投资者(非日本个人或团体)各自取得的日本公司的股权低于 10%,但股权之和超过 10%,且这些投资者同意共同行使表决权。

(5)日本的审查程序。

日本的审查程序分为四个阶段,依次是投资方申报、财务省审查、审议会陈述意见以及财务大臣裁决。日本政府曾表示,整个审查过程最短可在 2 周完成,最长则需要 5 个月。

2.1.2 外商投资安全审查制度的国际比较

美、德、俄、日等国家在法律框架、工作机制、审查标准以及审查程序方面的做法各有特点,表 2.2 对此进行了总结。

表 2.2 美、德、俄、日安全审查制度的特点

国 别	法律框架	工作机制	审查标准	审查程序
美 国	法律体系:法律＋规章; 立法模式:外资法＋捎带法; 口径:外资并购审查	审查机构:外国投资委员会; 性质:委员会	特定行业:关键性基础设施; 控制方式:实际效果; 考虑因素:国防、恐怖主义、关键技术、基础设施、资源和原材料、商业活动	期限:自审查阶段起90 天; 步骤:申报或通报,审查、调查,总统裁决
德 国	法律体系:法律＋规章; 立法模式:捎带法 口径:外资并购审查	审查机构:经济与技术部; 性质:单一部门	控制方式:有股票权股份	期限:最长 5 个月; 步骤:初审、复审
俄罗斯	法律体系:法律; 立法模式:外资法; 口径:外资并购审查	审查机构:外资审查政府委员会; 性质:委员会	特定行业:战略性行业; 控制方式:实际效果＋有投票权股份; 考虑因素:国有企业与主权财富基金	期限:一般不超过 3 个月; 步骤:投资方提出申请,全权机构初审,政府委员会裁决
日 本	法律体系:法律＋规章; 立法模式:捎带法; 口径:外资审查	审查机构:财务省; 性质:单一部门	控制方式:有投票权股份	期限:最长 5 个月; 步骤:投资方申报,审议会陈述意见,财务大臣作出裁决

资料来源:作者整理。

1. 法律框架比较

法律体系或法律文件的表现形式分为两种:以"法律＋政府规章"为主的复合型与以"法律"为主的单一型。具体而言,美、德、俄、日四国均颁布了针对外资安全审查或外资并购安全审查的法律,但并非所有国家都颁布了与之相配套的细则、指南、条例或规定,例如俄罗斯。各国更广泛接受"法律＋政府规章"的形式,原因是法律的规定一般相对抽象,具有原则性,需要借助细则、指南等形式使之具体化、可操作化。立法模式主要有以下三种:"专门＋混合模式"(外资法＋捎带性法律)、"专门立法模式"(外资法),以及"混合立法模式"(捎带性法律)。其中,美国采用"专门＋混合模式",如外国投资和国家安全法属于针对性的法律,《法案》则依附于

《国防生产法》。俄罗斯采取"专门立法模式",如《程序法》。德国和日本采取"混合立法模式",如 AWG 和《贸易法》。比较之下,采用"专门立法模式"并辅以与之配套的细则或条例,能够形成比较完整和清晰的法律体系,也能更好地平衡吸引外商投资与保卫国家安全之间的关系。

法律口径分为两类:一类是外资安全审查,属于宽口径;另一类是外资并购安全审查,属于窄口径。宽口径不仅包括并购或收购行为,也囊括了建立新企业或设立分支机构(如日本)等投资行为。窄口径只限于并购行为,例如收购被并方具有投票权的股份从而获得控制权(如德国等)。

2. 工作机制比较

从美、德、俄、日四国的做法来看,审查机构的性质分为两类。一类是单一的政府部门,如德国 BMWI 以及日本财务省。另一类是由多部门组成的政府机构,如美国的 CFIUS、俄罗斯的外资审查政府委员会。

与跨部门机构相比,单一部门审查机构省去了在部门间协调的时间和精力,有利于缩短审查周期。不过,单一部门的模式使得审查机构被赋予重大的权力,可能集调查权、裁判权、处罚权于一身,缺乏公平感。另外,许多审查案件涉及特定行业,如收购农副企业涉及农业部,收购电信公司涉及工信部,因此在审查过程中也需要其他部门的参与。跨部门合作使各个部门之间可以就各自擅长的领域提供经验和建议,弥补可能的专业空白。跨部门的政府机构更为合理,各国的设置也有差异,如审查权与裁决权的设置方式。美国属于分离式,CFIUS 仅拥有审查权,无权擅自采取任何阻碍投资的行动。CFIUS 职责是在审查工作完毕后,将建议提交给总统,由后者最终裁决。俄罗斯属于集中式,外资审查政府委员会拥有审查权和最终决定权。相比于集中式,分离式设置有利于使审查机构的行为受到上一级机关的监督,防止审查机构专权独断。

3. 审查标准比较

外资或外资并购安全审查的标准,涉及"国家安全"的定义。由于各国对"国家安全"的理解不同,在国家安全审查的立法和实践中,到底哪些行为"损害国家安全",各国很难形成统一的定论,因此造成了国与国之间审查标准的差异。为了便于审查,各国普遍罗列"特定行业"、规定"控制方式"或是列举"考虑因素"作为审查标准。

利用"特定行业"确立审查标准的国家有美国和俄罗斯。美国规定当被并方所属的产业或部门涉及关键性基础设施时,将会启动审查程序。俄罗斯规定,当外资进入战略性行业时,将接受审查。由于两国关注的重点行业不同,加之经济发展水平存在差异,造成"特定行业"不尽相同,但核心都是维护本国的军事安全、产业安全、技术安全、文化或环境安全。

多数国家根据"控制权"确立审查标准,但实现控制的方式存在差异。第一种以"效果"界定控制权,如美国,即主并方直接或间接对美国企业的战略方向或日常运营产生影响力或主导力,如获取经营权的交易(比如迪拜港收购案)。此类控制一般不以取得股份的多少来衡量。第二种以"股份"界定控制权,如德国和日本。德国规定持有德国企业 25% 及以上有投票权股份的交易须接受审查。第三种以"双重标准"界定控制权,即同时使用"效果"和"股份"来考察外资是否获得控制,如俄罗斯。俄罗斯除了对持有投票权股份的比例进行了规定外,也将主并方掌握被并方的管理公司以及左右被并方所采取的行动纳入审查标准,这些均属于"效果"控制。由于企业股份在市场上流通,主并方对被并企业施加支配性影响,可能仅取得 10% 的股份,也可能需要取得 50% 的股份。因此,不应局限于有表决权的股份比例,还应当考虑交易对被并企业管理者的任命以及经营决策的影响,即结合"股份"与"效果"加以综合认定。

美国的《法案》与 FINSA 均列举了审查时需要考虑的因素,几乎涵盖国防安全、基础设施、技术保护以及产业发展等各个方面,FINSA 中还包括兜底条款。列举考虑因素如同编织一张防护网,使审查机构拥有更多的自由裁量权,能够抵御任何可能的侵害。然而,对投资者而言,防护网意味着投资难度加大和不确定性增加,因此立法机构需慎重权衡。

4. 审查程序比较

各国的审查期限略有差别,一般需要 3—5 个月完成,如美国从进入审查阶段之日起最长需要 90 天,俄罗斯整个审查程序最长时限为 3 个月,德国和日本的审查期限不超过 5 个月。部分国家设置了延长期,如俄罗斯。俄罗斯规定特殊情况下可能延长至 6 个月。

裁决权归属分为两类:一是审查权与裁决权合一,如德国、俄罗斯和日本;二是审查权与裁决权分离,例如美国的审查机构是 CFIUS,最终裁决方是总统。尽管审查期限和裁决权归属不尽相同,但各国皆采用多阶段审查程序,大致可以分为审查启动前、启动、审查、裁决和事后监督五个环节,各国具体做法见表 2.3。

裁决分为三种:批准、附条件批准和禁止。如果投资不构成危害国家安全,则批准投资,此类结果占据所有投资的绝大多数。附条件批准是各国普遍采用的一种灵活措施,如美国、德国和俄罗斯,是指当投资可能威胁国家安全时,通过一些灵活措施,既不禁止投资,又能将国家风险纳入可承受可控制范围。投资方为此需要

表 2.3　各国外资国家审查程序总结

国　别	启动前	启　动	审　查	裁　决	事后监督
美　国	非正式磋商	自愿申报＋机构通知	二次审查	批注＋附条件批注＋禁止	国会
德　国	无	机构通知＋自愿申报	二次审查	批注＋附条件批注＋禁止	司法
俄罗斯	无	强制申报	二次审查	批注＋附条件批注＋禁止	无
日　本	无	强制申报	一次审查	批注＋劝告变更＋禁止	行政＋司法

资料来源:作者自制。

签署缓和协议(mitigation agreements),换取一项投资的批准。对危害国家安全又不同意签署缓和协议的投资,采取禁止或中止的处理方法。综上,批准与禁止是每个国家针对外商投资必有的处理方式,而附条件批准是一种补救方式,如今被多数国家采纳。

部分国家针对审查机构或上一级机构和个人的决定建立了监督机制,如美国、德国和日本。美、德、日三个国家的监督机制各有不同,美国采用国会监督,德国采取司法监督,日本将行政监督置于司法监督之前。此外,美国、德国、俄罗斯和日本还建立了投资者维权机制,对于不服裁决的投资者,可以申请行政复议,甚至允许在一定期限内提起司法诉讼。

2.1.3　中国的外商投资国家安全审查制度的建立

2019 年 3 月 15 日,第十三届全国人民代表大会第二次会议表决通过了《中华人民共和国外商投资法》(以下简称《外商投资法》),该法自 2020 年 1 月 1 日起施行。《外商投资法》规定中国建立外商投资安全审查制度,对影响或者可能影响国家安全的外商投资进行安全审查。这意味着,中国从法律层面正式确立了外商投资国家安全审查制度,在全面扩大开放和深化改革的前提下,进一步加强了对外资准入安全阀的设计,使之更加符合国际惯例。

1. 中国的外商投资国家安全审查现状

中国自 1978 年以来,国家安全问题一直伴随着外商投资发展。在《外商投资法》颁布之前,中国主要依靠"外资三法"对外商投资进行规范,而在新形势下,"外资三法"已难以适应新时代改革开放要求和外商投资管理需要。

对于外商投资国家安全审查,中国现行法律法规及规范性文件有所规定,但较为分散,均是在个别法条中初步提及或进行原则性规定。主要包括:

2008 年 8 月 1 日颁布的《反垄断法》在第三十一条中首次明确规定对外资并购进行国家安全审查;2011 年 2 月 3 日颁布的《国务院办公厅关于建立外国投资者并购境内企业安全审查制度的通知》(国办发〔2011〕6 号)决定建立中国的外资并购安全审查制度;2011 年 8 月 25 日颁布的《商务部实施外国投资者并购境内企业安全审查制度的规定》(商务部公告〔2011〕53 号)对商务部负责的安全审查申报工作进行了细化规定;2015 年 4 月 8 日颁布的《国务院办公厅关于印发〈自由贸易试验区外商投资国家安全审查试行办法〉的通知》(国办发〔2015〕24 号)确定在自贸试验区内将外资安全审查的可能范围扩大至所有新设投资;2015 年 7 月 1 日颁布的《国家安全法》在第五十九条中规定建立国家安全审查和监管的制度和机制,但将安全审查延伸到影响或者可能影响国家安全的特定物项和关键技术、网络信息技术产品和服务等,非专门针对外商投资国家安全审查制度的规定。

综合来看,中国关于国家安全审查的相关规定较为分散,整体制度不完善、体系不完整。随着中国外资逐步进入"市场准入前国民待遇＋负面清单"的监管阶段,必须强化和改进中国国家安全审查法律体系,从统一外资立法的高度建立中国国家安全审查制度,以进一步促进、保障和规范外商投资活动。

2. 从法律层面正式确立中国的外商投资国家安全审查制度

《外商投资法》第三十五条规定,国家建立外商投资安全审查制度,对影响或者可能影响国家安全的外商投资进行安全审查。

这标志着中国正式建立了外商投资国家安全审查制度,从法律层面提升了中国国家安全审查制度的地位和重要性,商务部、发展改革委等相关行政机关也将依法配备相应的预算和编制资源加强执法,并细化相关规定。反观其他国家,国家安全审查制度也多由立法机关通过法律加以规定,典型的如美国 1988 年《埃克森—佛罗里奥修正案》和 2007 年《外国投资和国家安全法》。中国《外商投资法》将国家安全审查制度正式纳入外商投资立法,使这一制度上升到法律的层次,符合国际上的惯例做法,有助于其更好地发挥该制度的应有作用。

根据《外商投资法》第二条规定,外商投资包括:(1)单独或者与其他投资者共同在中国境内设立外商投资企业;(2)取得中国境内企业的股份、股权、财产份额或者其他类似权益;(3)单独或者与其他投资者共同在中国境内投资新建项目等。

据此,中国国家安全审查范围可能既包括外资并购,也包括绿地投资,以及协议控制等各种投资方式;且依法作出的国家安全审查决定为最终决定。这有利于维护国家安全审查决定的确定性,避免因为不确定性影响投资者的利益。

作为全面建立中国外商投资国家安全审查制度的开端,《外商投资法》的条文规定依然是比较原则性的,国家安全审查制度的具体内容、条件、申请要求、审查要素、审查程序和时限等方面的实施,将有赖于相关配套细则的同步制定和实施。

3. 中国进入外商投资国家安全审查新时代

《外商投资法》的出台,除在外资准入和国民待遇方面大幅放宽了标准,也正式从法律层面建立了中国的国家安全审查制度,提升了其效力层级和权威,是一部既符合中国经济发展阶段和基本国情,又顺应国际通行规则发展要求的外商投资基础性法律,将为外商投资创造更加稳定、透明、可预期的法律环境,同时也表明中国对于外商投资的规范愈加成熟、市场开放程度更高。期待相关部门尽快出台内容完整、体系健全的外商投资国家安全审查制度规范,进一步将相对原则的规定细化。2019 年《外商投资法》的颁布,标志着中国引进外资工作进入了一个新的时代。随着外资准入负面清单范围的大幅压缩,外商投资国家安全审查将成为中国外资管理的主要方式。可以说,《外商投资法》在中国外商投资国家安全审查制度的全面建立过程中,具有里程碑意义。

2.1.4 打造新片区公平竞争的投资经营便利

1. 加大重点领域开放

为贯彻 2020 年 1 月 1 日施行的《外商投资法》,2019 年 9 月 18 日上海发布了《关于本市进一步促进外商投资的若干意见》(下称《若干意见》),以进一步扩大对外开放,积极促进外商投资,保护外商投资合法权益,推动形成上海全方位高水平开放新格局。《若干意见》明确,推进上海自贸试验区及临港新片区投资自由化便利化,进一步在电信、保险、证券、科研和技术服务、教育、卫生等重点领域加大对外开放力度,放宽注册资本、投资方式等限制,打造全方位开放的前沿窗口。为了进一步吸引外资,《若干意见》同时提出,全面实施准入前国民待遇加负面清单管理制度,负面清单之外的领域,任何部门和单位不得对外商投资准入进行限制。加大对外商投资企业享有准入后国民待遇的保障力度。

(1) 加大开放压力测试。

离岸贸易是新片区要发展的新型国际贸易服务产业之一。企业开展离岸贸易、转口贸易,包括转卖业务,会遇到一些具体的政策障碍。政府部门也在积极对接这些难点和企业的痛点,希望利用新片区的政策去突破这些障碍,帮助企业扩大这类业务的规模。2019 年 8 月 30 日发布的《关于促进中国(上海)自由贸易试验区临港新片区高质量发展实施特殊支持政策的若干意见》也提出,支持新片区内企业开展真实、合法的离岸转手买卖业务,金融机构可按照国际惯例,为新片区内企业开展离岸转手买卖业务提供高效便利的跨境金融服务。

除了在上述重点领域加大对外开放力度,《若干意见》还提出,鼓励和支持外商投资新一代信息技术、智能制造装备、生物医药与高性能医疗器械、新能源与智能网联汽车、航空航天、海洋工程装备、高端能源装备、新材料、节能环保等战略性新兴产业和研发设计、总集成总承包、检验检测认证、供应链管理、电子商务等生产性服务业重点领域,鼓励外商投资企业实施产业转型升级和技术改造。同时实施更开放的总部政策,支持地区总部和研发中心等功能性机构率先实施本市各项扩大开放试点措施,打造高水平总部经济平台,吸引全球优质企业总部落户。

《若干意见》还提出,落实国家关于扩大金融业对外开放部署,放宽或取消金融机构外资股权比例等准入条件,争取金融业开放措施项目率先落地。

作为金融资源的集聚地,上海在中国金融业对外开放方面一直走在前列,外资金融机构占上海所有持牌金融机构总数近30%。2018年以来,上海已经向金融监管部门上报了五批共48个金融业开放项目。

临港新片区之所以被称为“新”,其中之一就体现在更注重探索开放风险压力测试区方面。过去自贸试验区以制造业开放为主,未来要转向以服务业开放为主,而一些关键性服务行业开放存在风险问题。如何既开放又平衡好风险,就需要有一个地区进行开放带来的压力测试,而这也给政府监管带来了更高要求。设立新片区的实质是在更深层次、更宽领域,以更大力度推进全方位高水平开放,是全方位、深层次、根本性的制度创新变革。

(2)准入后国民待遇。

从2017年4月的《关于进一步扩大开放型经济新体制的若干意见》(简称“外资33条”),到2018年7月的《上海市贯彻落实国家进一步扩大开放重大举措加快建立开放型经济新体制行动方案》(简称“上海扩大开放100条”),再到2019年8月的《上海市新一轮服务业扩大开放若干措施》,近年来,上海针对外资的扩大开放举措持续且密集地推出。上海近年来的对外开放呈现了务实和纵深推进的特点,推动了上海外向型经济取得有力进展,对外贸易稳中有升,利用外资企稳回升,金融开放稳步推进,国际营商环境整体优化取得新的突破。

当前,上海正全力推进自贸试验区临港新片区建设,这为包括外资企业在内的所有企业提供了巨大的发展舞台。特别是《外商投资法》的出台,将为进一步扩大开放、保护外商投资合法权益提供强有力的法律保障。为了进一步吸引外资,《若干意见》提出,全面实施准入前国民待遇加负面清单管理制度,负面清单之外的领域,任何部门和单位不得对外商投资准入进行限制。加大对外商投资企业享有准入后国民待遇的保障力度。

同时,发挥中国国际进口博览会招商引资促进效应,对接中国国际进口博览会高级别经贸团组和境外参展企业,每年举办"上海投资推介大会",推出"投资上海地图"和特色经贸考察路线,推动高能级外资项目落地。为了主动对接进博会资源,上海将推出 50 条特色经贸考察路线,在全市范围推出 50 多场投资促进活动,开展精准有效的招商引资活动。此外,《若干意见》也提出,支持外商投资企业依法依规通过在主板、科创板、中小企业板上市、在新三板挂牌以及发行公司债券等方式拓展融资渠道。

《若干意见》也提出,要进一步保护外商合法权益。积极营造内外资公平竞争的市场环境,外商投资企业依法平等适用上海市支持企业发展的各项政策。保障外商投资企业依法平等获取人力资源、资金、土地使用权和自然资源等生产要素,公平参与市场竞争。依法保护外国投资者的投资、收益和其他合法权益,外国投资者的出资、利润、资本收益、资产处置所得、知识产权许可使用费、依法获得的补偿或者赔偿、清算所得等,可以依法以人民币或者外汇自由汇入、汇出。

2. 试行商事主体登记确认制

2020 年 9 月 7 日,上海自贸试验区临港新片区管委会、上海市市场监管局发布《中国(上海)自由贸易试验区临港新片区商事主体登记确认制实施办法(试行)》,商事主体登记确认制正式在临港新片区产城融合区内施行。

商事主体登记确认制即以申请人信用承诺为基础,推行材料清单标准化、办理流程电子化、登记审查智能化,通过登记确认商事主体和一般经营资格,签发营业执照,并予以公示的制度。除法律、法规另有规定外,登记机关对申请人提交的申请实行行政确认。

以商事主体经营范围为例,按照实施办法,商事主体经营范围实行自主申报,申请人可在线自主勾选经营范围,自主选定经营范围。登记机关不再对自主勾选的经营范围进行审查。

旅行商事主体登记确认制是临港新片区落实《中国(上海)自由贸易试验区临港新片区总体方案》中关于投资贸易自由化改革任务的重要措施,将最终实现接轨国际商事通行规则,大幅降低市场主体准入的制度性成本,还企业以生产经营和投资自主权,加快商事主体进入市场开展商事活动的速度。截至 2020 年 9 月,上海自贸试验区临港新片区揭牌以来,新增注册企业 15 115 户,同比增长 70%,注册资本金超过 2 000 亿元,同比增长 313%。

3. 健全争议解决方式

2019 年 12 月 30 日,上海市高级人民法院(以下简称上海高院)召开新闻发布会,对外发布《上海法院服务保障中国(上海)自由贸易试验区临港新片区建设的实施意见》(以下简称《实施意见》)和《上海法院涉外商事纠纷诉讼、调解、仲裁多元化解决一站式工作机制的指引(试行)》(以下简称《指引》)。

(1) 纠纷的发展趋势。

据统计,自 2019 年 9 月 1 日—12 月 25 日,上海法院共受理涉新片区案件 2 487 件,审(执)结 2 104 件。其中,知识产权、金融、涉外商事纠纷等类型案件收案量上升幅度明显,分别同比上升 133%、16.67%、11.76%。这表明,新片区设立后商事交易活跃度快速提升,商事纠纷提交司法解决的需求日益凸显。来自上海高院的调研显示,新片区的纠纷在未来呈现三个发展趋势。

第一是案件数量将出现递增趋势。新片区先行启动区域 119.5 平方千米,与老片区面积相当。同时,按照发展规划,力争到 2035 年新片区生产总值将达到现在浦东新区的生产总值。可以预见,新片区设立后相关纠纷案件将出现逐年递增趋势。

第二是案件类型结构将发生新变化。由于新片区高度开放的制度设计和建设开放型产业体系的规划目标,新片区已经并将持续涌现一批新产业、新业态和新型交易模式。与此相适应,一大批新型的跨境货物贸易、国际投资、国际航运、离岸服务贸易、离岸金融交易等纠纷类型将不断出现。总体上,涉新片区案件的国际性特征将显著增强。

第三是案件审理所涉法律制度和规则的特殊性对司法提出新要求。新片区将实施具有较强国际市场竞争力的差异化开放政策和制度,将会有很多涉讼纠纷需要对接国际通行规则来解决,在这方面与区外其他地方案件审理存在显著区别,给法院司法带来许多新的课题。

(2) 创新商事审判体制机制。

《实施意见》的五大创新亮点,分别是:推进国际商事审判体制机制的创新完善,强化中国法院对国际商事纠纷的司法管辖,强化涉新片区司法政策的开放性和包容度,深化国际商事诉讼机制改革,完善国际商事诉讼便民机制。

此次发布的《实施意见》上海法院将探索受理没有连接点的国际商事案件,即外国当事人对与中国司法辖区没有连接点的国际商事案件,约定由上海国际商事审判专门组织管辖的,可由上海国际商事审判专门组织进行管辖,但应当遵守中国法律或者司法解释关于级别管辖的规定。这一规定有利于强化中国法院对与新片区相关的离岸交易、跨境交易等国际商事交易的司法管辖权,依法维护中外企业在国际商事交易中的合法权益,促进中国企业更好地防范化解相关法律风险。

关于强化涉新片区司法政策的开放性和包容度,《实施意见》明确了具体的实践路径,提出与符合条件的国际商事调解机构、仲裁机构加强沟通,共同构建"一站式"纠纷解决平台,完善国际商事纠纷多元化解决机制。

关于涉外商事纠纷解决一站式工作机制,该项机制的目标就是充分发挥诉讼、调解、仲裁等不同纠纷解决方式的优势,引导当事人选择适宜的途径解决涉外商事纠纷,根据不同类型纠纷的实际情况,在诉讼、调解、仲裁程序之间顺畅转换,并为当事人及时获得域外法查明、涉外翻译、涉外公证等法律服务提供指引,推动涉外商事纠纷的实质化解决。

此次《实施意见》的发布,是服务保障扩大开放国家战略实施,加快建设开放型经济新体制的重要举措;是贯彻落实《新片区总体方案》,构建新片区投资贸易自由化便利化特殊制度体系的具体措施;是服务保障新片区高质量发展,促进上海加快建设"五个中心"、打造国际一流营商环境的重要举措;是推进国际商事审判专业化建设,提升中国司法在全球商贸规则体系中制度性话语权和影响力的重要举措。

专栏 2.1　　　　临港新片区 2020 年工作要点:推动 100 项制度创新

2020 年是中国全面建成小康社会和"十三五"规划收官之年,是谋划"十四五"发展的关键之年,是上海实现"五个中心"既定目标的重要一年,也是上海自贸试验区临港新片区揭牌成立后第一个完整年度。临港新片区管委会总的工作要求是:习近平新时代中国特色社会主义思想为指导,全面贯彻落实党的十九大和十九届二中、三中、四中全会精神,贯彻落实中央经济工作会议和上海市委八次全会精神,以深入贯彻落实习近平总书记考察上海重要讲话精神为主线,以"五个重要"目标定位为统领,对照总体方案任务要求,全面推动制度创新、产业发展、城市建设、综合保障跑出加速度,体现显示度,以实际行动开创建设具有较强国际影响力和竞争力的特殊经济功能区和现代化新城的新征程。

一、狠抓高水平开放,以"五个重要"目标定位统领改革创新工作

(一)构建最前沿的制度创新体系

围绕"五个重要"目标定位,充分发挥制度创新核心驱动作用,用好国家、市两级层面赋予的自主改革创新优势,聚焦重点领域,推动政策定向创新,确保各项创新突破试点取得实效。

1. 发布建设"五个重要"行动方案。深入研究"五个重要"战略目标、丰富内涵、具体要求和实现路径,并开展相关专项课题研究,上半年发布建设"五个重要"专项行动方案。

2. 抓好制度创新策源。对标 CPTPP、USMCA 等国际最高水平贸易协定和新加坡、中国香港、迪拜、日本等国际高水平自贸园区,聚焦投资自由、贸易自由、资金自由、运输自由、人员从业自由、数据快捷联通和税收制度等方面,抓准制度创新方向,推动100项制度创新和工作突破。

3. 实现政策落地见效。全力推动《总体方案》《特殊支持政策》及"自动适用"的各项政策共176项任务尽快落地落实。2020上半年出台新片区金融、人才、土地、产业等方面政策实施细则,确保落地见效。推动国内自贸试验区制度创新成果在新片区自动适用。

(二)构建最便利的营商环境体系

坚持一切服务围着市场主体转,为企业提供最贴心、最周到、最细致、最全面、最及时的服务,营造国际化、法制化的营商环境。

4. 进一步优化行政审批服务。推动新片区市场监督管理局、行政服务中心等机构设置,完成1500多项事权承接。推进"证照分离"改革,完善建设项目一体化审批服务工作体系,探索一批事项取消或精简、一批事项快速办理和远程办理。

5. 加强国际化营商环境建设。探索放宽外资准入、跨境资金流动、外籍人才出入境等体现新片区特色的"10+N"营商环境评价指标体系。全面落实《上海市全面深化国际一流营商环境建设实施方案》。集聚企业外向发展的功能要素,为企业走出去发展壮大提供重要跳板。

6. 营造法制化营商环境。加快组建法定赋权机构,加快建设一站式的国际商事纠纷解决机制,争取上海国际商事法院、最高院国际商事法庭落户,争取亚太仲裁中心等20余家境外知名仲裁机构集聚。

(三)构建最管用的风险防控体系

依托一体化信息管理服务平台,打造全面风险管理和重点领域监管结合、全生命周期实时风险监测与动态预警结合、联防联控协同联动的风险防控体系。

7. 建立以一体化信息管理服务平台为核心的风险防控体系。运用人工智能、区块链、5G、大数据等先进技术手段,聚焦"重点领域监管""特殊领域监管",推进各类数据互联互通共享,上半年一体化信息管理服务平台2.0版上线运行。

8. 建立创新监管互动机制。聚焦跨境资金流动、跨境数据流动等重点风险场景,探索"沙盒监管"模式,实现制度创新的模拟验证功能。运用科技手段提升金融监管能力,搭建和监管部门、金融机构的互动平台,研究新片区先行先试的创新金融业务监管规则,切实防范金融风险。

二、狠抓高质量发展,加快推动特殊经济功能区建设出形象、功能

（四）全力构建前沿产业集群

加强产业精准招商,持续引进和培育高能级项目,为企业提供良好的产业生态环境,着力构建具有国际市场影响力和竞争力的产业链、价值链、创新链,形成产业集群效应。

9. 加强产业精准招商。落实"四个一"投资促进服务机制,拓宽招商渠道、组织主题宣介,构建全员参与的大招商体系。聚焦人工智能、集成电路、航空航天、生物医药等重点领域"卡脖子"的核心环节,精准招引,加快构建核心产业的"四梁八柱",签约项目投资规模不低于 500 亿元。

10. 做大产业规模能级。推动盛美半导体、上飞装备、君实二期、聚力成半导体等制造实体项目和装备区检验检测园、信通院等研发项目开工,推动特斯拉、积塔、新昇等一批项目产能释放,加快民用航空"一谷一园"等项目落地,确保全年完成产业投资 280 亿元,同比增长 40%;完成工业总产值 1 755 亿元,同比增长 35%。

11. 优化产业创新生态。持续办好世界顶尖科学家论坛,推进顶尖科学社区一期 1.1 平方千米全面开工。建设人工智能创新及应用示范区和国际数据港,创建海洋经济创新示范城市。建设不少于 20 个创新研发、共性服务平台,新增高新技术企业(培育)不少于 100 个,新开工研发载体面积 120 万平方米,培育和孵化不少于 1 000 家企业。

（五）积极推动跨境金融集聚发展

加快引进集聚一批金融贸易龙头企业或项目落地,增强新片区全球金融资源配置能力,提升金融服务实体经济能力。

12. 加大金融机构集聚和载体建设。全年引入 80—100 家金融机构落户。加快西岛综合体、105 金融总部地块实体项目落地,实现开工面积 100 余万平方米。引进各类持牌金融机构及其专业子公司、融资租赁、SPV、金融专业服务业机构、战略性基金或投资平台。推动金融要素市场建设,鼓励在新片区设立离岸业务平台。

13. 开展跨境金融业务试点。依法合规开展跨境金融和离岸金融创新试点,研究探索金融机构在依法合规、风险可控、商业可持续的前提下为新片区内企业和非居民提供跨境发债、跨境投资并购和跨境资金集中运营等跨境金融服务。加快推动跨境资金收付便利化,拓展离岸金融服务范围。

14. 提升金融服务实体经济能力。扶持新片区企业在境内外上市。为重点产业项目提供长期低息贷款。推动新片区创投产业发展。开展知识产权体系、供应链、航运金融等领域的创新试点,支持国家技术转移东部中心在新片区建设技术转移功能载体。试点区块链技术在跨境金融领域的应用案例。

（六）大力发展新型国际贸易

培育离岸贸易、数字贸易等新业态，增添贸易发展新动能，提高贸易发展质量和效益，拓展贸易发展新空间。

15. 推动贸易重点功能平台建设。推动跨国公司地区总部、贸易型总部、民营企业总部等功能机构集聚。推进服务贸易示范基地建设，加快国家外贸转型升级基地（汽车及零配件）建设。完善数字贸易交易促进平台临港新片区分站建设，年内落户数字贸易企业不少于30家。加快推进大宗商品、上海天然气定价中心等各类平台经济项目落地。

16. 促进跨境电商产业升级。推进跨境数字贸易发展，鼓励跨境电商模式创新。推动跨境电商业务常态化运作，进一步扩大保税备货进口业务规模。拓展跨境电商一般出口模式，探索跨境电商海外仓前置等业务新模式。支持跨境电商在区内建立国际配送平台和海外仓，推进跨境电商示范区建设。

（七）加快洋山特殊综合保税区建设

延续和完善区域既有功能业态，拓展和集聚保税研发、保税制造、保税维修、中转集拼等新业态、新动能，全力推动洋山特殊综合保税区封关验收和政策落地。

17. 推动洋山特殊综合保税区实现封关验收。加快洋山特殊综合保税区各围网区域的土地收储、实施建设，完成原洋山保税港区监管设施升级改造，确保2020年8月底前围网区域具备封关验收条件，推动首期围网区域封关验收。开发洋山特殊综合保税区公共信息服务平台，推进智能化监管设施建设。

18. 深化区域功能拓展。引进一批高端加工制造企业，推动洋山加工制造业发展。吸引一批研发企业入驻，拓展洋山医疗设备研发产业功能，大力发展保税研发业务。扩大船用发动机跨港维修试点业务范围和规模，推进跨境维修规模化运作。完善洋山国际中转集拼服务平台功能，试点海运中转集拼货代模式。

19. 培育高端航运产业。争取海关等部门支持，拓展航空物流功能，扩大航空国际中转集拼业务试点范围，加快航空货站建设。争取金融监管部门支持，鼓励上海期货交易所等功能型机构，开展航运指数衍生品、大宗商品交易等创新业务，吸引航运融资、航运保险等机构集聚。

三、狠抓高能级城市规划建设，推动现代化新城功能完善和管理水平提升

（八）高起点编制统一规划体系

编制新片区第一个经济社会中长期发展规划，形成以发展规划为统领、空间规划为基础、专项规划和区域规划为支撑的统一规划体系。

20. 完成"十四五"规划纲要编制。坚持用好外脑、凝聚多方智慧、开门作规划，加强与市有关部门的沟通对接,开展36个前期重大课题研究和25项专项规划编制。加强战略目标、产业、空间、人口资源、社会环境等各领域综合平衡,明确重大任务和重要举措,2020年基本完成规划纲要编制。

21. 推动国土空间规划及重点区域控规落地。配合市规划资源局2020年4月底前完成上报国土空间规划编制成果。开展特殊综合保税区、103社区等重点区域的规划研究。协同推进规划研究与重大项目导入,结合项目需求,提前开展原有规划适应性调整。

(九)着力完善城市功能

高标准建设城市市政配套项目,不断推进城市环境治理和景观提升改造,加快建设高品质商业、旅游集聚区,优化城市公共服务供给,构建宜居宜业的现代化城市。

22. 构建便捷交通网络。配合市有关部门,推进沪通铁路、S3公路建设,争取市域铁路自贸试验区快线、浦东铁路电气化改造等重大项目2020年开工。全面实施两港大道快速化新改建工程,尽早开工新建两港大道西段,确保与S3公路同步建成。2020年新开骨干道路40公里。聚焦重点区域,研究确定静态交通布局和管理机制。组建新片区交通服务公司,与常规公交错位发展定制公交和智能共享班车。配合重大项目,加强电力、燃气及分布式能源的配套,同步完善区域道路网络。

23. 推进城市生态环境建设。推进临港自来水厂一期、临港污水处理厂排海管工程等项目开工,产业区重大项目配套给水管线、污水处理厂二期扩建工程一阶段等项目上半年完工。启动骨干河道水系贯通建设,2020年新开河道10公里。加快星空之境海绵公园景观绿化及水系建设,滴水湖环湖80米景观带工程桥梁上半年建成开放,二环城市公园改建工程桥梁基本完工。建设湿垃圾生化处理中心,推进生态廊道与公益林建设。

24. 提供有温度的商文体旅服务。推动滴水湖中国名家主题雕塑园(暂名)"十一"前建成开放,影视工业4.0基地、环球艺术产业交易港、巴萨足球俱乐部等项目落地开工。举办元旦迎新跑、帆船运动等重大赛事活动。加快港城广场、陆家嘴临港广场的商业开发,与百联集团合作建设综合性商业中心,新增10家以上社区生鲜超市等商业网点。探索推动艺术品保税交易、艺术品第三方鉴定评估平台建设、体育赛事IP交易平台建设等新领域、新业态。

25. 优化社会领域公共服务供给。坚持保基本,开工建设8所公建配套学校和2个卫生服务中心,芦潮港镇级养老院、万祥文体中心、临港青少年活动中心2020年开工。坚持提品质,争取市区优质教育资源合作办学,推进上海中学东校高中部建设,推动临港科技城、金桥临港引进优质民办教育资源;启动六院东院国际中心建设,吸引社会资本在新片区开设民办医疗机构。

（十）着力提升城市管理水平

形成畅通高效的跨部门、跨层级、跨区域运行体系平台，提升社区管理能级和服务能级，提高城市治理科学化、智能化、精细化水平。

26. 以5G基础设施建设助力智慧城市建设。面向特定区域和行业，推进5G基础设施典型场景建设。在皇冠假日酒店、陆家嘴亚太运营中心、顶尖科学家社区、无人驾驶测试区以及重点企业智慧工厂，实现5G精准覆盖，开展5G商用示范。加强顶层设计，探索建立新片区大数据中心，打通数据通道，强化数据的综合利用开发。

27. 强化城市运行管理。升级城市运行综合管理系统，建成"城市运行一网统管"的信息平台，逐步实现"一屏观天下、一网管全城"，提升城市运行精细化管理水平。

28. 加强应急管理和安全生产。健全应急预案体系，加强应急救援队伍建设，强化应急技术支撑，提高各类灾害事故救援能力。推进安全风险网格化管理，将安全生产、火灾防治与城运综合管理系统建设有机结合，筑牢防灾减灾救灾防线。

29. 提高社会治理水平。以"雪亮工程"和社区智能安防建设项目为着力点，高标准建设新片区综合管理体系，推动城市平安建设。打造提升"临港大学堂"，推进校区、社区、产业园区三区联动。加大居民自治和多元共治力度，全面提升社会治理社会化、专业化、智能化、法治化水平。

四、狠抓高能效全方位服务，构建支撑新片区发展的综合保障体系

（十一）切实强化土地保障与管理

坚持土地高质量利用，资源高效率配置，合理提高土地使用强度，以高效的土地保障与过程管理，助力新片区建设。

30. 加强土地收储与供应保障。聚焦103社区、105社区、洋山特殊综合保税区等重点地区、重大项目用地需求，加大土地收储和供应力度，实现重点区域地块组团出让和复合开发。

31. 实现土地全过程管理。实现土地征、转、拆、供、登记全流程一体化管理，全面展开标准地出让工作。加强投达产监管，健全产业用地转让管理机制，提高存量产业项目产出效益。加大对低效产业用地的处置管控力度，提高土地利用率，落实高质量发展要求。

（十二）将人才工作放到更加突出的位置

完善人才引进服务保障，强化对海内外人才的吸引力和凝聚力，为新片区建设提供强大的人才支持和智力支撑。

32. 完善人才引进服务配套。2020年上半年完成建设外籍高层次人才永居申办新机制，提高新片区内外籍华人申请永居便利性，试行口岸电子签证。探索外国人才商业化医疗保障机制，切实解决引进人才办理居住证期间子女入学问题，合理解决外籍高层次人才子女的国际教育个性化需求。

33. 保障人才住房需求。多渠道保障人才住房需求,鼓励符合要求的人才在新片区购买商品房,在优先选房购房方面提供最大便利。筹集社会闲置房源,2020 年年内计划新增各类保障房不低于 3 500 套,满足新片区各类人才多层次租赁住房需求。

34. 推进人才培育项目实施和发展平台搭建。建立国际化人才培训载体,实施国际化人才培养工程、紧缺急需人才引进培育工程、高技能人才培育工程。建设临港新片区留学人员创业园,培育海外引智引才中转站,建立海外创新中心前沿阵地。优化整合临港新片区人才服务中心、出入境服务中心,建立新片区国际人才港。

(十三)加强管委会自身建设

35. 强化制度建设的基础性作用。半年内完成新片区各项管理制度的修订发布。加强财力保障,2020 年上半年协助市财政局出台临港新片区专项资金管理办法。完善统计工作机制,建立覆盖新片区规划范围的统计指标体系和统计单列工作机制。细化管委会与相关区的事权财权和工作界面。

36. 加强干部队伍建设。突出政治标准,树立鲜明选人用人导向,统筹使用好各年龄段干部。优化选人用人机制,通过注入源头活水,不断优化干部队伍结构。激发领导干部的头雁效应,引导和带领各级干部全身心、高效率投入工作,营造浓厚的干事创业氛围。

资料来源:澎湃新闻,https://baijiahao.baidu.com/s?id=16546214903548284 39&wfr=spider&for=pc,2020 年 1 月 2 日。

2.2 高标准的贸易自由化

2.2.1 建立洋山特殊综合保税区

2019 年 8 月国务院公布的《中国(上海)自由贸易试验区临港新片区总体方案》(以下简称《方案》)提出,新片区将建立洋山特殊综合保税区,实施更高水平的贸易自由化便利化政策和制度。2019 年 11 月 4 日,中华人民共和国海关总署发布了《中华人民共和国海关对洋山特殊综合保税区监管办法》,以贯彻落实《方案》要求,高标准推进中国(上海)自由贸易试验区临港新片区贸易自由化,充分发挥洋山特殊综合保税区作为对标国际公认、竞争力最强的自由贸易园区的重要载体作用。

1. 主要内容

洋山特殊综合保税区是指经国务院批准,设立在临港新片区内,具有物流、加工、制造、贸易等功能的海关特殊监管区域。与一般的综合保税区相比,洋山特殊综合保税区货物、物品及区内企业的主要监管措施特点见表2.4。

表 2.4 洋山特殊综合保税区与综合保税区监管的比较

监督范围	综合保税区	洋山特殊综合保税区
与境外之间进出货物	综合保税区与境外之间进出的货物应当按照规定向海关办理相关手续	依法需要检疫的进出镜货物原则上在口岸监管区内监管作业场所(场地)实施检疫,经海关批准,可在洋山特殊综合保税区内实施检疫; 对属于法定检验的大宗资源性商品、可用作原料的固体废物等的进境检验,需在口岸监管区内作业场所(场地)实施; 对法律、法规等有明确规定的,涉及中国缔结或者参加的国际条约、协定的,涉及安全准入管理的进出境货物,除必须在进出境环节验核相关监管证件外,其他的在进出区环节验核; 属于上述规定范围的,企业应向海关办理申报手续;不属于的,海关应予放行
与区外之间进出货物	区内企业和区外收发货人分别按照规定向海关办理相关手续; 海关对于综合保税区与其他海关特殊监管区域或者保税监管场所之间往来的货物,实行保税监管	货物从洋山特殊综合保税区进入境内区外的,由进口企业向海关办理进口申报手续。货物从境内外进入洋山特殊综合保税区的,由出口企业向海关办理出口申报手续; 除另有规定外,对其他海关特殊监管区域、保税监管场所与洋山特殊综合保税区之间进出的货物,由其他海关特殊监管区域、保税监管场所内企业申报进出境备案清单
区内企业	区内企业单独设立海关电子账册	海关不要求区内企业单独设立海关账册,但区内企业所设置、编制的会计账簿、会计凭证、会计报表和其他会计资料,应当真实、准确、完整地记录和反映有关业务情况,能够通过计算机正确、完整地记账、核算的,对其他计算机储存和输出的会计记录视频视同会计资料

资料来源:作者自行整理而得。

2. 亮点特色

作为海关特殊监管区域的一种新类型,洋山特殊综合保税区在贸易自由化、特殊经济功能区建设、监管制度创新等方面,进行了大胆尝试和积极探索。

(1)实现高标准贸易自由化。

洋山特殊综合保税区在全面实施综合保税区政策的基础上,进一步取消了不必要的贸易监管、许可和程序要求,实施了更高水平的贸易自由化便利化政策和制度。例如一线进出境环节进一步放开；二线进出区环节比照进出口监管；取消区内企业单独设立海关账册的要求等等，更加凸显其"境内关外"的概念，对标国际自由贸易港建设，积极推进新型业务和新型模式的发展。

（2）发力国际中转业务。

首先，一线进出境监管放松，可以在极大程度上推动国际中转业务的开展。海外运输至口岸的货物无须报关报检，简化了企业手续，最大程度提高了口岸效率，节省了物流时间和成本，强化港口的国际枢纽作用。其次，放开中转集拼业务的货物种类。2018 年 9 月，海关规定对于检疫风险高的进口肉类、水产品等食品，不允许开展中转集拼业务。而在洋山特殊综合保税区内，除国家禁止进出境货物外，其他货物均可进行中转集拼。这对于完善口岸集装箱吞吐结构，吸引国际采购、分拨等高附加值物流增值服务，提升港口在全球物流产业链和价值链的地位，都具有极大的推动作用。

（3）实施风险管理措施。

在监管制度方面，围绕着安全监管的理念，引入了风险管理措施。根据风险情况，对相关进出境货物及物品、进出口货物及物品和国际中转货物，和涉及国家进出境限制性管理、口岸公共卫生安全、生物安全、食品安全、商品质量安全、知识产权等方面的安全准入，实施必要的监管和查验，进一步促进便利化监管，有效提高了口岸监管服务效率，增强了口岸贸易活力，为临港片区创新业务和举措的有效落实提供了政策支持。

2.2.2 发展新型贸易

充分发挥临港新片区制度创新优势，积极支持新片区开展离岸贸易、保税维修、数字贸易等新型国际贸易业态的发展。离岸业务内容非常广泛，也非常多，离岸贸易的发展已经深刻融入国际业务当中，也是培育本土跨国公司的重要方面。现在所讲的离岸业务已经不是指过去所讲的避税、免税，而是指把企业的决策、运营管理、结算、服务放在临港新片区，业务是离岸的。这对提升"五个中心"能级和上海在全球价值链中的竞争力都具有重要的意义。离岸贸易包括转口贸易的发展，主要有以下四方面。

1. 创新相关的试点模式

把原有上海自贸试验区的制度复制到临港新片区。2018 年，《关于明确自由贸易账户支持上海发展货物转手买卖贸易有关事项的通知》发布。临港新片区成立之后,上海市商务委和临港新片区共同发布了关于支持在临港新片区发展离岸和转口贸易的相应工作方案,主要就是允许白名单内的企业基于自由贸易账户开展离岸贸易,利用国际通行规则为其提供跨境金融服务。企业通过自由贸易账户进行的离岸业务无须逐笔提交单证,实现和国际规则的对接。

2. 优化金融服务

通过优化金融服务支持真实合规的离岸贸易业务发展。为了解决企业基于离岸转手买卖的真实合理业务诉求,上海市商务委和国家外汇管理局上海市分局联手,积极鼓励银行多渠道金融服务的创新方式。如果银行在真实性审核方面有困难,可以向外汇管理局反馈,外汇管理局会大力支持。临港新片区运作一年来,已经有数十家企业进入白名单,在外汇管理局的指导下,已有14家银行、50多家集团开展了外汇离岸业务。

3. 争取中央支持

解决离岸业务发展中的一些税收政策问题,进一步降低企业的交易成本,提高交易效率。如利用临港新片区的制度优势,推进保税维修业务的发展。上海的加工贸易进出口占比在逐渐下降,但是加工贸易制造业的附加值在逐步上升,主要原因是加工制造等环节向服务环节、维修环节延伸,促成上海加工贸易转型升级。2020年5月,商务部、生态环境部、海关总署发布了《关于支持综合保税区内企业开展维修业务的公告》,2020年9月联合上海海关、市生态环境局起草的关于支持在综合保税区内开展维修业务的实施办法,抓住这次机遇,在临港新片区原有拓展全球维修业务的基础上,进一步提升临港新片区在国际船舶和飞机检测维修、发动机组装及维修等方面的优势,将洋山特殊综合保税区打造成综合型全球检测维修与再制造基地。此外,还通过服务业对外开放促进服务贸易发展。如大力发展高端航运服务,在航运咨询、海事教育培训等方面推动保险结算等高能级服务业态的离岸和在岸业务发展。利用临港新片区的政策优势,促进总部集聚发展,提升临港新片区在供应链、价值链配置方面的地位,包括引进贸易中心、研发中心等功能平台,吸引这类主体、企业集聚。

4. 发展数字贸易

在数字贸易方面,临港新片区的数字贸易促进平台已经开通,已有65家企业登陆平台开展对接,下一步将继续围绕数字服务、数字内容、云服务等方面,进一步发展数字贸易。希望能利用临港新片区制度创新的优势,在数字创新、数字引领以及数字开放方面有所突破,进一步打造临港新片区在数字贸易方面的引领作用。

2.2.3　促进服务贸易

临港新片区将加快服务贸易集聚发展,推动服务贸易示范基地建设,加快文化服务、技术产品、生物医药、软件信息、研发设计、检测维修、建筑服务、信息通信、检验认证等资本技术密集型服务贸易发展。

1. 国家外贸转型升级基地(汽车及零部件基地)

为推动上海国际贸易与产业的有机结合,加快培育外贸在技术、品牌、质量等方面的竞争新优势,在商务部的指导下,上海市已先后获批了 7 个国家级外贸转型升级基地。本次商务部授予临港新片区的汽车及零部件基地,已吸纳成员单位 19 家,初步形成了以上汽集团乘用车、特斯拉整车制造为龙头,沃尔沃遍达发动机、喷达汽车精密部件等全球知名汽车零部件企业加快集聚的发展态势。2019 年,基地出口额实现 160% 以上的增长,成为外贸稳规模、提质量、优结构的重要示范载体。临港新片区将以此次获批国家级基地为契机,加快服务贸易发展,具体体现在以下三点:

(1) 进一步加强内部机制建设。

聚焦新片区汽车产业发展定位,完善基地管理架构和运行机制,加强对基地中长期发展的总体规划,发挥产业对贸易的支撑作用,推动出口产品提升质量、档次和技术含量。

(2) 进一步提升企业服务能力。

以优化公共配套服务为重点,为基地企业在检验检测、信息提供、培训服务、展览展示等方面加大公共服务供给,支持企业在专业细分领域做精做优,提升对基地企业的向心力。

(3) 进一步发挥制度创新作用。

以上海自贸试验区临港新片区为平台,用足用好现有新片区各项贸易投资支持政策,积极探索新型贸易方式发展,研提合理化建议和需求,为上海市外贸转型发展积累经验。

2. 上海国际服务贸易示范基地

上海市商务委授予新片区"上海国际服务贸易示范基地"称号,是为了突出新片区信息、要素和资源集聚方面的优势,在数字贸易、技术贸易和服务外包等领域加快推进新片区服务贸易发展。新片区将发挥自身优势,率先探索,大胆突破,从大力推动服务贸易领域的改革和开放、加快数字贸易领域创新发展、推动服务外包业务向价值链中高端转型升级这三个方面进行探索,全力推进服务贸易重点领域的发展。

2.3 资金便利收付的跨境金融管理制度

2020 年 5 月 8 日,上海自贸试验区临港新片区管委会会同中国人民银行上海总部、上海银保监局、上海证监局、上海市金融工作局共同发布《全面推进中国(上海)自由贸易试验区临港新片区金融开放与创新发展的若干措施》,在落实对外开放、强化制度创新、培育金融体系、服务实体经济、加强服务保障五方面提出了 50 条创新举措,着力解决当前中国金融开放与创新发展过程中遇到的瓶颈和难题,为全面推进临港新片区金融开放与创新发展提供有效路径。

2.3.1 扩大金融开放

1. 加强与国际接轨的制度建设

临港新片区将健全金融法治环境,推动新片区国际商事审判组织建设,加快国际仲裁机构的业务机构集聚,打造调解、仲裁与诉讼相互衔接的多元化纠纷解决机制。支持资本市场法律服务中心等专业机构的发展。实施具有国际竞争力的跨境金融税收政策,扩大临港新片区服务出口增值税政策适用范围,研究适应境外投资和离岸业务发展的临港新片区税收政策。探索试点自由贸易账户的境外投资收益递延纳税等税收政策安排。实施国际互联网数据跨境安全有序流动,探索金融交易数据跨境流动,畅通金融机构获取境外经济金融信息的渠道。

2. 吸引外资设立各类机构

临港新片区将支持外资机构与中资银行或保险公司的子公司在新片区合资设立由外方控股的理财公司,支持境外金融机构参与设立、投资入股商业银行理财子公司。支持外资在临港新片区设立由外资控股或全资持有的证券公司、基金管理公司和期货公司。支持在临港新片区设立由外资控股或全资持有的人身险公司。支持境外金融机构在临港新片区投资设立、参股养老金管理公司。支持跨国公司在临港新片区设立全球或区域资金管理中心等总部型机构,经批准可参与银行间外汇市场交易,使临港新片区成为亚太地区跨境资金流动和调配中心。支持境外投资机构在临港新片区内发起设立私募基金,深化外商投资股权投资企业(QFLP)试点和合格境内有限合伙人(QDLP)试点。

3. 大力引进海外优秀金融人才

临港新片区将对在其中工作的境外高端、紧缺人才,给予个人所得税税负差额补贴。对符合条件的境外高端人才,在外国人来华工作许可、外国人才签证加分、外籍高层次人才永居申请等方面给予支持。支持符合条件的具有境外职业资格的金融人才经备案后,在临港新片区内提供服务,其在境外的从业经历可视同国内从业经历。

2.3.2　开展跨境金融服务

1. 实施资金便利收付的跨境金融管理制度

临港新片区将探索建立本外币一体化账户体系,实施更加便利的跨境资金管理制度。拓展自由贸易账户功能,推进临港新片区内资本自由流入流出和自由兑换。探索取消外商直接投资人民币资本金专用账户,探索开展本外币合一跨境资金池试点。支持符合条件的跨国企业集团在境内外成员之间集中开展本外币资金余缺调剂和归集业务,资金按实需兑换。探索外汇管理转型升级,推动低成本、高效率、有标准的经常项目可兑换,率先实现非金融部门资本项目可兑换,建设跨境投融资便利设施和跨境资金流动监测分析中心,形成国际收支及汇兑全新管理体系。

2. 实施高水平贸易投资自由化便利化措施

临港新片区将支持和推荐更多新片区内企业纳入优质企业名单,享受跨境人民币结算便利化等政策先行先试。支持临港新片区内企业参照国际通行规则依法合规开展跨境金融活动,支持金融机构在依法合规、风险可控、商业可持续的前提下为临港新片区内企业和非居民提供跨境发债、跨境投资并购和跨境资金集中运营等跨境金融服务。支持金融机构按照国际惯例为临港新片区内企业开展离岸转手买卖、跨境电商等新型国际贸易提供高效便利的跨境金融服务,完善新型国际贸易与国际市场投融资服务的系统性制度支撑体系,打造供应链金融管理中心。临港新片区内企业从境外募集的资金、符合条件的金融机构从境外募集的资金及其提供跨境服务取得的收入,可自主用于临港新片区内及境外的经营投资活动。

3. 提升跨境金融供给能力

临港新片区将支持新片区开展境内贸易融资资产跨境转让业务。支持上海票据交易所及相关数字科技研发支持机构建立平台,办理贸易融资资产跨境转让业务,促进人民币跨境贸易融资业务发展。支持符合条件的临港新片区内金融机构开展跨境证券投资、跨境保险资产管理等业务。探索设立国际金融资产交易平台,适应境内外投资者需求。

4. 依托产业优势促进跨境业务和离岸业务发展

临港新片区将支持融资租赁产业依托洋山特殊综合保税区建设做大做强,加快发展租赁资产证券化等业务,打造融资租赁产业高地。大力促进单机、单船、单套设备融资租赁业务集聚和创新发展,支持享受母子公司共享外债额度、海关异地委托监管等便利政策。推进"中国洋山港"保税船舶登记,大力发展航运融资、航运保险、航运结算、航材租赁、船舶交易和航运指数衍生品等业务,提升高端航运服务功能。积极对接在沪金融要素市场,在洋山特殊综合保税区大力开展国际大宗商品交易,深入推进期货保税交割业务,推动期货市场与现货市场的联动发展。支持保险机构与境外机构合作开发跨境医疗保险产品、开展国际医疗保险结算试点,加快建设国际医疗服务集聚区。

2.3.3 推进资本项目开放

1. 支持设立各类总部型或功能性机构

临港新片区将支持银行、证券、保险等各类金融机构为新片区进行高端专业金融赋能,打造总部级别的专业化、功能性平台,包括但不限于跨境业务中心、跨境资管中心、跨境托管中心、跨境银团中心、跨境票据中心、金融创新实验室、金融市场业务中心,进一步提升临港新片区金融服务的能级。支持符合条件的非金融企业集团在临港新片区设立金融控股公司,加强对各金融业务板块的股权管理和风险管控,并参照金融机构享受相关扶持政策。

2. 集聚发展各类资产管理机构

临港新片区将支持符合条件的商业银行理财子公司在新片区设立专业子公司。支持符合条件的商业银行在临港新片区设立金融资产投资公司,支持符合条件的金融资产投资公司在临港新片区设立专业投资子公司。支持证券公司在临港新片区设立专业子公司。支持保险资产管理公司在临港新片区设立专业资产管理子公司。为各类社会资本在临港新片区设立投资类公司提供高效便利的服务。

3. 加快建设金融科技生态圈

临港新片区将把握金融业数字化转型机遇,支持金融机构运用金融科技赋能创新金融产品和服务模式,包括但不限于数字银行、智能投顾、保险科技、数字支付等。发挥临港新片区先行先试优势,积极探索金融科技监管创新,试点开展"监管沙盒"机制,探索人工智能、大数据、云计算、区块链等新技术在金融领域的应用,打造具有国际影响力的金融科技创新试验港。支持金融要素市场、持牌类金融机构和大型科技企业在临港新片区设立金融科技公司、金融科技实验室、企业技术研究院等,对具有重大示范引领作用的,参照金融机构享受相关扶持政策。积极配合国家金融管理部门加强金融基础设施建设,争取交易报告库、基础征信系统等设施及其运营机构在临港新片区落地。

4. 加大对重点产业的信贷支持力度

临港新片区将综合运用融资担保、贷款贴息、风险补偿等财政政策工具,支持开发性金融机构、政策性金融机构和商业性金融机构为临港新片区内高新技术产业、航运业等重点领域发展提供长期信贷资金,并积极支持保险公司创新金融产品和服务。鼓励开发性、政策性银行运用抵押补充贷款(PSL)资金支持临港新片区内重大科技创新及研发项目。鼓励金融机构运用再贷款、再贴现资金,扩大对临港新片区内科创类企业、高端制造业企业、小微企业和民营企业等信贷投放。鼓励金融机构发行双创金融债券,募集资金用于临港新片区内科技创新企业贷款。

5. 拓宽科创企业直接融资渠道

临港新片区将支持商业银行理财子公司专业子公司、金融资产投资公司及其专业投资子公司、证券公司专业子公司、保险资产管理公司专业子公司等机构的发展,投资临港新片区的重点建设项目股权和未上市企业股权,参与企业重组、直接投资等。支持商业银行和银行理财子公司与临港新片区内资产管理机构开展业务合作。更好发挥保险资金支持实体经济功能,引导保险资金积极开展价值投资、长期投资,支持保险机构投资与临港新片区建设相关的科创类投资基金或直接投资于临港新片区内科创企业。设立临港新片区引导基金,积极吸引各类社会资本在重点产业领域组建产业发展基金群,不断拓宽临港新片区科创企业的股权直接融资渠道。深化与上海证券交易所、上海股权托管交易中心等的合作,建立临港新片区资本市场服务联动工作机制,加大对科创企业挂牌、上市的培育辅导和财政奖励,加快培育一批创新能力强、成长速度快、能够引领和支撑产业发展的创新龙头企业上市科创板。

6. 加快金融集聚区建设

临港新片区将优化现代服务业开放区功能空间布局,全力吸引各类持牌类金融机构、新型金融机构、投资类企业和金融功能性机构入驻。加快会计审计、法律服务、信用评级、投资咨询、财经资讯、人力资源等金融专业服务业发展。对于在临港新片区新设的机构,给予相应的落户奖励,最高不超过 6 000 万元。对金融机构因业务发展需要增加实缴资本金的,给予一定的增资奖励。根据机构(包括融资租赁 SPV 公司)形成的管委会财力贡献,给予一定的综合贡献奖励。支持新设机构在临港新片区新建、购置或租赁自用办公用房,对于购地建设自用办公用房,且建筑面积自用率达到 70% 的,对项目建设费用给予一定的奖励;对于租赁自用办公用房的,根据实际租赁面积,按年租金最高 100% 的比例给予补贴,年限不超过 3 年。对在临港新片区工作的金融人才,支持享受人员落户、人才公寓或限价商品房、子女教育、医疗保障等方面的优惠政策。对于符合条件的高管人员和特殊高端人才,给予个人贡献奖励,并给予落户支持,紧缺急需的特殊人才符合条件的可直接落户。

7. 支持金融业务创新发展

临港新片区将建立重大项目服务专员机制,为金融机构注册设立、牌照申请、业务对接、金融创新提供全生命周期的定制化服务。建立金融创新协调推进机制,根据金融机构业务发展和创新需求,为金融机构与国家金融管理部门对话搭建桥梁,为金融产品和服务创新提供平台,争取更多首创性金融政策在临港新片区先行先试。建立产融合作长效工作机制,定期举办专业路演、行业沙龙、产融对接会等活动,为金融机构和企业提供有效的对接服务。设立临港新片区金融业务创新发展资金,每年评选十大金融创新企业、金融业十强企业和十大杰出金融创新人才,并给予一定的奖励,鼓励开展跨境金融、离岸金融等产品和服务创新。

2.4 高度开放的国际运输管理

2.4.1 国际运输便利相关政策

1. 国际船舶登记

上海自贸试验区临港新片区实行更加便利的"中国洋山港"籍船舶登记管理制度,逐步放开船舶法定检验。在确保有效监管、风险可控前提下,对境内制造船舶在"中国洋山港"登记从事国际运输的,视同出口,按照国家规定给予出口退税。

2. 国际航运服务

上海自贸试验区临港新片区支持内外资企业和相关机构开展航运融资、航运保险、航运结算、航材租赁、船舶交易和航运仲裁等服务;建设国际航运补给服务体系;推动发展航运指数衍生品业务。

3. 启运港退税

上海自贸试验区临港新片区进一步完善启运港退税相关政策,对符合条件的出口企业经洋山港离境的集装箱货物,实行更加便利高效的监管和服务。

4. 多式联运

上海自贸试验区临港新片区以洋山深水港、浦东国际机场和芦潮港铁路集装箱中心站为载体,推动海运、空运、铁路运输信息共享,提高多式联运的运行效率。

5. 国际航空业务

支持浦东国际机场开展航空中转集拼业务,实行更加便利的海关监管制度。支持浦东国际机场建设具有物流、分拣和监管集成功能的航空货站,实行更加便利的航空货运监管模式和货机机组人员出入境边防检查管理模式。对国际中转旅客及其行李,实行通程联运,进一步缩短中转衔接时间。

2.4.2 国际船舶新政的制度设计

1. 监管理念的颠覆性创新

从对早期的特案免税登记政策、国际航运发展综合试验区政策(国务院 2009 年 19 号文对 2007 年的特案免税登记政策延期)、中国洋山保税船舶登记政策(2014 年被国家财政部明文禁止叫停)以及到中国自贸试验区国际船舶登记政策(2013 年上海作为中国第一个自贸区正式成立时设计的此项政策)的长期跟踪研究来看,虽不能说特案免税政策是一个失败的政策,但可以非常明确地指出特案免税政策绝非成功之例。因为特案免税登记政策从来没有对所登记船舶的监管理念和性质作任何创新,后来的自贸试验区国际船舶登记政策也是如此。

过去的所有政策只是要求实施特案免税政策或者国际船舶登记政策,至于对在所谓的特案免税登记政策或者国际船舶登记政策下登记的船舶如何进行监管,以什么理念进行监管,以及视为什么性质的船舶等问题却没有明确规定。因而后来相关登记政策在实施过程中,对登记的船舶该如何监管、按什么性质的船舶进行监管出现了不断的争论和改革创新。在以往没有明确规定船舶监管模式的情况下,登记船舶往往按照国内船舶或者进口二手船来处理,整个政策就陷入了"死胡同"——把问题的焦点长期聚焦在船舶税收问题上。特案免税登记政策和之前的国际船舶登记政策也就是在这种背景下产生和不断变革的。正是由于过去这种理念的长期束缚,特案免税登记政策一直陷入屡试屡败、屡败屡试、不断延期的怪圈之中,之前的国际船舶登记政策也受到理念制约,实施效果不佳。应该来说,这次国际船舶登记新政在船舶监管理念上有了巨大的颠覆性创新突破。更直观地讲,这次政策给予国际船舶登记更明确的内容:在中国洋山港登记从事国际运输的,视同出口。新片区国际船舶登记政策下的船舶这一监管理念的创新突破,从本质上解决了新政登记下船舶的监管属性问题,也更好地解决了长期以来纠结不清的船舶税收问题。可以说,这项新政如果成功实施必将是对中国长期以来实施特案免税登记政策的终结。也正是有了这种理念的突破,其他阻碍国际船舶登记政策实施的相关制约也有相应的改革空间。

2. 配套政策的完美结合

在监管理念上将在未来临港新片区国际船舶登记新政下登记的船舶作为出口船舶进行监管,并配以出口退税政策,这是对这项新政有效实施的完美补充和重要支撑。从以往特案免税和之前的自贸区国际船舶登记制度实施的情况来看,没有这项配套政策,船舶登记政策实施也是举步维艰。如前文所述,受监管理念的束缚,登记的船舶按国内船舶或者进口二手船来监管处理,自然谈不上出口退税的问题。这就导致前期所有船舶登记政策在实施过程中受到造船工业界的质疑,一直饱受一种完全不必要的争议,即中国推行的国际船舶登记政策将会减少海运企业在中国造船的订单,削弱中国造船的竞争力。而这次临港新片区船舶登记监管理念的创新结合这项配套政策,有效解决了这些长期遗留的症结问题,这是新政的成功之处。

2.5 自由便利的国际人才流动管理

2019年8月,上海市政府发布了《关于促进中国(上海)自由贸易试验区临港新片区高质量发展实施特殊支持政策若干意见》(以下简称"临港50条")。"临港50条"的第4—15条,都是围绕吸引人才展开的,共12条政策,其中国内、国际人才政策各6条。国内人才方面侧重于支持人才引进落户和人才的培养激励,国际人才方面侧重于吸引境外专业人才来临港新片区工作的各项便利。上海市将在临港新片区实行更加积极、更加开放、更加有效的人才政策,为新片区集聚海内外人才提供坚强有力的保障,让各类人才在新片区各展其才、各尽其用,打造创新活力迸发的海内外人才高地。

2.5.1　优化户籍和居住证办理

优化临港新片区人才直接落户政策。赋予新片区管理机构人才引进重点机构推荐权、新片区特殊人才直接申报权、国内人才引进直接落户和留学回国人员落户审批权。对新片区内教育、卫生等公益事业单位录用非上海生源应届普通高校毕业生直接落户打分时加 3 分。

2.5.2　加强技能人才引进

1. 缩短新片区"居转户"年限

对符合一定工作年限并承诺落户后继续在临港新片区工作 2 年以上的人才，"居转户"年限由 7 年缩短为 5 年。其中，对符合新片区重点产业布局的用人单位的核心人才，"居转户"年限由 7 年缩短为 3 年。

2. 实行居住证专项加分政策

对上海市居住证持证人在临港新片区工作并居住的，可予以专项加分，即每满 1 年积 2 分，满 3 年后开始计入总积分，最高分值为 20 分。

3. 拓宽技能人才引进通道

在国家职业资格和技能等级认定范围内，聚焦新片区重点产业布局，制定技能人才引进目录。对该目录以外的紧缺技能岗位核心业务骨干，探索经临港新片区行业代表性企业自主评定和推荐后，纳入引进范围。获得中华技能大奖、全国技术能手称号、国务院特殊津贴、世界技能大赛奖项等的人员，以及获得省部级高技能人才最高表彰资助的人员，可不受该目录限制，直接引进落户。

2.5.3　放宽从业资格限制

1. 加大人才培养培训扶持力度

支持高层次人才申报相关人才计划项目。围绕"高、精、尖、缺"人才，支持在临港新片区引进国际化专业技术职业培训项目，实施高级研修和急需紧缺人才培训项目。支持新片区建设产教融合示范区，对符合条件的企业优先认定上海市产教融合示范型企业，推进校企共建产教融合实训基地、科研成果转化平台。对新片区重点领域的高技能人才培养基地,在资助额度上予以倾斜。率先试点技能等级认定、新技能培训评价,建立工程技术领域的高技能人才与工程技术人才发展贯通机制。

2. 实行更加灵活的用人机制

对紧缺急需、专业性强的公务员职位采用聘任制,实行协议年薪,一职一薪,并进一步探索更大力度的激励措施。对临港新片区公务员在遴选、交流、学习、培训、表彰等方面予以优先考虑。创新人才激励方式,对新片区内所有事业单位在编在册工作人员,每人每年增加专项补贴,并纳入单位绩效工资总量。对为新片区建设和发展作出重大成绩、突出贡献的人员,给予表彰奖励。

3. 放宽现代服务业从业限制

允许具有境外职业资格的金融、建筑、规划、设计等领域符合条件的专业人才经备案后,在临港新片区提供服务,其在境外的从业经历可视同国内从业经历。允许在新片区工作的境外人才参加房地产估价师、注册城乡规划师等专业技术人才职业资格考试。

2.5.4 提供出入境便利

1. 大力集聚海外青年人才

在国(境)外高水平大学取得本科及以上学历的优秀外籍毕业生,可直接在临港新片区工作。上海高校在读外籍留学生可在新片区兼职创业。在新片区设立留学人员创业园,对拟在创业园创办企业的外籍留学人员,直接给予工作许可,并视同工作经历。对新片区管理机构推荐的紧缺急需留学类项目,实施"直通车"制度,给予专项资金优先支持。鼓励新片区企业按照有关规定,招收外籍实习生。

2. 进一步提高入外籍留学人员的工作生活便利

在临港新片区工作的入外籍留学人员可直接办理长期(最长有效期为10年)海外人才居住证B证,免办工作许可。

3. 加大力度引进高科技人才和技能型人才

对拟长期在临港新片区工作的高科技领域外籍人才、外国技能型人才和符合新片区产业发展方向的单位聘雇的外籍人才,放宽年龄、学历和工作经历的限制,经许可,一次性给予2年以上的工作许可。

4. 赋予新片区管理机构外籍人才加分权及上海科技创新职业清单推荐权

经临港新片区管理机构认定的外籍人才,可享受外国人来华工作许可和外国人才签证计点积分鼓励性加分。新片区管理机构可根据重点产业布局,直接推荐新片区内的重点企事业单位进入上海科技创新职业清单。清单内单位聘雇的管理或技术职务的外籍人员,可享受相关便利。

2.5.5　提供就业和创业便利

建立境外人才工作和创业绿色通道。在临港新片区试点实行外国人来华工作许可差异化流程,对新片区管理机构认定的信用企业实行“告知承诺”“容缺受理”等制度。对拥有重大创新技术的外籍高层次人才以技术入股方式在新片区注册企业的,进一步简化办理程序和申请材料。

2.6　国际互联网数据跨境安全有序流动

随着世界经济的数字化发展,贸易也更加趋于数字化。数据跨境流动被视为数据贸易,即数据“进出口”,成为企业、个人和政府无法避免的一环。《中国(上海)自由贸易试验区临港新片区总体方案》(以下简称《方案》)明确提出,实施国际互联网数据跨境安全有序流动。建设完备的国际通信设施,加快 5G、IPv6、云计算、物联网、车联网等新一代信息基础设施建设,提升临港新片区内宽带接入能力、网络服务质量和应用水平,构建安全便利的国际互联网数据专用通道。

2.6.1　加强基础设施建设

《方案》首次提出“构建国际互联网数据专用通道”,这被视作真正引领未来的举措,也体现了上海适应新科技革命和产业变革趋势、打造新动能的开拓性思路。临港新片区承载这样的功能使命具有得天独厚的条件,上海的模式试验也是在为全球数字经济探索新路径、新机制,显示了临港新片区主动参与引领全球数字经济和新治理模式合作的决心。

临港新片区将以建设“国际数据港”为载体,打造辐射全球的跨境综合数据枢纽。临港新片区将拿出 1 万平方米土地,建设 100 多万平方米的全球数字经济主题示范区“信息飞鱼”。2020 年 9 月已引进近百家头部企业,该年内将完成国内首个"跨境数字新型关口"试验站。

2.6.2　保障跨境数据安全流动

　　世界各国都在积极制定数据跨境规则。其中受到最多关注的国家和地区分别是美国、中国和欧盟。美国因为发达的 IT 产业而具有先发优势，它致力于制定让这种优势最大化的数据跨境规则；中国在 2017 年实施了《网络安全法》，对数据跨境作出了规定。欧盟已经通过《通用数据保护条例》，作为其新的市场数据战略的一部分，扩大了域外适用范围，有望在数据跨境监管方面夺回领先地位。但各国规则的差异性可能导致贸易壁垒，跨境数据流动背后也体现了各个国家的利益考量，比如有的国家要求数据本地化是出于国家安全考虑，有的则将数据当成重要资产，还有的是为了保护消费者隐私。在这样的背景之下，数据跨境流动不仅应受到传统的国际经济法与网络安全、数据保护相关法律的共同规制，还应实现趋同和融合。不能只用传统的国际经济法来规制，而是需要一种一体化或整合性的途径，覆盖数据保护、网络安全等非贸易政策的议题，把传统的国际经济法和网络安全、数据保护的国际法结合在一起，反映网络空间的共性。数字经济正在成为全球经济的主导力量之一，推动新型全球化的到来。但数字经济发展也面临数据安全亟待提升、国际规则多样等问题。临港新片区实施数据跨境有序流动正是符合数字经济发展大势的功能设置，对推动以人工智能为代表的数字经济新一轮发展具有重大意义，是中国推动全球合作、深化改革开放的重大举措，也是中国为全球提供中国智慧和新治理模式的重要体现。

2.6.3　强化数据保护

　　临港新片区已经集聚了高端芯片、智能制造、生物医药等领域的"硬产业"，但是如果对比美国，其真正的巨头科技公司还都是硅谷的软件公司。在数字经济越来越占据主导地位的背景下，软件已经成为经济发展的"火车头"。根据工信部的官方数据，2018 年中国数字经济规模已达 31.3 万亿元，占到 GDP 的 34.8%。软件产业的创新发展，激发了中国数字经济的发展壮大。中国软件产业近 5 年来年均增长达 15.5%；重点企业研发投入强度达 10.4%，软件著作权登记数量突破 110 万件。大数据逐渐成为战略资源，数据驱动意味着必须有准确的数据，才能作出正确的决策。但大数据驱动的管理和决策是一个迭代和递进的过程，数据准确性与数据完备性、相关性等相关。如果能有效借助工业物联网平台,从需求端到设计端、制造端,形成完整的数据收集系统和分析系统,中小型企业、小微企业也能实现数据驱动。《方案》重点提出,支持新片区聚焦集成电路、人工智能、生物医药、总部经济等关键领域,试点开展数据跨境流动的安全评估,建立数据保护能力认证、数据流通备份审查、跨境数据流通和交易风险评估等数据安全管理机制。开展国际合作规则试点,加大对专利、版权、企业商业秘密等权利及数据的保护力度,主动参与引领全球数字经济交流合作。这也凸显了数据处理技术对实体经济的推动作用。

2.7　具有国际竞争力的税收制度和政策

税负高低是各国自由贸易区(港)国际竞争力的重要指标。自由贸易区(港)制订和实施优于国内常规税制的特殊安排,以吸引国际商业活动和资本。这充分体现了自由贸易区(港)"境内关外"属性和"经济自由"特征,有利于其发挥作为贸易促进和经济发展政策工具的作用,有助于扩大国家税基,增加财税收入。在当前国际经济竞争态势下,探索实施竞争性税制对中国自贸试验区的发展具有重要意义。2008 年"税改"以来,中国严格适用统一税制,保税(港)区等海关特殊监管区域仅保留了"保税"功能所要求的关税和增值税等优惠措施。国内税方面,上海自贸试验区临港新片区获准实施 15％企业所得税,此前只有深圳前海等少数自贸区实施这一税负水平。

2.7.1　国际高标准自由贸易区税制特色

笼统地看,自由贸易区包括散布在各国或地区的自由港、自由区以及美英等国的对外贸易区等。其中,新加坡、迪拜、爱尔兰、美国等地的自由贸易区十分成功且各具特色。就税收竞争力而言,它们的特殊税制打破了其国内常规税制,纷纷以低税负加持国际竞争力。

1. 税收竞争是惯例

豁免关税及各种贸易附加税费。豁免关税(个别商品除外)、贸易环节税以及免配额等限制而节省的贸易费用等。一些国家还允许商品可以在不同自由贸易港之间自由转移,只要不进入国内消费市场就视同在境内关外。

豁免大部分国内税,主要保留企业所得税、个人所得税和少数辅助税种。阿联酋迪拜的自由贸易区几乎零税;新加坡自由贸易区没有地方税;美国对外贸易区主要保留联邦税,免征州和地方从量税,如消费税、不动产税、仓储税等。

税率低。新加坡自由贸易区企业所得税率为 17%,爱尔兰香农自由贸易区企业所得税率为 12.5%,美国自由贸易区企业所得税率为 21%;迪拜自由贸易区零税,较高的办公楼租金充当变相税收。

2. 对规划产业提供更多税收优惠,企业得以较长时期享受极低甚至零所得税

新加坡自由贸易区对贸易出口商、贸易服务、航运业、金融服务、国际总部等的奖励计划,覆盖面广、优惠力度大、期限长;美国对外贸易区强调依赖进口制造业和出口贸易,涉及航空航天、农业、汽车、能源、渔业、林业、医药、矿业和纺织业等多个产业;爱尔兰香农自由贸易区围绕航空业制定政策,成立早年 10% 的低税率成功集聚了大量产业和资本;迪拜自由贸易区众多,侧重商贸服务、高科技和金融产业等。

3. 税收优惠力度与所在国常规税负水平有关

所在国税负低,自由贸易区所能提高的税收优惠空间就有限;反之,自由贸易区税收优惠力度就较大。新加坡等实施自由港政策,综合税负水平低,又是规模较小的国家/地区,以转口和离岸业务为主,其自由区无须较多优惠。美国税制复杂,很多对外贸易区又旨在振兴制造业和出口,因此制定了关税倒置、延迟纳税等优惠措施,保证区内制造关税最低。

4. 离岸业务税收优惠,即只对属地收入征税

离岸业务是自由港重要业务形态。大部分国家税制没有明确定义离岸业务收入,而是将其笼统地纳入境外收入。新加坡对汇回境外收入正常征税,不汇回不征税;美国新税制对汇回境外收入不征税,对未汇回境外利润(超过资产 10% 部分)按照 10.5%(2026 年起升至 13.15%)征税。优惠政策对境外收入同样有效。

5. 税收中性,维护自由竞争

一方面,遵循国民待遇原则和无差别待遇原则,对区内所有企业一视同仁,不存在内外资企业、国有或私营企业等的差别对待。另一方面,向小企业提供更加优惠的政策。美国税制允许小企业股东申请个人所得税并打八折征收,无公司所得税;在新加坡,利润在 30 万新元以内的企业所得税率减半。

2.7.2　临港新片区税收新政

国务院公布的《中国(上海)自由贸易试验区临港新片区总体方案》(以下简称

《方案》）提出,对新片区内符合条件的从事集成电路、人工智能、生物医药、民用航空等关键领域核心环节生产研发的企业,自设立之日起五年内减按 15% 的税率征收企业所得税。

《方案》提出,实施具有国际竞争力的税收制度和政策。对境外进入物理围网区域内的货物、物理围网区域内企业之间的货物交易和服务实行特殊的税收政策。《方案》提出,扩大新片区服务出口增值税政策适用范围,研究适应境外投资和离岸业务发展的新片区税收政策。对新片区内符合条件的从事集成电路、人工智能、生物医药、民用航空等关键领域核心环节生产研发的企业,自设立之日起五年内减按 15% 的税率征收企业所得税。研究实施境外人才个人所得税税负差额补贴政策。在不导致税基侵蚀和利润转移的前提下,探索试点自由贸易账户的税收政策安排。

2.7.3　打造具有国际竞争力的税收制度

总体方案显示,临港新片区实质超越了上海自由贸易试验区既有的开放度和制度创新试验功能。上海自由贸易试验区临港新片区是全方位、深层次、根本性的制度创新变革。总体方案赋予临港新片区高度开放的贸易、外资、金融和产业功能,并首次正式地突破 25% 的常规企业所得税。这些表明临港新片区应对标"国际高标准自由贸易区"。就税收竞争力而言,临港新片区需要在现行税制基础上结合"国际经验、经济发展和国际税收政策变化趋势"等三个方面面向国际市场设计税制。税收政策首先要服务本国经济发展,经济发展模式决定了与之配合的税制。2017 年,美国实施了自 1986 年以来的重大税制改革,其大力度减税举措已经在商业活动回流和国际资本流动等方面显现效果,已经产生了明显的示范效应,欧洲和日本等主要国家纷纷跟进竞相采取减税措施。临港新片区未来需要"减少税种,降低税负,离岸优惠,完善税制",直面国际市场来构建具有国际竞争力的税收安排。

1. 减少税种

主要保留企业所得税和个人所得税,设立在临港新片区的企业,其经营活动、产品和服务只要不进入内销市场（二线）,即豁免关税、贸易环节税、增值税、产品税等税种。

2. 扩大出口退税税种和课税对象范围

出口货物无间接税是 WTO 的一项基本原则。根据 WTO 的《补贴与反补贴措施协定》之规定,临港新片区有理由将企业出口退税税种扩大到除直接税和社会福利费用之外的所有间接税。

3. 基准企业所得税税率15%，根据产业规划给予更大优惠

临港新片区已经合法获得15%企业所得税政策。从国际竞争和产业功能来看，还可以向贸易服务、金融服务、航运服务、小企业及其他重点目标产业提供更低税率。

4. 离岸业务税收优惠

离岸业务有三种情况。一是完全未使用属地资源的离岸收入，不征税；二是使用属地资源的境外收入汇回，可减半征收所得税；三是使用属地资源的境外收入未汇回，按基准税率征税，还可享受其他优惠政策。

5. 简化税制

简化税制指的是建立简化、透明、高效的税制。这要求简化税赋计算方法，提高税收的可预见性，进一步改善营商环境，构建透明稳健的税收系统，严格纳税的事后监管和加大事后违法处罚力度，开展国际税收信息交流。最终，自由贸易区应考虑在专门立法中体现其特殊税制及其内容。

第3章
上海自由贸易试验区临港新片区的对外贸易活动

上海自贸试验区临港新片区先行启动面积为 119.5 平方千米,将对标国际上公认的竞争力最强的自由贸易园区,实施具有较强国际市场竞争力的开放政策和制度。同时,明确提出建设具有国际市场竞争力的开放型产业体系,聚焦集成电路、人工智能、生物医药、民用航空等重点产业。早在 2004 年,作为临港新片区的核心区,临港产业园区已经成功布局了汽车整车及零部件、航空零部件配套、大型船舶关键件、发电及输变电设备、海洋工程设备等五大装备产业制造基地。因此,临港新片区的建设将极大地提升其原有产业发展水平,提高其对外开放程度,主要表现为:第一,重大产业项目加快推进。例如,特斯拉新能源汽车研发与整车制造项目落户,成为上海迄今为止规模最大的外资制造业项目;华大半导体特色工艺生产线和存储器两个重大项目正式落地。第二,科技创新项目加快培育。例如,寒武纪发布首款云端智能芯片,成为中国首家同时拥有终端和云端智能处理器产品的商业公司;上汽大通 EV31 纯电动物流车项目开工建设,首台车身正式下线。此外,临港科技城智能制造产业园、张江科技港——先进制造产业园正式开工等等。①临港地区规划面积 343 平方千米,由国际未来区(主城区)、智能制造区(重装备产业区、奉贤园区)、统筹发展区(主产业区)、智慧生态区(综合区)及海洋科创城等功能区域组成,是上海重点发展的六大功能区域之一。2018 年,临港地区实现工业总产值 1 252.6 亿元。

只有重点产业实现发展,投资自由、贸易自由、资金自由、运输自由及人员从业自由才可能尽快实现。基于这两方面,临港新片区未来将在贸易规模、价值链贸易、跨境电商、数字贸易、转口贸易和离岸贸易等方面实现突破和飞跃发展。

---

① 资料来自《2019 上海经济年鉴》。

3.1　贸易规模

　　一国或地区的贸易发达程度与本国或本地的经济发展水平是紧密相关的。通常可以通过对外贸易依存度来反映对外贸易对一国经济的重要性。对外贸易依存度是指一国经济通过对外贸易与全球经济发生联系的程度。对外贸易依存度越高,世界经济对本国经济的影响越大。在实践中常用的贸易依存度指标主要包括:商品贸易依存度(商品贸易总额/GDP)、贸易依存度(商品与服务贸易总额/GDP)、出口依存度(出口总额/GDP)、进口依存度(进口总额/GDP)、商品出口依存度(商品出口总额/GDP)、商品进口依存度等指标(商品进口总额/GDP)(张智革和吴薇,2011)。本节讨论的贸易依存度采用世界银行的统计指标,即商品进出口贸易额与GDP之比。

　　本节通过对比浦东新区、上海自贸试验区的贸易依存度来预测临港新片区的贸易规模。表3.1显示了浦东新区、上海自贸试验区的进出口总额、区内生产总值和外贸依存度三个指标。通过表3.1可以发现,浦东新区的外贸依存度呈现逐年下降的趋势,但依旧远高于1,而上海自贸试验区在经历了2015年的进一步深化改革和2017年的全面深化改革后,外贸依存度逐年攀升。2015—2019年,上海自贸试验区的外贸依存度比浦东新区平均高出23.5%,这也是由上海自贸试验区开放度更高、自由度更高的制度优势所决定的。在上海自贸试验区的基础上,临港新片区更深层次、更大力度地进一步扩大开放,实行“五个自由”,而且明确提出了产业主导方向,只有朝着全球产业发展的方向,临港新片区才能建设成具有全球最高水平、竞争力最强的自由贸易园区。据此,本节假定临港新片区的外贸依存度比上海自贸试验区高出23.5%,为3.11。2019年8月临港新片区正式挂牌,可以推测2018年临港地区的进出口总额为3 899.3亿元。根据规划,临港新片区提出了明确的发展目标,通过持续引进国内外高能级项目,建设发展具有国际竞争力的重点产业,努力保持区内生产总值年均增速在20%以上,且到2035年,临港新片区将要实现区域生产总值超过1万亿元,相当于再造一个当前的浦东新区。因此,可以推测,到2035年,临港新片区的贸易规模将达到3.11万亿元。

表 3.1　浦东新区、上海自贸试验区和临港地区进出口总额、区内生产总值　单位：亿元

年份	浦东新区			上海自贸试验区			临港地区	
	进出口 总额	区内生 产总值	外贸 依存度	进出口 总额	区内生 产总值	外贸 依存度	区内生 产总值	进出口 总额预测
2015	16 903.7	7 898.35	2.14	7 451.46	3 901.03	1.90	600	—
2016	17 594.88	8 731.84	2.02	7 836.8	4 321.84	1.82	717	—
2017	19 656	9 651.39	2.04	13 500	4 924.95	2.74	—	—
2018	20 582.58	10 461.59	1.97	14 600	4 965	2.94	1 252.6	3 899.3
2019	—	—	—	14 841.8	4 652.35	3.19	—	—

资料来源：浦东新区历年统计年鉴，历年上海市国民经济和社会发展统计公报。

3.2　价值链贸易

　　价值链理论指出：每一个企业都是在设计、生产、销售和辅助其产品的过程中进行各种活动的集合体。所有这些活动可以用一个价值链来表明（Porter，1985）。该理论经过各国学者的发展，涵盖了由价值增加链到全球的商品链，再到当前的全球价值链理论（汪斌、侯茂章，2007）。2002 年，联合国工业发展组织提出了全球价值链的概念：全球价值链是指在全世界范围内为了能够实现商品和服务的价值，通过连接生产、销售、回收处理等过程而形成的一种全球性跨企业网络组织，不仅包括生产中的人、物，还包括产品的设计与研发、生产销售等环节。所处价值链环节不同，其产生的价值就不同。因此，产品的设计研发、销售服务、品牌管理环节为价值链的高端形式。全球价值链的定义不仅表明了不同国家和地区在全球生产和创造活动环节上的紧密联系，也凸显了发达国家和发展中国家在这种分工形式下贸易利益的不平等性。近几年，全球价值链的趋势和特征日益明显，主要体现如下：第一，由于受到国际分工深化和信息技术进步等多重因素的影响，全球价值链在空间布局上呈现加速延展的态势，处于同一价值链或者同一区域的各个国家产业结构之间的联系越来越紧密。第二，发达国家和地区占据着全球价值链中的高端地位，在全球价值链中拥有明显的竞争优势，而发展中国家和地区只能从事全球价值链的低端环节，在全球价值链的结构中处于从属地位。第三，各个国家可以在同一个价值链上进行不同环节的分工。其中，发达国家和地区具有技术和资金等比较

优势,占据全球价值链的高端环节,而发展中国家和地区具有劳动力和资源等比较优势,因而主要占据全球价值链的低端环节(宋春子,2014)。

3.2.1　中国价值链贸易的基本形态

改革开放以来,中国主要以积极吸引外资、大力发展出口贸易和加工贸易的形式来参与国际分工,融入全球价值链生产的产品以出口为主,进口产品以资本品、中间品为主,加工贸易的价值增值在承担产品生产的加工和组装环节中体现,包括原材料进口、零部件采购、加工组装生产、运输仓储各个环节。中国改革开放初期的开放重点在于以国内要素,尤其是以廉价劳动力要素的比较优势吸引国外资本,承接国际产业转移,从而融入全球价值链。但是,以劳动力要素为主的要素市场的开放,只能吸引劳动密集型外资企业,通过市场换技术的方式仍无法学习到跨国公司的核心生产技术和先进管理模式。一直以来,由于中国企业缺乏自主品牌、产品技术含量低,嵌入全球价值链的产业是以组装代工为主的低成本、低利润的劳动密集型产业,处于价值链生产链条中的低附加值环节,决定了中国产业在很大程度上依赖于外部供应链,在出口和外资引进方面均处于被动状态。

近年来,中美贸易摩擦已是我们不得不面对的主要问题,长期来看将对中国高新技术进出口产生较大的负面影响,同时直接导致跨国公司在中国的产业布局的调整,对中国外资植入型和进口输入型供应链均产生明显冲击,对中国产业规模、企业技术进步、出口产品结构以及国内资源整合也均产生不利影响(黎峰等,2019)。作为一种组织和治理力量,全球价值链将世界各国融入"世界进程"中。在新的国际分工背景下,发达国家如果继续对"中国制造"进行抵制和打压,其结果只会扰乱全球经济的自然和正常秩序,从而破坏全球经济系统自身的稳定性(杨继军、范从来,2015)。

面对这一情况,临港新片区积极探索国际经贸治理新秩序,对接国际经贸新规则,有助于中国构建开放型经济新体制,积极参与现有国际经贸活动和全球经济治理体系的构建中,深度融入全球价值链高端环节,推动全球化深化发展。鉴于目前临港新片区的产业基础,可从下述两方面推动加工贸易向价值链高端环节延伸,抢占设计研发和营销环节制高点。一方面,打造高端生产供应链,促进加工贸易从委托制造(OEM)向委托设计制造(ODM)、自主品牌加工制造(OBM)转变,提升企业从事委托制造配套能力,鼓励其向委托设计制造和自主品牌加工制造发展。建立产业发展配套基金,加快推进重大项目,加快培育科技创新项目,提升自主创新能力,加快吸收国外先进生产技术,逐步形成自主知识产权的核心技术和自有品牌,在国际分工体系中占据有利位置。另一方面,大力发展服务贸易和生产性服务业。提升企业供应物流的服务水平,构建效率高、服务水平好的保税物流系统,对加工贸易向价值链上下游的延伸行为给予相应支持。同时加大出口报关、商品检疫、物流、金融、法律、会计、信息、人力资源领域的招商引资力度(王忠豪,2015),吸引更多的高端研发、高端服务与高端科技制造企业入驻园区,把贸易、投资、研发、产业、服务等更多功能融合在一起,提升中国企业在全球价值链中的地位。

3.2.2 临港新片区嵌入全球价值链贸易路径

全球价值链的本质是产品生产活动的跨境分割,在中间产品的频繁跨境过程中,贸易自由化带来的贸易成本降低,成为推进一国参与全球价值链的重要因素(周丹,2017)。临港新片区将实现与境外之间投资经营便利、货物自由进出、资金流动便利、运输高度开放、人员自由执业、信息快捷联通,可能从以下几种途径对全球价值链嵌入程度产生影响:

第一,提升自由化程度,促进出口贸易发展。贸易自由化直接带来贸易交易过程中一系列费用和成本的降低,不仅对加工贸易和直接贸易规模产生了促进作用,同时提升了发展转口贸易和离岸贸易的潜在可能性,最终影响产品出口规模。贸易交易费用的降低还会促使中间产品更多地进出国界,产品的生产工序不断增多,专业分工不断细化,从而带来中间产品出口规模的扩大(周丹,2017)。在国内增加值率不变的条件下,导致国内增加值出口规模的变动,同样在国外增加值率不变的条件下,国外增加值出口规模的变动会直接受到出口总规模变动的影响,进而带动临港新片区全球价值链嵌入程度的变化。大量研究也表明,在贸易成本更低的条件下,相应生产环节会根据国家或地区的最佳区位优势进行跨境范围内的分割调整,这进一步促进了全球价值链在生产布局上的优化(刘洪铎等,2016)。

第二,提升自由化程度,促进出口结构优化。贸易自由化带来贸易交易费用的不断降低以及中间品贸易的增多,使得产业合作分工不断细化。临港新片区可凭借自身的产业基础和未来重点产业发展参与具有优势的特定生产工序或环节,并最终发展成为比较优势。同时不断深化生产垂直专业化程度,通过国际竞争和技术引进实现出口产品的结构转变,主要包括资本密集型制造业、知识密集型制造业、服务和公益性行业等各类型最终产品的出口结构,从而带动国内增加值和国外增加值的变动。

第三,提升自由化程度,促进出口贸易发展。贸易成本的降低会带来国家贸易比较优势的改变,促进跨境生产者关于产业布局区位选择的调整(Anderson and Wincoop,2004),进而带动价值链生产上地域分布的变化调整。由此可见,临港新片区需尽快提升投资自由、贸易自由、资金自由、运输自由及人员从业自由的实现,加快重点产业发展和新型国际贸易发展,进一步引导产业链的投入端和市场端深度对接国际市场,把贸易、投资、研发、产业、服务等更多功能融合在一起,提升区内企业在全球价值链中的地位。

第四,提升自由化程度,大力发展服务贸易。服务贸易在价值链中起着衔接环的作用,目前的全球价值链贸易链条中,90%的价值创造来源于服务贸易(Carroll,et al.,2015)。临港新片区不仅需要降低服务贸易成本,还需为服务贸易提供更多的边境后规则支持,主要包括知识产权等议题。知识产权保护水平与出口和外资引进呈正相关关系。当前国际经贸新规则对知识产权、资本等服务贸易议题的规范正逐步完善,进而为各国之间进行经济技术交流提供制度支持,促进全球价值链贸易的进一步深化发展(Branstetter and Saggi,2011)。

第五,积极探索国际经贸治理秩序,对接国际经贸新规则。在全球价值链分工体系下,政策的不确定性是近年来阻碍全球价值链分工深入发展的重要消极因素,生产和贸易等行为的跨境协调外部性成本可能更为高昂。临港新片区应尽快建立比较成熟的投资贸易自由化便利化制度体系,坚持以负面清单管理制度为主实施公平竞争的投资经营便利措施,降低投资的不确定性和投资壁垒,推进全方位高水平开放,增强区内企业拓展国外市场的信心,通过最终产品出口进入国外市场或提供中间服务参与全球价值链分工之中,进而提升出口中国内增加值份额。综上所述,临港新片区的"五个自由化"对全球价值链嵌入程度的影响机制主要可以分为三大类:第一类是贸易规模效应,临港新片区贸易自由化导致国内增加值出口规模与国外增加值出口规模的同时扩大,主要分为直接贸易、中间品贸易和潜在的转口贸易、离岸贸易规模的扩大。第二类是贸易结构效应,临港新片区贸易自由化导致出口结构的优化与升级、专业分工的细化、生产垂直专业化程度的深化,从而引起出口的国内增加值率与国外增加值率的变化,最终导致国内增加值和国外增加值出口的变动。第三类是服务贸易的提升。随着数字经济的发展,服务贸易在全球价值链中所占份额越来越大,临港新片区应尽快为服务贸易提供更多的边境后规则支持,重点发展高端服务业,改变中国处于全球价值链低端的局面,实现"弯道超车"。

3.2.3 临港新片区发展价值链贸易的经济效应

经济全球化加速了劳动、资本、技术等要素在国家间流动,资源在全球范围内得到了更有效的配置,国际分工体系日益明显且不断深化。本国产品的生产、销售、加工等环节不再局限于本国之内,最终产品可能集结了国际生产网络中多国所创造的产品与服务,全球价值链逐渐呈现出以跨国公司和跨国投资为主导、以国际生产分割为主要分工方式的特点(陈相香,2019)。临港新片区积极探索国际经贸治理秩序,对接国际经贸新规则,深度融入全球价值链体系,将提升经贸发展水平。

第一,临港新片区以负面清单管理制度的外资准入条款放宽了外国投资者进入国内市场的投资限制,降低了投资壁垒和交易成本,减少投资不确定性。一方面全球价值链贸易是基于国家间垂直分工协作的一种贸易方式,会涉及中间品频繁跨越边境,交易成本的降低会促进中间产品贸易发展,并使得跨国生产链条不断延长,进而促进国外增加值增长(陈相香,2019)。另一方面,负面清单管理制度有利于消除投资障碍,降低外国投资者进入国内市场的准入要求与限制,有利于扩大投资准入行业与领域,促进国际直接投资;有利于降低投资壁垒,改善投资环境,进而提升国内市场吸引外资的能力,带动跨国投资发展,企业可通过跨国公司融入国际化生产活动,带动中间品贸易的发展,不断促进价值链贸易发展。

第二,临港新片区内市场准入行业与领域的扩大一方面促进区内进口中间品投入增加,改善要素供给不足的现状,提高了生产要素利用效率,从而带动国内增加值出口增长;另一方面为发达国家在区内设立跨国公司提供便利,跨国公司会促进技术扩散和国际交流,企业可通过干中学效应和技术外溢效应不断提升技术水平,不断引领产品与服务在国际贸易中占据有利的竞争地位。此外,跨国公司的设立加剧各行业和企业间竞争程度,区内企业会进一步加大研发投入以提升其竞争力,从而实现国内增加值出口的增长。

3.3 跨境电商

3.3.1 跨境电子商务概述

1. 跨境电子商务的内涵和模式

跨境电子商务是指分属不同关境的交易主体,通过电子商务平台达成交易、进行支付结算,并通过跨境物流送达商品、完成交易的一种国际商业活动(杨晨等,2017)。跨境电子商务作为一种新型的国际贸易方式,本质是"互联网＋国际贸易"(曹磊、张周平,2019),跨境电子商务的产业链主要由三个环节组成:出口跨境电子商务平台、进口跨境电子商务平台和跨境电子商务服务商,其中跨境电子商务服务商包括跨境物流服务商、跨境支付服务商、跨境金融服务商等。

根据中国跨境电子商务企业在跨境商品交易流通环节中地位和作用的不同以及电商运营的不同模式,跨境电子商务通常被分为 B2B 模式、B2C 模式和服务商模式,中国目前跨境电子商务的市场主要为 B2B 模式,其占到总交易额的 80% 以上。B2B 跨境电子商务模式是指分属不同关境的出口企业与进口企业,通过跨境电子商务平台进行交易,其中境内企业将货物运送至境外企业或者海外仓进行贸易被称为跨境电子商务 B2B 出口。跨境电子商务 B2B 出口又可分为两类业务模式:一类是境内企业通过跨境电子商务平台与境外企业达成交易后,通过跨境物流将货物直接出口至境外企业,简称"跨境电子商务 B2B 直接出口",海关监管方式代码为"9710";另一类是出口海外仓,境内企业先将货物通过跨境物流出口至海外仓,通过跨境电子商务平台实现交易后从海外仓送达境外购买者,简称"跨境电子商务出口海外仓",海关监管方式代码为"9810"。B2C 模式则是指出口企业与海外最终消费者之间通过第三方跨境电子商务平台完成交易服务。

2. 中国跨境电子商务的发展现状

近年来,国家层面和各地方层面都高度重视跨境电子商务的发展,2012 年以来仅国家层面就出台了 20 余项关于跨境电子商务的政策法规。2012 年 8 月,发改委、海关总署正式开展国家跨境贸易电子商务服务试点工作。2014 年,海关总署宣布"6+1"试点城市进口零售跨境电子商务跨境贸易只需要缴纳行邮税。2017 年 9 月 20 日,国务院常务会议研究决定,将跨境电子商务零售进口监管过渡期政策再延长一年至 2018 年底(见图 3.1)。2018 年 11 月 21 日,国务院常务会议决定,自 2019 年 1 月 1 日起,延续实施跨境电子商务零售进口现行监管政策,对跨境电子商务零售进口商品不执行首次进口许可批件、注册或备案要求,而按个人自用进境物品监管。在对跨境电子商务零售进口清单内商品实行限额内零关税、进口环节增值税和消费税按法定应纳税额 70% 征收基础上,新增群众需求量大的 63 个税目商品。但是,这些政策仍然呈现碎片化状态,跨境电子商务至今尚未形成完整的政策法规体系。

从国家层面来看,目前的政策大多关注跨境电子商务 B2B 模式,一方面是因为 B2B 模式是 B2C 模式发展的基础,B2B 发展成熟后,B2C 模式可以基于 B2B2C

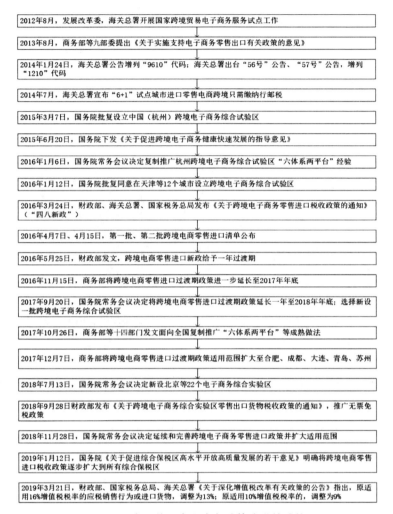

图 3.1　中国关于电子商务政策演进的脉络

资料来源：刘伟、武长虹(2019)。

进一步发展成熟；另一方面也符合中国外贸稳增长、调结构大背景的需要，能够降低监管成本，并能提高通关效率。B2B 模式是中国近期跨境电子商务发展的主体，但跨境电子商务 B2C 模式也需要同步发展，B2C 模式应该是 B2B 模式的补充。2020 年 8 月 13 日，海关总署发布公告称，在前期各城市试点的基础上，自 2020 年 9 月 1 日起，增加上海海关、福州海关、青岛海关、济南海关、武汉海关、长沙海关、拱北海关、湛江海关、南宁海关、重庆海关、成都海关、西安海关等 12 个直属海关开展跨境电子商务 B2B 出口监管试点。

在政策的支持下，中国跨境电子商务交易规模保持着较高增速，2019 年交易规模达到 10.5 万亿元，是 2012 年的 5 倍多，相对于 2018 年的 9.0 万亿元，增加了 16.7%。在跨境电子商务的进出口结构方面，目前仍以出口交易为主，但进出口交易额差距逐步缩小(见图 3.2)。2019 年,中国跨境电子商务的出口额为 8.03 万亿元,占总交易额的 76.5%;进口额为 2.47 万亿元,占总交易额的 23.5%。①

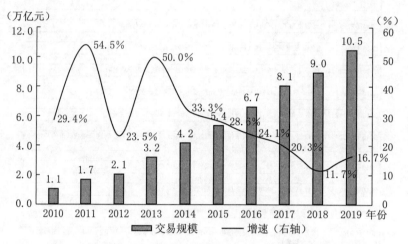

图 3.2 2010—2019 年中国跨境电子商务交易规模及增速情况

资料来源:中国电子商务研究中心。

　　按业务模式的结构看,跨境电子商务交易模式仍以 B2B 模式为主,2019 年 B2B 模式的交易额占总交易额的 80.5%,占总交易额的比重仍保持在 80% 以上(见图 3.3)。但是,B2C 模式加速发展,占总交易额的比例在逐年上升,2019 年比重达到 19.5%,是 2012 年的 4 倍多(见图 3.4)。

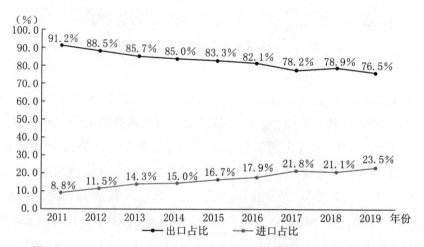

图 3.3 2011—2019 年中国跨境电子商务交易规模进出口结构变化趋势

资料来源:中国电子商务研究中心。

---

① 资料来源:中国电子商务研究中心。

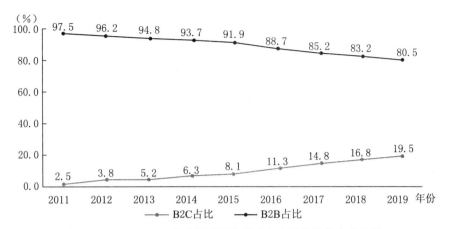

图 3.4　2011—2019 年中国跨境电子商务交易额结构变化趋势

资料来源：中国电子商务研究中心。

总体而言，中国跨境电子商务规模不断扩大。在交易结构中，B2B 出口占据主导地位，越来越多的 B2C 平台建立起来，B2C 模式的规模不断扩大，跳过 B2B2C 的中间环节，连接厂商和消费者。尽管跨境电子商务的交易规模在加速增长，但是从总量上看，潜力还没有完全释放。尤其是 B2C 业务，到 2019 年底，交易量为 1 700 亿元人民币，只占中国进出口贸易额的不到 1%。

3.3.2　临港新片区发展跨境电子商务的基础

1. 政策背景

国务院已经分 5 批设立 105 个跨境电子商务综合试验区，跨境电子商务零售进口试点范围也已扩大到 86 个城市和海南省全岛（见表 3.2）。上海市于 2016 年被设立为第二批跨境电子商务综合试验区之一。2016 年 6 月 8 日，上海市政府公布《中国（上海）跨境电子商务综合试验区实施方案》，要求通过两至三年的试验改革，建成政府服务高效、市场环境规范、投资贸易便利、资源配置优化、产业特色明显的全球跨境电子商务运营中心、物流中心、金融中心和创新中心。2020 年 8 月 13 日，海关总署发布公告，上海被列入 12 个直属海关开展跨境电子商务 B2B 出口监管试点之一。

《中国（上海）自由贸易试验区临港新片区总体方案》明确提出，临港新片区要"创新跨境电商服务模式，鼓励跨境电商企业在新片区内建立国际配送平台""发展新型国际贸易。建设亚太供应链管理中心，完善新型国际贸易与国际市场投融资服务的系统性制度支撑体系，吸引总部型机构集聚。发展跨境数字贸易，支持建立跨境电商海外仓"。临港新片区2020年工作36条要点中的第16点明确提出要"促进跨境电商产业升级。推进跨境数字贸易发展,鼓励跨境电商模式创新。推动跨境电商业务常态化运作,进一步扩大保税备货进口业务规模。拓展跨境电商一般出口模式,探索跨境电商海外仓前置等业务新模式。支持跨境电商在区内建立国际配送平台和海外仓,推进跨境电商示范区建设"。

表3.2　五批105个跨境电子商务综合试验区名单

批　次	时　间	试　验　区
第一批次	2015年3月7日	杭州
第二批次	2016年1月6日	天津、上海、重庆、合肥、郑州、广州、成都、大连、宁波、青岛、深圳、苏州
第三批次	2018年7月24日	北京、呼和浩特、沈阳、长春、哈尔滨、南京、南昌、武汉、长沙、南宁、海口、贵州、昆明、西安、兰州、厦门、唐山、无锡、威海、珠海、东莞、义乌
第四批次	2019年12月24日	石家庄、太原、赤峰、抚顺、珲春、绥芬河、徐州、南通、温州、绍兴、芜湖、福州、泉州、赣州、济南、烟台、洛阳、黄石、岳阳、汕头、佛山、泸州、海东、银川
第五批次	2020年5月6日	雄安新区、大同、满洲里、营口、盘锦、吉林、黑河、常州、连云港、淮安、盐城、宿迁、湖州、嘉兴、衢州、台州、丽水、安庆、漳州、莆田、龙岩、九江、东营、潍坊、临沂、南阳、宜昌、湘潭、郴州、梅州、惠州、中山、江门、湛江、茂名、肇庆、崇左、三亚、德阳、绵阳、遵义、德宏傣族景颇族自治州、延安、天水、西宁、乌鲁木齐

资料来源:作者根据相关文件整理。

在上海自贸试验区临港新片区内发展跨境电子商务和进行跨境电子商务制度创新,有着天然的优势。首先,在新片区内发展跨境电子商务和进行相关的制度创新,符合新片区的发展定位,"更具国际市场影响力和竞争力的特殊经济功能区","赋予新片区更大的改革自主权"。跨境电子商务作为一种新型贸易模式,相关制度创新、监管创新和服务创新都有待探索。跨境电子商务发展的痛点包括跨境支付与收结汇服务、通关检验检疫、税收等,新片区是进行相关方面创新改革和突破、推进相关模式先行先试的一个很好平台。

其次,临港新片区实施具有国际竞争力的税收政策,可以为跨境电子商务的发展提供一些优惠政策,比如较低的关税税率。以临港产业区为例,公司注册于且税收属于临港奉贤园区内的,依照其缴纳税款的金额,可以按10%—20%的比例享受增值税企业扶持资金,按6%—10%的比例享受企业所得税扶持资金和个人所得税扶持资金。此外,新片区属于自贸试验区范围,自然适用自贸试验区的税收政策。

2. 发展基础和现状

2013 年上海自贸试验区挂牌以来,自贸试验区保税区域在上海市全市率先启动了跨境电子商务试点,加快重点制度、功能的创新突破。在上海保税区全国领先进出口额的基础上,上海自贸试验区跨境电子商务业务已经有了一定的规模。截至 2019 年 10 月底,上海自贸试验区共有 38 家单位接入分账核算单元,开设自由贸易账户 36 000 个,自贸试验区跨境人民币结算总额将近 1 万亿元,约占全市跨境人民币结算总额的 42%。2020 年上半年,上海自贸试验区保税区域的跨境电子商务交易额达到 22.1 亿元,同比增长 58.2%,占上海市比重提升至 57.1%。

上海自贸试验区已经在推进跨境电子商务发展,进行模式创新、制度创新上有了一定的进展。表 3.3 显示,跨境电子商务的第一种模式是直邮中国和保税备货模式。自贸试验区在 2013 年成立了成熟的跨境电子商务平台——上海跨境通国际贸易有限公司,为跨境电子商务的交易提供平台和相关服务。第二种模式是进一步推进"前店后库"新型贸易模式,"日上"在完税销售试运作基础上,正在启动正式销售,形成了保税、完税、免税的全链条商业模式运作,打造"存展销"一体化经营模式。第三种模式是产地直达贸易模式,发挥浦东机场综合保税区区港一体化协同优势,依托东航产地直达网和线下体验店,开展直达贸易。

表 3.3　三种出口模式对比

	跨境电子商务 B2B 出口 (9710, 9810)	一般贸易出口 (0110)	跨境电子商务 B2C 出口(9610)
随附单证	直接出口:订单、物流单(低值) 出口海外仓:定仓单、物流单(低值)(报关时委托书第一次提供即可)	委托书、合同、发票、提单、装箱单等	订单、物流单、收款信息
通关系统	H2018 系统:单票在 5 000 元人民币以内,且不涉证、不涉税、不涉检的,可通过 H2018 系统或者跨境电子商务出口统一版系统通关	H2018 系统	跨境电子商务出口统一版系统
简化申报	在综合试验区所在地海关通关跨境电子商务出口统一版系统申报,符合条件的清单,可申请按 6 位 HS 编码简化申报	—	在综合试验区所在地海关通关跨境电子商务出口统一版系统申报,符合条件的清单,可申请按 4 位 HS 编码简化申报
物流	可适用转关或直接口岸出口,通过 H2018 申报的可适用全国通关一体化	直接口岸出口或全国通关一体化	可适用转关或直接口岸出口
查验	可优先安排查验	—	—

资料来源:上海海关。

2019 年 2 月,国家外汇管理局上海分局推出上海自贸试验区资本项目收入结汇支付便利化试点实施细则,在自贸试验区内开展资本项目收入结汇支付便利化试点。试点核心内容是:上海自贸试验区在注册,符合条件的试点企业办理资本项目外汇收入(包括外汇资本金、外债资金、境外上市调回资金等)及其结汇所得人民币资金的境内支付时,无须事前逐笔提供真实性证明材料,可凭支付指令直接办理。

为了支持跨境电子商务的发展,上海海关推出了"清单核放、集中纳税"的通关模式,增加直购进口订单的效率。一笔直购订单确认并成功支付后,电商企业、物流企业、支付企业就分别向上海跨境电子商务公共服务平台发送"订单、物流单、支付单"三单信息,比对无误后,系统便生成申报清单向"海关跨境电子商务通关管理系统"申报。对于低风险申报清单,得益于智能系统的自动判别功能,海关在核扣税款保证金后实施自动放行。值得一提的是,尽管在报关时,每个申报清单对应一个包裹,但这些清单和包裹可积累到一定数量再缴税。电商企业可自包裹放行之日起第 31 天到第 45 天内,集中向海关申请汇总缴款书,这极大方便了企业。①

2020 年 9 月 1 日,上海正式启动了"跨境电子商务 B2B 出口"试点。之前一般贸易模式下,企业申报一票单证,需要向海关提交完整的货物信息,同时还需要提交委托书、合同、发票、提单、装箱单等随附单证,而在"跨境电子商务 B2B 出口"模式下,企业在向海关提前备案后,每次出口申报时不再需要准备齐全的随附单证,只需要随附订单(定仓单)、物流单等单证即可。此外,新的政策考虑到中小微企业单票货物价值低的情况,规定单票金额在 5 000 元人民币以下,不涉证、不涉检、不涉税的货物,可选择以清单模式申报,海关 HS 编码从十位简化为六位申报,全程通关无纸化,申报更为便捷。

根据临港新片区产业规划地图,临港现代服务业开放区将以打造"特殊经济功能区"和建设"现代化产业新城"为目标,促进区内资金便利收付的跨境金融管理制度的实施落地,实现国际互联网数据跨境安全有序流动,发展跨境数字贸易等新型贸易。和其他报税港区相比,临港新片区的洋山特殊综合保税区是国务院批准、国内目前唯一的国际航运综合发展试验区,结合了保税区、物流园区及出口加工区"三区合一"的政策功能。特殊综合保税区可以从海关监管政策、一线进出境政策、二线进出口政策等各项政策的优化为跨境企业提供更加便利的服务。目前,亚马

---

① 资料来源:http://sh.eastday.com/m/20180206/u1ai11202236.html。

逊、京东、天猫等国际知名电商平台均已入驻,形成上海市跨境电子商务产业示范区。

综上所述,在临港新片区重点发展跨境电子商务,进行跨境电子商务模式创新,探索跨境电子商务海外仓前置等业务模式,是新片区规划的应有之义,也具有一定的政策优势和产业基础。新片区鼓励发展跨境数字贸易和建立跨境电子商务海外仓,这既有利于提高贸易效率,也有利于催生新的服务业态。

3.3.3　跨境电子商务发展给传统监管带来的挑战

跨境电子商务的快速发展,不仅改变了传统的国际贸易方式,也给各个国家对外贸易的监管带来了新的挑战,对相关监管部门提出了新的要求,比如海关监管、税收、支付、外汇等。以自贸试验区海关监管为例,海关自贸试验区监管还面临跨境物流碎片化、通关效率不高、海关税收征管体系不够完善、跨境电子商务法律法规尚未健全、没有和国际有效接轨、海关监管质效难以保证等困境。跨境电子商务的数字化和扁平化特征,使得传统国际贸易的大订单逐渐被碎片化的订单所替代;除了商品碎片化以外,贸易主体也不再是传统国际贸易的大中型企业,更多的小微企业参与跨境电子商务的市场中。贸易产品和贸易主体的碎片化,使得现行的监管政策制度在市场主体认定、通关流程和监管方式、产品溯源和质量保证、退税结汇方面都存在需要试点推广的部分。

一是跨境电子商务出口方面一直面临着退税和结汇的解决问题,特别是用邮包快件进行货物出境的这一部分电商企业,在海关退税和结汇方面面临着一定的问题,要作出两难的抉择。这也是临港新片区未来在跨境电子商务制度创新方面的主要探索方向。二是跨境电子商务的支付系统仍存在很多需要解决的问题,比如支付系统的安全性、稳定性,电子货币的使用等。成熟、稳定的支付系统是大规模发展跨境电子商务必须解决的问题,而目前仍处在初级阶段,迫切需要进行探索和改进。三是有效、系统的信用体系和争端解决机制还未建成。跨境电子商务的交易,需要涉及两个或者更多国家的交易主体,交易过程中一个各方都认可的信用体系和争端解决机制非常必要。目前的跨境电商交易中仍缺乏可对买卖双方进行身份认证、资格审查和信用评估的信用体系;面对交易问题和交易纠纷,法律适用也是跨境电子商务无法避免的问题。这也涉及中国在跨境电子商务领域国际规则的话语权问题。

3.3.4 自贸试验区跨境电子商务制度创新的典型经验

1. 浙江自贸试验区杭州片区：特殊区域出口模式

在特殊区域出口模式下，境内企业将货物提前备货到下沙园区跨境电子商务保税仓库，出口备货在保税仓内集中，电商前台上架销售，推送订单，库内进行订单生产，仓内实现多供应商产品、套装组合、库内集拼等功能。正式出口时，根据订单汇总报关出口，办理退税、结汇手续。第一，这一模式满足了跨境出口订单碎片化、多元化的要求，解决了传统跨境小包出口结汇、退税、数据统计难等问题，加速了退税流程，提升了贸易效率和资金使用效率。第二，在这种模式下，退换的货物可以在保税仓内完成重新上架销售，这降低海外理货的成本。第三，这一模式可以在新产品上市和市场需求不稳定时减少企业的库存压力，在海外市场需求遭受冲击时，可以通过申请内销补税，快速匀出保税区转内销。

2. 浙江自贸试验区杭州片区："六体系两平台"架构

2015年，杭州跨境电子商务综合试验区提出了构建以"六体系两平台"为核心的顶层设计架构，被国务院肯定，成为第二批试点12个跨境电子商务综合试验区的学习范本。"六体系两平台"架构包括信息共享体系、金融服务体系、智能物流体系、电商信用体系、统计监测体系、风险防控体系六个体系，以及线上综合服务平台和线下综合园区两大平台（见图3.5）。这一顶层设计架构涵盖了跨境电子商务发展的关键要素和环节，通过信息共享系统进行信用评估确定贸易的真实性，然后在信用评级的基础上进行分级分类监管，简化监管流程，同时为金融、物流等相关服务提供信用评级支撑。完整的产业链交易闭环所产生的大数据，可以为统计监测体系和风险防控体系提供数据支持，提供风险信息采集机制、风险评估分析机制、风险预警处置机制、风险复查完善机制。大数据的赋能，一方面提高了企业贸易的便利性，另一方面提高了监管的有效性。2017年，该体系作为全国经验，被国务院要求向全国复制推广，目前海南等多地已在杭州经验基础上形成"六体系两平台"基本框架。

3. 河南自贸试验区：跨境电子商务零售进口正面监管模式

跨境电子商务零售进口正面监管模式是"以电商企业为单元"的监管原则，将海关正面监管无缝嵌入企业经营环节，事前加强风险预判、事中突出真实性核查、事后进行差别化管理，形成了一套较为完备的跨境电子商务零售进口事前、事中、事后的正面监管模式。主要做法为建立以风险预判为重点的事前防控模式，通过

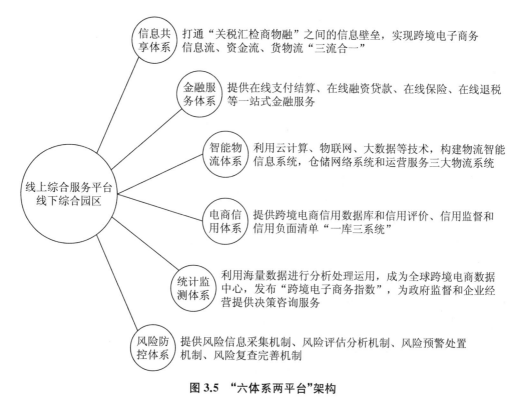

图 3.5　"六体系两平台"架构

资料来源：刘伟、武长虹（2019）。

核查电商企业经营情况、网站、供应链流程等方式把好企业准入关；建立以交易真实性核查为重点的事中监管模式，在单证审核、税收管理、查验管理、物流监控、账册管理以及促销行为报备管理等多个领域进行创新监管；建立以网上巡查、大数据分析为重点的事后监管模式，应用新技术、新监管手段，在盘库、风险数据分析及应用等环节取得明显风控效果。

3.3.5　对策与建议

从国际环境来看，数字贸易的发展将进一步推动跨境电子商务的业态和模式创新，这对相关贸易规则提出了新的挑战，各国也在争夺新的贸易规则话语权。从国内环境来看，服务贸易保持高速增长，但是跨境电商的总量仍然较小。从目前跨境电子商务发展的现状来看，跨境电子商务行业发展的监管难点仍然有待试点，并形成可复制推广的经验。因此，未来临港新片区可以从以下几个方面进行制度创新探索，为促进中国跨境电子商务有序、快速发展提供可复制推广的经验。

第一，由于目前跨境电子商务 B2C 模式条件尚不成熟，为了给实体经济提供更好的贸易出口平台,降低贸易制度成本,优化 B2B2C 模式的进出口流程,特别是出口流程已成为目前需要解决的主要问题。在优化跨境电子商务制度改革和出口流程方面,通过数字经济等实现国际贸易单一窗口出口平台,将涉及出口的所有政府部门集中到国际贸易单一窗口平台,全面实现电子报关,既可以减少企业通关程序,降低企业的出口制度成本,又解决了出口流程中政府有效监管的问题(路建楠,2016)。

第二,在支付、特殊监管区域方面先行先试,形成可复制可推广的经验,参与构建引领全球的跨境电子商务规则体系。利用跨境电子商务的先发优势,在跨境电子认证、跨境支付、网上消费者权益保护、跨境电子商务征税、规范跨境电子商务经营,以及在线通关、商检、服务、监管等方面提出"中国方案",率先建立跨境电子商务规则标准体系。着力培育一批为电商企业提供支付、物流、营运、通关、融资等一系列服务的第三方机构,不断完善跨境电子商务生态体系建设,为跨境电子商务产业能级倍增注入更强动力。

第三,试点逐步放开数字经济的监管,注重数据资源的获取和利用,建立基于大数据的跨境电子商务交易平台。加入"互联网+"的元素,进一步促进贸易便利化,优化进出口程序,将提升通关效率、节省企业成本。大数据的赋能,一方面提高了企业贸易的便利性,另一方面提高了监管的有效性。基于"六体系两平台"结构,构建跨境电子商务完整的产业链交易闭环的数据获取和使用。系统的大数据,可以为统计监测体系和风险防控体系提供数据支持,支撑发展风险信息采集机制、风险评估分析机制、风险预警处置机制、风险复查完善机制。

3.4　服务贸易

目前国际上对"服务贸易"的权威界定主要有以下几类:一是基于国际收支角度的界定,以服务活动发生的国境为界划分为国内和国际两种服务贸易;二是联合国贸易与发展会议的界定,利用过境现象将其解释为国与国之间的服务交换,主要包括与货物有关的加工维修,以及利用各类生产要素为非本国居民提供的服务;三是《美国和加拿大自由贸易协定》的认定,指缔约国之间相互提供生产、销售、采购、分销,以及商业存在、投资有关的服务等活动(舒琴芳,2017)。目前 WTO 等国际组织公认的比较确切的定义,是关贸总协定乌拉圭回合谈判签订的《服务贸易总协定》(GATS)所作出的准确界定,即服务贸易是由跨境交付(cross-border supply)、境外消费(consumption abroad)、商业存在(cercial presence)、自然人流动(movement of personnel)等四种模式进行的服务交易活动。

服务贸易正日益成为全球贸易中最具活力的贸易形式,主要表现为国际服务贸易发展迅猛,规模和领域不断扩大。随着全球产业结构的不断调整和升级,特别是世界经济重心逐渐转向服务业,发达国家产业结构优化升级,国际服务贸易因此得到了快速发展。据 WTO 统计,从 2000—2017 年,全球服务贸易总额从 29 718 亿美元增加到 130 000 亿美元,增长了 3 倍多,年均增长率达到 9.07%,远高于全球货物贸易增速,占国际贸易总额(2017 年全球贸易总额为 47.77 万亿美元)的比重也上升到了 27.2%。商业存在模式是通过外国分支机构提供服务的服务模式,占 2017 年服务贸易总额的 58.9%,其次是跨境交付,占比接近 30%。

2005—2017 年,全球服务贸易的增长速度超过了货物贸易,平均每年增长 5.4%。在发展中经济体中,服务贸易占整体贸易的比重日益上升,而发展中国家在全球服务贸易中的占比较 2005 年上升了超过 10 个百分点。分销和金融服务是服务贸易最重要的组成部分,分别占服务贸易的近 1/5。计算机服务和研发服务贸易平均增长率最高(超过 10%)。教育、卫生或环境服务等其他服务的份额正在迅速增加,但目前占服务贸易总额的比例微不足道,但也在迅速增长。自中国加入 WTO 以来,中国服务贸易进出口总额从最初的 719 亿美元增长至 2018 年的 7 919 亿美元,近 20 年间增长了 10 余倍。①

3.4.1　上海市服务贸易现状②

全球服务贸易蓬勃发展。与此同时,中国服务贸易总额从 2000 年的 660 亿美元增长到 2018 年的 7 918.7 亿美元,年均增长 14.18%,世界占比从 2.2% 增加到 6.8%,世界排名稳居第二位。其中,2018 年服务贸易出口额 2 668.4 亿美元,进口额 5 250.3 亿美元,世界占比分别为 4.5% 和 9.4%。截至 2018 年,过去 35 年来,中国对全球服务进口增长的贡献为 9.8%,是推动全球服务进口增长的第二大力量。

---

① 资料来源:《2019 世界贸易报告》。

② 资料来源:全国数据来自商务部历年《中国服务贸易统计》,上海市数据来自历年《上海服务贸易发展报告》《上海市统计年鉴》和《上海市国民经济和社会发展统计公报》,全球数据来自 WTO 的 World Trade Statistical Review。易朝军:《上海服务贸易的国际竞争力研究》,华东师范大学硕士论文,2017 年。

过去 15 年来,中国服务进口年均增长达 16.6%,远高于 8.1% 的世界平均水平;中国对推动全球服务进口增长的贡献达 11.8%,跃居世界首位。过去 5 年来,在全球服务进口年均增速仅为 3% 的情况下,中国服务进口实现年均 10.7% 的增长;中国对全球服务进口增长的贡献达 25.8%,累计拉动全球服务进口增长 4.2 个百分点,是全球服务进口增长的最大贡献者。另据 WTO 数据测算,2008—2013 年,中国对全球服务进口增长的贡献为 21.5%,累计拉动全球服务进口增长 4.4 个百分点,超过美国、日本、欧盟(28 国)贡献率的总和。①

在国际和国内服务贸易大发展的背景下,近年来上海服务贸易发展迅速,规模较大,呈现快速增长态势。上海服务贸易进出口规模呈现增长的态势,进出口总额从 2000 年的 79.1 亿美元增长到了 2018 年的 1 975.03 亿美元,服务贸易规模扩大了近 24 倍,年均增长率达到 19.6%,远高于世界和中国的平均水平,总量规模居全国首位,技术贸易和离岸服务外包执行额分别列全国第一位和第二位。从 2019 年上海统计年鉴数据看,上海服务贸易进出口总额总体呈现缓慢上升趋势,仅进口额有一定程度的下降(-3.57%),服务贸易进出口额增长率也仅略微增长(1.04%),远低于上海市第三产业增加值增长率(8.7%)和全国服务贸易增长率(13.8%);与上海第三产业增加值增长率对比可看出,自 2012 年以来,上海服务贸易进出口额增长率一直高于第三产业增加值增长率。

上海服务贸易结构进一步优化。从进出口总额来看,上海服务贸易呈现出传统服务贸易比重较高、新型服务贸易快速发展的特点。具体来看,虽然上海服务贸易依旧以运输和旅游等传统服务贸易为主,进出口额占上海服务贸易进出口总额的比重长期维持在 60% 以上,高于中国及世界 50% 左右的平均水平,但其比例有所下降。新兴服务部门的进出口贸易比重上升至 30.3%,但知识和资本密集型服务贸易方面的发展依旧相对滞后。其中,计算机和信息服务、文化和娱乐服务以及知识产权使用费,许可费成为新兴服务部门的主要经济增长点。从出口结构看,传统服务部门的运输服务和新兴服务部门的专业管理和咨询费是出口的主要构成,占总出口的 57.9%。与此同时,上海服务贸易进口多领域并进:知识产权使用费进口额保持增长态势;上海传统制造业的数字化升级和新兴平台经济、共享经济的发展,释放了大量的电信、计算机和信息服务进口需求(江若尘和牛志勇,2020)。总体来看,上海传统服务贸易出口额占比逐年下降,新兴服务贸易出口额占比逐年上

---

① 资料来源:《中国服务市场开放之门越开越大》,http://app. why. com. cn/epaper/webpc/qnb/html/2018-11/07/content_73904.html。

升,行业结构趋于合理。同时,新兴服务贸易进出口额增速明显加快,特别是在咨询服务、计算机和信息服务、保险服务、专有权利使用费和特许费方面增速更为明显。2018 年,咨询服务以及计算机和信息服务进出口总额分别占上海服务贸易进出口总额的 14.6% 和 6.6%,分别较上年提高了 1.6 个百分点和 1 个百分点,出口额分别占上海服务贸易出口总额的 37.0% 和 15.1%,分别较上年提高了 1 个百分点和 0.6 个百分点,表现出较强的国际竞争力,但仍有较大的提升空间。

上海服务贸易实力不断增强。2005 年,上海服务贸易进出口总额占中国服务贸易进出口总额的比重为 16.0%,到了 2018 年升至 24.9%,连续 13 年稳居全国第一。从构成来看,2005—2018 年,上海服务贸易出口额占比由 16.5% 上升到 22.3%,进口占额比由 15.5% 上升到 26.3%,显而易见,上海服务贸易进口额增速快于出口额。上海服务贸易的规模不仅在中国内地各省市中处于领先地位,而且与中国香港、新加坡等亚洲服务贸易发达的地区或国家的差距不断缩小,在国际上的地位不断攀升。表 3.4 显示,2005 年,中国香港和新加坡服务贸易进出口额分别是上海的 4.1 倍和 6.7 倍,而 2018 年已分别降至 0.98 倍和 2.75 倍。但是,近几年,上海服务贸易进出口额出现了明显的增速放缓迹象,在 2017 年甚至出现了负增长,而中国香港和新加坡服务贸易进出口额始终保持着稳定且良好的增长态势。

表 3.4 2005—2018 年上海、香港、新加坡服务贸易比较

年份	上海		香港		新加坡		香港/上海	新加坡/上海
	贸易额(亿美元)	增速(%)	贸易额(亿美元)	增速(%)	贸易额(亿美元)	增速(%)		
2005	251.40		1 034.19		1 675.33		4.114	6.664
2010	871.42	28.2	1 509.37	7.9	2 739.30	10.3	1.732	3.143
2016	2 018.80	15.0	1 729.87	2.3	4 290.30	7.8	0.857	2.125
2017	1 954.70	−3.2	1 818.52	5.1	4 832.30	12.6	0.930	2.472
2018	1 975.03	1.04	1 947.86	7.1	5 437.89	12.5	0.986	2.753

资料来源:上海统计年鉴、新加坡统计局、WTO 数据。

上海服务贸易总体规模快速扩大,但是服务贸易进出口比例始终处于持续扩大趋势。总体来看,2000—2018 年,上海服务贸易进口增速高于出口增速,服务贸易逆差逐年扩大:服务贸易出口额从 122.3 亿美元增加到 595.76 亿美元;进口额从 129.1 亿美元增加到 1 379.27 亿美元;贸易逆差由 6.8 亿美元扩大到 783.51 亿美元。在 2018 年,旅游服务、知识产权使用费以及运输服务是上海服务贸易逆差的主要来源,顺差主要来源于专业管理和咨询服务、电信、计算机和信息服务、其他服

务等。另外,从上海服务贸易不同企业性质统计数据来看,内资企业逐渐成为上海服务贸易进出口的主要力量。

随着上海服务贸易的快速发展,商业存在模式的服务贸易也快速发展,规模不断扩大,服务业利用外资发展势头良好,对外投资比重也逐年加大。上海市第三产业外商投资占比逐年上升,2018 年已占据上海市外商投资的 96.9。在数字贸易领域,2018 年上海共实现数字贸易进出口额 260 亿美元,同比增长 16%。在服务外包领域,2018 年离岸服务外包执行额达到 80.6 亿美元,同比增长 14.7%,高于全国平均水平。在技术贸易领域,2018 年技术贸易登记合同金额达到 139.5 亿美元,同比增长 18.9%,规模位居全国首位。在文化贸易领域,2018 年上海文化产品和服务进出口总量突破百亿大关,达到 101.67 亿美元,同比增长 11.6%。[①]同时,一些新兴金融服务领域的投资活动日趋活跃,以服务业为主的引资结构正在不断加强。据《2018 年上海服务贸易优势和潜力企业目录》,外资企业是推动目前上海软件和信息技术服务出口、服务外包等高端服务贸易发展的主要力量。至 2018 年末,在上海落户的跨国公司总部达到 670 家,同比增长 7.2%,投资性公司 360 家,同比增长 4.3%;外资研发中心 441 家,同比增长 3.5%。另外,2018 年,上海对外承包工程和劳务合作合同额达到 118.97 亿美元,比 2000 年的 9.69 亿美元增长 11 倍之多;实际完成营业额 75.41 亿美元,比 2000 年的 8.38 亿美元增长近 8 倍。

上海服务贸易的自然人流动呈现曲折发展的态势。2012 年上海共派出劳务人员 21 244 人次,同比上升 48.5%,2013 年出现一定程度的下滑,同比下降 15.1%;随后 2014 年大幅度上升,同比增长 48%;而 2015 年又有一定程度的下降;至 2017 年末,上海共派出劳务人员 32 837 人次,大幅上升 50.7%;在 2018 年又出现大幅下滑,同比下降 43.4%。

3.4.2 促进服务贸易的主要政策措施

本小节从国家层面和上海市层面梳理了促进服务贸易发展的相关政策。[②]为促进中国服务贸易快速发展,适应国际贸易发展的新形势,中国早在 2015 年就推出了相关政策来推进服务贸易发展。

一是《国务院关于加快发展服务贸易的若干意见》(国发〔2015〕8 号)(以下简

---

① 数据来源:https://baijiahao.baidu.com/s? id=16759147927115133308&wfr=spider&for=pc。
② 资料来源:舒琴芳(2017),易朝军(2017)。

称《意见》）。《意见》提出服务业开放水平进一步提高,服务业利用外资和对外投资范围逐步扩大,质量和水平逐步提升。服务贸易规模日益扩大,到 2020 年,服务进出口额预计超过 1 万亿美元,服务贸易占对外贸易的比重进一步提升,服务贸易的全球占比逐年提高。服务贸易结构日趋优化,新兴服务领域占比逐年提高,国际市场布局逐步均衡,"一带一路"沿线国家和地区在中国服务出口中的占比稳步提升。《意见》明确了加快发展服务贸易的七大主要任务:扩大劳动和资本技术密集型以及文化、中医药等服务贸易规模;优化服务贸易行业结构及市场区域布局;规划建设服务贸易功能区;创新网络平台、服务外包等服务贸易发展模式;培育有竞争力、有特色创新的市场主体;进一步扩大服务业开放;大力推动服务业对外投资。

二是国务院在上海自贸试验区推出的扩大服务业开放措施。在金融、航运、商贸、专业、文化、社会等领域累计提出了共 37 项服务业扩大开放措施,包括 2013 年 9 月《中国(上海)自由贸易试验区总体方案》中六大领域 23 项开放措施;以及 2014 年 6 月国务院批准上海自贸试验区进一步扩大服务业开放的 14 项措施。

三是商务部等 12 部门关于印发《服务贸易发展"十三五"规划》的通知(商服贸发〔2017〕76 号)。《服务贸易发展"十三五"规划》对建立健全促进服务贸易发展的发展体制、行业结构、市场主体、创新动力、开放合作和监管体系都进行了全方位的规划布局,并在附件中对物流运输、旅游、建筑与工程、节能环保、能源、金融、信息通信、商务、文化娱乐、国际服务外包等 12 个门类产业和领域提出重点发展措施。

四是 2020 年《国务院关于同意全面深化服务贸易创新发展试点的批复》(国函〔2020〕111 号)、《商务部关于印发全面深化服务贸易创新发展试点总体方案的通知》(商服贸发〔2020〕165 号),提出在 28 个省、市(区域)全面深化服务贸易创新发展试点,通过全面深化试点,服务贸易深层次改革全面推进,营商环境更加优化,市场活力更加凸显;高水平开放有序推进,服务业国际化发展步伐加快,开放竞争更加充分;全方位创新更加深化,产业深度融合、集群发展,市场主体创新能力明显增强;高质量发展步伐加快,试点地区先发优势更加突出,全国发展布局更加优化,有力促进对外贸易和经济高质量发展,为形成全面开放新格局、构建现代化经济体系作出贡献。

作为国家服务贸易创新发展试点城市,上海服务贸易的发展始终处于全国领先地位。上海服务贸易发展的推进工作也一直领先于全国其他省市,上海市政府制定和出台了一系列规划和政策,率先提出了多项服务贸易创新举措,在全国范围内形成了很好的示范效应,例如树立"服务贸易与货物贸易并举"的外贸工作指导思想、设立政府部门的服务贸易处、成立国际服务贸易行业协会、建立服务贸易统

计指标体系、建立服务贸易发展联席会议制度、出台促进服务贸易发展的政策措施、制定服务贸易中长期发展规划等。具体政策如下:

一是2008年,商务部和上海市共同签署了《商务部和上海市人民政府关于共同推进上海市服务贸易发展合作协议》,提出要加快培育一批拥有自主知识产权和知名品牌的龙头企业,全面提升上海市服务贸易发展的质量和水平,并带动和促进长三角地区服务贸易的整体发展;要加强服务贸易政策扶持,联合出台《关于促进上海市服务贸易全面发展的若干意见》,充分发挥现有政策的集成作用,并探索发展服务贸易的新政策在上海市先行先试,对全面提升上海市服务贸易发展的质量和水平起到重要指导性作用。

二是2009年,上海市在商务部的指导和支持下,依托部市合作机制,制定了《上海服务贸易中长期发展规划纲要(2009—2020)》,明确了2009—2020年上海服务贸易发展的战略目标和12个重点领域主要措施。包括运输、旅游、金融保险、计算机和信息、与货物贸易相关的商贸服务、工程承包与建筑、专业服务、专有权使用和特许经营服务贸易、文化、教育、医疗、体育等。

三是2011年,上海制定了《上海服务贸易"十二五"规划》。2015年底发布了《上海市加快促进服务贸易发展行动计划(2016—2018)》,提出上海要优化贸易结构,扩大贸易规模,积极挖掘新增长点;要提高开放水平,推动对外投资,推动放宽服务贸易各领域准入限制;要加强宏观引导,培育市场主体,激发各类市场主体发展活力,打造"上海服务"品牌企业。要加强政府服务,发挥其在制度建设、环境营造、政策支持等方面的作用。努力把上海建设成为全球重要的服务贸易中心城市。同时,为了适应服务贸易工作跨行业、跨部门的特点,上海还设立了由分管市领导牵头,33个相关部门共同参与的服务贸易发展联席会议制度,通过联席会议的例会制度加强各部门之间的沟通和协调,形成合力,共同推进服务贸易发展。

四是上海市"十三五"时期规划及国际贸易中心、服务业发展"十三五"规划均明确大力发展服务贸易,要大力发展技术贸易、增强服务出口竞争力、深化发展服务外包、促进"上海服务"品牌输出。同时出台了《关于促进上海服务贸易全面发展的实施意见》和《上海市贯彻落实〈国务院办公厅关于鼓励服务外包产业加快发展的复函〉的实施意见》;设立了服务贸易专项资金;推进了多个服务贸易公共服务平台的搭建工作。

五是2018年,上海市政府发布了《上海市深化服务贸易创新发展试点实施方案》的通知,形成15条全面开展深化服务贸易创新发展试点的主要任务,提出到2020年,服务进出口规模继续保持全国领先地位,占全国服务贸易总额的比重达到 25% 左右,占本市对外贸易总额的比重保持在 30% 左右,形成更加合理的服务贸易结构。

六是 2020 年,上海市政府发布了《上海市全面深化服务贸易创新发展试点实施方案》的通知,强调八大项试点任务、22 项推进措施,包括全面探索完善管理体制;全面探索扩大对外开放;全面探索提升便利化水平;全面探索创新发展模式;全面探索重点领域转型升级;全面探索健全促进体系;全面探索优化政策体系;全面探索健全运行监测和评估体系。通知提出,通过三年试点,推动服务贸易高水平开放,推进产业贸易深度融合,鼓励市场主体自主创新,完善区域布局,培育发展新动能,加快提升"上海服务"品牌国际竞争力,促进上海加快形成国内大循环中心节点和国内国际双循环战略链接的发展新格局。

3.4.3　临港新片区提升服务贸易的途径

早在上海自贸试验区设立之际,时任上海社会科学院经济研究所所长石良平教授曾指出,"如果说 20 世纪 80 年代深圳特区的成立,标志着产品市场的开放;90年代浦东新区的成立,标志着要素市场的开放;2001 年中国加入 WTO,标志着中国制造业和服务业被全面纳入全球分工体系,那么这次上海自贸试验区的建立则标志着中国服务业的全面开放"。[①]时至今日,临港新片区担负着继续扩大开放的国家战略,是对标国际最高水平经济规则的压力测试区,是中国进一步走向世界舞台中央的起跳板,也是顺应全球生产链重新布局的战略高地,是中国开放型经济建设的 4.0 版(熊鸿军等,2020)。为进一步扩大服务业开放,实施高标准的贸易自由化,《中国(上海)自由贸易试验区临港新片区总体方案》明确提出,在全面实施综合保税区政策的基础上,取消不必要的贸易监管、许可和程序要求,实施更高水平的贸易自由化便利化政策和制度;推进服务贸易自由化,加快文化服务、技术产品、信息通信、医疗健康等资本技术密集型服务贸易发展。而上海市出台的一系列推动服务贸易发展的相关文件和方案中不仅提到了贸易便利化等内容,也对资本技术密集型服务贸易发展提出了目标。事实上,提高便利化水平的措施不仅包括扩大服务贸易的市场准入,加强金融等专业服务的制度环境建设,完善跨境电子商务通关服务,鼓励境内银行机构和支付机构扩大跨境支付服务范围,加强人员流动、资

---

① 吴根宝:《服务贸易,经济发展新动力—建设中国(上海)自由贸易试验区》,上海交通大学出版社 2015 年版,第 21—22 页。

格互认、标准化等方面的国际磋商与合作,为专业人才和专业服务"引进来"和"走出去"提供便利等与服务贸易息息相关的方面,还包括建立和完善与服务贸易特点相适应的口岸通关管理模式,探索对国际展品、艺术品、电子商务快件等特殊物品的海关监管模式创新等(段娅妮,2015)。由此可见,临港新片区可通过海关监管、制度环境、市场准入和电子商务等有关贸易便利化的措施推动服务贸易发展。

总体来看,临港新片区推进贸易自由化便利化,给服务贸易特别是航运服务和相关增值商贸服务带来了发展契机。第一,临港新片区建设将加快上海发展转口贸易和离岸贸易,通过吸引跨国公司总部和构建国际大宗商品交易平台以及航运金融交易平台,对商品期货和航运远期交易的企业资质放开限制,能够带动相关增值商贸服务的发展。第二,临港新片区建设将加快上海国际航空货物枢纽的建设,从而吸引大量的航空资源在此聚集,大力发展上海的航空经济,给相关国际服务贸易的发展带来机遇。第三,临港新片区建设给上海海事服务带来了颠覆性改变。临港新片区的改革能够促使相关海事法律、法规的相应改革,更加便利相关航运类企业,降低企业的税费。例如洋山保税港区推出了国际船舶登记制度,在企业准入方面进行一定程度的放开。同时,积极利用上海的区位优势,并给予一些优惠政策,促进符合条件的船舶在上海落户登记,吸引了一大批中资船舶回国(易朝军,2017)。

具体来看,首先,服务贸易的实现形式和过程体现在各类人员、资本、信息、要素以不同的实体形式跨国移动,跨境服务也依托于商品实物等载体进行流动,这些商品和服务的跨境活动直接受到海关监管制度和税收征管制度的影响。具体表现为:海关监管提升服务贸易通关便利化、助力新的服务贸易商业模式、促进服务贸易跨界融合和支持发展服务贸易新型产业四个方面(舒琴芳,2017)。例如,临港新片区海关特殊监管区域便利货物贸易,将极大地方便国际贸易的经纪服务,并带动与服务贸易相关的国际运输、物流存储、融资租赁、保理服务等业务发展。其次,制度环境尤其是知识产权保护制度对服务贸易的顺利开展提供了激励和保护。大量研究表明,产权制度良好的国家和地区,服务业对 FDI 更具吸引力,进而通过技术外溢和知识转移促进本国和地区的服务贸易发展。再者,电子商务通过对过境交付服务贸易的推动来促进服务贸易发展。一方面,直观来讲,电子商务使得交易双方通过网络进行商务活动,直接降低了交易费用,因此可以显著降低服务贸易成本;另一方面,电子商务提高了交易效率,减少了服务贸易的地域壁垒,扩大了服务贸易机会。最后,降低市场准入限制,有利于本国服务业的开放和发展,从而推动服务贸易发展(段娅妮,2015)。

综上所述,推动临港新片区服务贸易发展,建立与之相适应的、与国际新规则相接轨的贸易便利化措施和服务促进体系,推动产业扩大开放,培育国际贸易竞争新优势,既要构建相对独立的、以投资贸易自由化便利化为主的海关特殊监管区域,也要构建以扩大服务领域开放为主的、开放自由度最高的服务贸易区域(舒琴芳,2017)。

3.4.4　临港新片区发展服务贸易的经济效应

临港新片区的建设将会极大地改善上海服务贸易发展的市场环境,带动上海国际服务贸易的发展,主要体现在两个方面。第一,临港新片区创新政府管理方式,建立起与国际规则相适应的贸易投资体系以及监管模式,实施公平竞争的投资经营便利,有利于资金进出、融资渠道、风险管理、资金管理等方面的便利,改善上海商贸和投资环境。第二,临港新片区负面清单管理制度和服务业进一步扩大开放,放宽注册资本、投资方式等限制,降低了外商投资市场准入门槛,将吸引跨国公司总部、国际贸易公司、服务贸易企业以及大宗商品交易商等市场交易主体在临港新片区集聚,有利于上海各类要素市场的发育和完善、市场交易规模的扩大和市场能级的增强,提升上海国际国内市场资源配置功能,将极大地促进服务贸易发展。

3.5　转口贸易

转口贸易也可以叫作中转贸易,当国际贸易的商品不是由生产方国家和消费方国家直接交易,而通过另外的第三方国家进行中转完成,那么这种贸易形式对于第三方国家来说就被归类为转口贸易。转口贸易不直接涉及生产活动和末端消费活动,具有明显的服务产业特征,是实现国际贸易价值增值优势的重要途径。

3.5.1　上海转口贸易的发展历程

上海自由贸易试验区临港新片区的建设也需要转口贸易。《中国(上海)自由贸易试验区临港新片区总体方案》在扩大中资方便旗船沿海捎带政策实施效果、支持浦东国际机场探索航空中转集拼业务等方面都提出了新的目标和措施,转口贸易的发展迎来新的机遇。

转口贸易对于上海而言也并非一项新兴事物,转口贸易在上海已经有过较长的发展历程。最开始的时候,这种转口贸易的主要形式是上海对内地与西方国家之间的转运。1840年第一次鸦片战争以后,上海等五个口岸开埠通商。相对于其他几个口岸来说,上海地理条件好,又拥有较为广阔的长江流域腹地,使得内地产品的出口不再通过广州口岸,而逐步通过上海进行外销。

其中以国外非常受欢迎的大宗丝茶为例,在上海开埠之前,通过上海与西方国家进行的丝茶贸易几乎为零,但开埠之后,不仅是江浙地区,即使是华中地区的茶叶也可以通过长江或者陆路运输到上海后,从上海转运通往欧美国家。生丝的情况也和茶叶相似,在开埠后的十年内,中国的生丝出口量快速上升,到1855年,由上海转运出口的生丝总额占据了全国的一半以上。转运贸易在上海的出口贸易中的比重也占据了非常重要的地位,到19世纪末期,转运贸易在上海出口贸易中的占比已经超过了50%。内地的鸡蛋制品、火腿制品、豆制品、皮草制品等都成为由上海转运出口的重要商品(徐占春,2012)。

在国外商品进口方面,上海在商品转运、转销地位也不断变化和提升。上海开埠几年后,国外的工业制成品逐步进入中国,上海这时候的进口转口贸易进入正式的发展通道中。英美等各国的粗哔叽、羽毛纱等各类商品输入中国的数量快速上升,上海在其中承担了重要的转运和转口角色。从数字来看,19世纪70年代,由上海转运的国外商品总额已经超过了5 000万两白银(徐占春,2012),上海当之无愧成为中国外贸的转运中心。

进入20世纪后,上海转口贸易的重要地位依然得以保持,甚至抗日战争初期,上海的转口贸易依然繁荣,直到1941年底,珍珠港事件后,上海才失去了转口贸易的发展条件。

在这之后,香港逐渐超过上海成为中国最主要的转口贸易口岸。香港自然条件优越,又加上自由港政策,迅速成为转口贸易的最佳选择,在相当长的时间内,转口贸易对香港的依赖性都非常高。

3.5.2 国内外转口贸易的发展经验

1. 新加坡

国际上最受关注的转口贸易地区就是新加坡。新加坡在英国殖民时期就已经开始依赖贸易作为经济增长的重要手段。二战后,新加坡成为一个独立的国家,逐步成为东南亚乃至全世界最重要的贸易港口之一。在新加坡的贸易活动中,转口贸易占据了很高的比重,甚至有学者把新加坡称为"转口贸易中心"。新加坡转口贸易的发展有四大因素作为支撑。一是优越的地理条件。新加坡处于马六甲海峡的关键位置,是东西方海路联系的重要节点。同时,新加坡又具备了非常优良的港口条件,港口容量巨大。二是高效的港口管理。新加坡各个港口都具备了非常高的自动化水平,在船舶管理、港口仓储、生活供应、船舶修理等多个方面都能提供大容量和高水平的服务,奠定了其世界大港的地位。三是有效的政策带动。新加坡政府为了拓展贸易空间积极行动。有超过 80 个国家和地区在新加坡设立了贸易相关机构,新加坡也与众多国家签署了包含转口贸易以及相关服务在内的多领域自由贸易协定。此外,新加坡政府也努力调整自身产业结构,更好地使新加坡的经济结构与贸易活动相适应。四是发达的国际金融。金融市场对于国际贸易,包括转口贸易都具有较大的促进作用。目前新加坡已经是世界上排名前列的国际金融中心和外汇交易中心。在全球资金管理、风险管理、财务顾问等领域都拥有很高的发展水平,为转口贸易的顺利进行提供了保障条件。

2. 中国香港

中国香港在转口贸易领域也拥有举足轻重的地位。前文提到珍珠港事件之后,香港就成为中国最大的转口贸易中心。二战后,香港的转口贸易发展也分为两个阶段,首先是以出口为主兼顾转口贸易的阶段,大约为 20 世纪 80 年代中期以前。然后是以转口贸易带动服务贸易的阶段,大约从 80 年代中后期开始,服务贸易的比重逐步增加。这种发展阶段的区别从贸易产品也能看得出来,在第一阶段的发展时期,由香港转口的产品主要为劳动密集型产品,例如纺织品、皮革制品等。而到了第二阶段,技术密集型的产品比重则越来越多,电子机械类产品逐渐成为主流,这类产品的兴起也更需要服务贸易的配套,从而实现了转口贸易对服务贸易的带动(杨汝岱,2008)。这个演变中有一点值得注意,香港转口贸易的变化与中国经济产业的发展密不可分。香港转口贸易的重要一方就是内地,转口贸易产品构成的变化也反映了中国产业结构在几十年间的巨大变化。

香港转口贸易的成功发展主要来源于以下几个优势:一是有利的区位优势。从马六甲海峡过来,到达中国的第一个大口岸就是香港,香港几乎处于印度洋和太平洋的中点。同时,由于近年来高铁、高速等陆路交通的快速建设,香港与整个内地的联系变得更加方便,其转口贸易的区位优势也得到了加强。二是自由贸易政策的优势。香港在英国殖民式统治时期就被认为是重要的国际自由港,在回归以后,其自由贸易的基本原则也得到了延续。无论是货物方面的转口、加工、仓储,还是资金方面的流动和汇兑都非常自由,在这方面赢得了较高的国际口碑。三是背靠内地的优势。中国内地是一个体量庞大的发展中经济体,在发展过程中对于转口贸易有较大的需求。而由于经济体制等原因,香港的贸易地位独一无二,这也是香港能成功发展转口贸易的重要原因。

3. 中国内地

中国内地方面,海南随着自由贸易区的建设,其转口贸易的发展有了较大进展。虽然在 2018 年中央发布的《关于支持海南全面深化改革开放的指导意见》中,提出不以转口贸易为发展重点,但海南依然通过寻找优势领域,在转口贸易方面取得了不错的成效。

海南主要从以下两个方面有针对性地进行转口贸易发展。一是以港口建设为转口贸易的服务基础。海南目前的港口格局是由海口港、三亚港、八所港、洋浦港和清澜港组成的"四方五港",但其中吞吐量较大的只有海口港和洋浦港。因此海南将通过提升港口建设水平,强化港口和工业园区、商贸园区、物流园区等园区之间的充分合作(吴爽、陈丽云、王纪忠,2019),利用自由贸易试验区的政策优势,以信息化建设搭建好企业、运输、金融等多方合作的平台与链条,在提升港口硬件水平之外,以软件提升为转口贸易提供更好的发展空间。

二是以更多的国际合作拓展转口贸易空间。海南过去的转口贸易主要以东南亚国家为主,现在海南正在积极拓展与"一带一路"沿线国家和地区,以及欧美国家的合作。这种合作一方面体现在港口航线的连接上,海南处在日本、上海到马六甲海峡的中心位置,不仅要与东南亚国家互联,还应该以此通达全世界更多的港口。2017 年开始,海南在实现与泰国、新加坡、中国台湾地区等港口的全覆盖后,逐步拓展了与欧美国家港口的直航。另一方面体现在优势互补的合作上,海南拥有资源优势、政策优势、技术优势,可以把东南亚的原料产品加工整合、转口到欧美及新兴市场中去,实现转口贸易多元化发展。

内陆地区的重庆也在逐步形成自身转口贸易发展的特色。重庆的转口贸易主要集中在笔记本和咖啡豆领域。笔记本电脑方面,重庆市提出实施"云端计划"来进行产业转型升级。云端包括了各种电脑服务设备,重庆主要基于笔记本电脑的前期布局基地上,扩建云计算智能终端生产基地,与国际用户进行较大规模的转口贸易。咖啡豆方面,重庆则致力于在外贸领域寻求新方向。中国咖啡豆行业长期以来存在"小、乱、散"等问题,在国际市场缺乏定价权,受制于"价格周期"和期货报价,咖啡豆行业的种植者承受着大量损失。重庆因此成立了咖啡交易中心,通过签订各项战略合作协议,为咖啡豆的出口及转口贸易提供坚实基础,大幅提升了重庆在该行业的贸易吸引力(曹炜钱,2017)。

在转口贸易的发展优势上,重庆主要拥有政策和区位两大优势。政策上,重庆在进出口税收、监管优惠、财政扶持、专项优惠、保税港区等方面都有较为明显的政策优势。尤为重要的是,国家设立两江新区之后,提供了一系列的政策优惠和政策空间。重庆市也积极探索,以地方政策与国家政策相融合,提升转口贸易的优势,包括加快建设中新(重庆)战略性互联互通示范项目,鼓励各大企业、贸易集成商、供应链企业和跨国公司在渝设立采购中心、分拨中心和结算中心,构建"渝新欧+4小时航空"铁空联运,推动欧洲与东南亚地区货物在重庆中转。区位上,重庆虽然处于中国西部地区,但也在"一带一路"和长江经济带的连接点上。向东可以通过长江航运、铁路、公路等与东部口岸实现货物商品的互联互通,向西也可以通过丝绸之路,"渝新欧"机制与中亚乃至欧洲国家进行密切的合作。同时,重庆自身也具有较为广阔的腹地,这些都为转口贸易的顺利开展提供了条件。

3.5.3　临港新片区转口贸易发展的现状和问题

上海特别是临港新片区围绕转口贸易发展的要求在打造开放型政策制度体系、打造国际一流营商环境等方面进行了不少努力和探索,也取得了良好的效果。具体来说,洋山特殊综合保税区挂牌运行并实行"六特"的全新海关监管机制,形成了跨口岸国际中转集拼等全国首创业务模式,大大提高了贸易和运输的自由度。国际数据港建设全面启动,到 2025 年,新一代通信基础设施总投资将超过 100 亿元。一体化信息管理服务平台启用,"制度+技术"的风险监测和防范体系初步形成,这也为转口贸易提供了信息便利。从成效上看,2020 年上半年,洋山深水港完成国际中转 156.2 万 TEU,同比增长 9.7%,转口贸易实现了稳步提升的可持续发展。[①]

但应该注意到,转口贸易在发展中也遇到了不少挑战,明晰其中存在的问题对于上海以及临港新片区未来转口贸易的进一步发展具有重要意义。从发展劣势和当前问题来看,主要有以下几个方面。

一是上海转口贸易地理条件的比较优势不够明显。上海要成为国际主要的转口贸易中心,必然要与周边主要港口进行竞争,但在地理区位方面仍有不足。中国香港和新加坡作为亚洲乃至全球重要的转口贸易中心,地理位置的优势是其重要

---

① 数据来源:http://new.qq.com/omn/20200813/20200813A0FC4900.html。

条件。香港南面与东南亚一海相隔,北面则直接与东亚大陆相接,往东则可以靠近中国台湾地区、澳大利亚乃至整个太平洋市场,处于关键的航运交叉地点。新加坡在位置上处于太平洋和印度洋连接的咽喉部位,东西方贸易的船舶都需要从新加坡竞购,因而其天然地拥有转口贸易的优势。而从上海的情况来看,虽然其地理位置的优越性在国内已经首屈一指,但并不属于国际航运线路必经的交叉点。虽然上海靠近日本、朝鲜半岛以及中国台湾地区,但这些地区对于依靠上海进行转口贸易的需求不强。日本和韩国自身运输和基础设施条件良好,不需要绕道上海进行转口贸易;朝鲜则由于经济发展阶段所限,还没有较大的国际贸易需求;中国台湾地区受到政治因素的影响,短期内也不会选择上海作为主要转口贸易港。同时,由于天津、广州、宁波等港口的分流,上海并非国内市场唯一的转口贸易选择。因此,应该充分认识到上海在转口贸易方面的地理局限性。

二是转口贸易实践中存在风险和纠纷。包括以转口贸易进行非法融资的风险和转口贸易中委托代理的纠纷。目前的转口贸易主要是物权单据在进口、出口以及中间商三方之间的转移,中间商不进行实际货物的交割。实际货物和货物所有权的转移方向有所不同:实际货物为从生产地转向消费地,而货物所有权则是要从生产地先转向中转地,再转向消费地。这种实际商品和所有权在销售流转过程中的分离,使得中间商存在通过信用证方式进行融资的可能。实际操作中,这种融资可能会在一定程度上带来风险。另外,由于转口贸易中中间商在一定程度上担任了进口商的委托代理人,转口贸易合作也可以被认为是一种委托代理关系,这种委托代理关系,特别是在货权分离的情况下,导致贸易参与方之间违约纠纷的可能性较高,也会对转口贸易的发展产生一定制约作用。

3.5.4 临港新片区未来转口贸易的发展建议

国际贸易形势瞬息万变,《区域全面经济伙伴关系协定》(RCEP)的签署为中国国际贸易带来新的活力,临港新片区转口贸易的发展也需要不断创新,以适应新形势的发展,进而逐步提升上海在国际转口贸易中的地位,也为中国的高水平对外开放作出更多的贡献。根据当前转口贸易发展的情况和存在的问题,在此处提出以下四点未来转口贸易发展的建议。

第一,强化国际枢纽建设,促进临港新片区流通要素增长。国际化枢纽港口的建设对于临港新片区转口贸易的发展具有十分重要的意义。而其中的关键在于促进可转口性流通服务要素的增长,以促进腹地经济的要素流动和相应的时间、费用等流动成本。一方面要继续推动货物集散政策的创新。为了让商品资金要素的流动程度达到国际先进水平,应该继续探索与"第二船籍登记制度"相接近的船舶登记制度(林锋,2009)。具体来说,就是对于中国承运人实际经营的远洋船舶到临港新片区等上海港口进行登记给予相应的优惠政策,通过聚集船东让各类航运要素集聚到上海国际航运中心以及临港新片区,为上海国际航运中心和临港新片区集散功能的建设提供基础和保障。还应该实施外资班轮沿海捎带重箱政策,主要是使得外资班轮也能够被允许进入国内沿海干线的捎带重箱领域,这将会大大降低外资班轮通过上海向长江各港口的转运成本,大量提升相关转运业务量。另一方面则要进一步提升上海国际航运中心以及临港新片区的开放水平。通过更优质的服务和更开放的手段,吸引各大国际船运公司的班轮直接挂靠到上海港。这既是以密集的航线组成干线和支线的货物运输网络,构建起国际中转中心的基本框架;也是为上海港吸引大规模的国际中转货源,推动上海国际贸易中心的建设。而上海国际贸易中心特别是中转中心功能的提升也能有效提升上海转口贸易的比重。

第二,优化口岸服务水平,提升临港新片区转口贸易质效。转口贸易口岸服务是转口贸易发展的重要因素。优化口岸服务,推进透明化、创新化口岸服务的形成,将大大有利于临港新片区转口贸易的发展。具体来看,口岸服务要注重透明化发展。推进以转口贸易统计为抓手的转口贸易管理体制和机制构建工作,形成统计、外贸、海关等部门统一的管理机制,为进一步推动转口贸易功能开发打下体制基础(林锋,2009)。在理顺管理体制的基础上,为进一步推动转口贸易的市场运作机制提供导向,形成为转口贸易服务的各种咨询和信息等中介服务体系。口岸服务还要注重创新化发展。首先,创新化不等于随意化,临港新片区虽然有较大的政策创新空间,但首先应该从现有政策中挖掘服务提升的潜力,通过对政策中所有条款充分的总结和归纳,使得服务效能最大化。其次,创新化的服务必然需要先行先试的突破。习近平总书记提出,浦东要着力推动规则、规制、管理、标准等制度型开放,提供高水平制度供给、高质量产品供给、高效率资金供给,更好参与国际合作和竞争。浦东开发开放 30 年,临港新片区的服务创新也要不断推进,以求让更多的国内外物流、企业加入临港新片区的转口贸易活动中。最后,从具体措施上,要加快"大通关"建设,通过"电子口岸"建设、海关管理体制优化等措施,以更加合理便捷的监管服务让转口贸易的相关货物更加快速地通关,提升临港新片区转口贸易效率。

第三,挖掘更多转口货源,扩展临港新片区转口贸易范围。临港新片区的转口贸易规模的进一步扩大离不开新的转口贸易货源,临港新片区乃至上海转口贸易中心地位的进一步提升也离不开新的转口贸易货源。"一带一路"建设和长江经济带战略,从国际和国内两个方面为临港新片区扩展转口贸易范围提供了基础。通过"一带一路"建设,临港新片区的转口贸易可以与东南亚、南亚、中亚等过去相对合作不足的地区加强合作关系,而在当前欧美国家贸易保护主义盛行的情况下,与这些地区的合作显得更加重要。通过积极拓展新兴国家市场,把"一带一路"沿线国家和地区纳入临港新片区转口贸易体系中来,有利于实现转口地区多元化的目标,也有利于提升上海转口贸易中心的地位。通过长江经济带,则可以进一步与内地市场强化联系,虽然上海一直是中国内地最重要的贸易中心,但也受到其他一些港口的挑战,以长江为纽带,充分把中国西南地区物产丰富、产业基础较为扎实、劳动力相对廉价的优势与临港新片区政策制度的创新优势相结合,可以为临港新片区乃至上海的转口贸易提供新的增长动力。

第四,利用长三角一体化优势,筑牢临港新片区转口贸易基础。长三角地区是上海国际航运也包括转口贸易发展最直接也是最主要的经济支撑区域。与长三角乃至长江经济带联动是上海转口贸易可持续发展的基本动力。2018 年 11 月,《上海市临港地区融入"长三角一体化"行动方案》正式发布,同期举行了"赋能,互联互通"项目签约会。临港地区明确了"两区"和"两城"的发展定位,主动融入长三角区域一体化国家战略。这个方案主要以国家支持长三角一体化的总体战略为指导,多区域,多产业,多角度地进行长三角地区的交流、合作和融合。通过这些一体化的做法,巩固长三角在多个经济领域的中心地位,努力使得长三角区域成为中国在新时代发展的重要经济发动机。在这一总体态势下,转口贸易也需要对于一体化有深度的融入。充分利用长三角地区较为发达的产业技术基础,以及同样强烈的转口贸易需求,做好相关服务,起到居中协调作用,巩固上海包括临港新片区转口贸易的基本盘。同时做好供应链的一体化,特别是航运服务于上下游物流服务的一体化以及货物贸易企业与航运企业之间的一体化等,打造长三角转口贸易一体化的联动体系,引领长三角地区整体的转口贸易向更高水平迈进。

3.6　离岸贸易

离岸贸易的历史并不很长,主要是跨国公司国际业务逐步发展而产生的一种新贸易模式,其最关键的特征是订单流、货物流和资金流"三流"分离。其中,"离岸"所表达的意思就是,在企业运行过程中,注册地与业务开展地分离,企业注册在离岸法区,但实际业务则可以到其他任何地方,具体类型主要有离岸金融、离岸贸易等,离岸贸易就是通过这种分离大幅度降低企业国际贸易运营成本的一种经营模式。

离岸贸易从某种程度上说属于转口贸易的拓展,但随着全球化贸易出现新需求,离岸贸易也逐渐成为很多重要经济体贸易活动中主要的新型贸易方式。离岸贸易虽然与转口贸易有较大的关联,也也有明显的差异。正常情况下的离岸贸易业务发展的条件不需要依靠货运、物流等基础设施,离岸贸易的服务提供商只是作为贸易流程的管理者,对资金的流向、订单的流向以及货物的流向进行控制。离岸贸易的参与主体主要在为运营控制的贸易中间商提供商业服务的行业出现,通过构建贸易网络,降低运作成本,实现贸易便利化。

3.6.1　离岸贸易的运行机理、发展条件和发展背景

离岸贸易处于中国开放型经济新体制建设的前沿。习近平总书记在浦东开发开放 30 周年庆祝大会上的讲话提出要"增强全球资源配置能力,服务构建新发展格局"。同时,"加快构建新发展格局,要更好统筹国内国际两个市场两种资源,增强资源配置能力,提高对资金、信息、技术、人才、货物等要素配置的全球性影响力"。由此可以看出,作为全球资源配置能力重要反映方式的离岸贸易是构建新发展格局,乃至实现社会主义现代化目标的重要途径。

离岸贸易虽然是一种较为新型的贸易模式,但在近些年的发展中也逐步明确了自身的运行机理。离岸贸易运行机理的核心就是在传统国际贸易的进口商和出口商这两种角色之外,增加中间商这一角色。离岸贸易中的中间商既不要求与出口商或者进口商同处一地,也不要求承担货物运输的中转职能,这一点也是与转口贸易的明显区别。离岸贸易中的中间商主要运用信息、金融、服务等方面的优势,畅通出口商与进口商的贸易联系,帮助国际贸易顺利完成,进而实现商品资源在全球更有效的配置。离岸贸易的主角从过去传统贸易中的两个,变成了三个;甚至,离岸贸易的中间商成为最为关键的角色,图 3.6 是离岸贸易基本运行机理的示意图。离岸贸易中货物直接从出口商流动到进口商,避免了运输成本的增加,而资金则由中间商进行组织和分配,实现资源更有效的利用。

根据离岸贸易的运行机理,我们可以归纳出离岸贸易发展,或者说离岸贸易中间商发展的基本条件(见图 3.6)主要有以下三方面:一是较高的开放水平。高度的

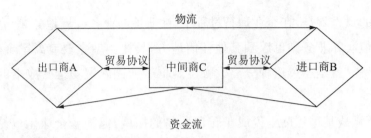

图 3.6　离岸贸易运行机理示意图

资料来源:作者根据相关资料整理绘制。

开放是发展离岸贸易的基础,离岸贸易中间商所在地的开放水平应该超过进口商和出口商之间的开放水平,这样才有利于离岸贸易中间商对进出口贸易壁垒的跨越,也有利于中间商与进出口商贸易协议的签署。二是发达的金融体系。离岸贸易中间商承担了资金流中转站的职能,在结算、融资等方面具有较高的要求。因此,发展离岸贸易离不开金融市场和金融机构的支持,发达的金融体系能大幅度提升当地离岸贸易中间商的国际竞争力。三是完善的服务产业。离岸贸易中间商不直接参与货物流通,但它之所以能够有效组织起进出口商进行国际贸易,必然是在其他服务领域具备独特的优势。在通信业、咨询业、贸易服务业等方面的综合提升,以及服务产业链的完善是离岸贸易全球资源配置能力体现的关键因素。

从发展历程来看,离岸贸易的发展虽然起源于国外,目前的主要运营地区也在国外,但中国,特别是上海也在离岸贸易的发展上有一定的基础。中国第一次离岸贸易是在上海兰生大宇有限公司发生的。该公司当时在国外有众多分支机构,具备了一定的全球信息网络。1998 年,东南亚金融危机造成韩国严重的外汇紧缺,许多韩国企业无法正常开展进出口贸易。由于当时中国贷款利率相对较低,兰生大宇公司利用位于韩国的贸易网络,从韩国接过部分贸易合同,分别与韩国销售商和泰国供货商开立信用证,建立双合同关系,成功将泰国大米在不进入中国境内的情况下销往韩国(成斐,2016)。这虽然只是一项案例,但 2000 年左右,中国确实有一批贸易中间商开始出现,他们利用保税区等条件逐步发展离岸贸易。但由于当时各方面条件不完善,离岸贸易发展存在较明显的瓶颈。这种制度上的限制在外汇管理方面体现得最为明显,根据当时中国外汇管理条例的规定:经常项目下外汇支出,应在拥有自有外汇支付或者有效单证的前提下,向相关金融机构购汇支付。但离岸贸易具有货物流、资金流、订单流三者分离的特点,从事离岸贸易的相关企业很难或者基本无法获得正常的报关单和外汇核销单,因此也不能正常购汇结汇,这大大限制了离岸贸易的进一步发展。直到 2013 年 6 月,《海关特殊监管区域外汇管理办法》正式出台,过去的《保税监管区域外汇管理办法》同时废止。新办法中,保税区内机构采取"货物流与资金流不对应的交易方式"时,外汇收支应当具有真实、合法的交易基础,银行应当按规定对交易单证的真实性及其与外汇收支的一致性进行审查,这才给离岸贸易提供了可靠的制度基础,而随后上海自由贸易试验区的成立更为离岸贸易提供了更多的制度创新,中国离岸贸易至此走上蓬勃发展的道路。

离岸贸易在全球范围内的发展是大势所趋。作为国际贸易中心的上海,以及上海自贸试验区重要创新区的临港新片区,需要充分认识到发展离岸贸易的重大意义。离岸贸易是国际贸易发展到现代的一种重要形式,也是国际贸易中心高端化水平的重要体现。发展离岸贸易能够有效地促进上海"五个中心"的目标在 2035 年前甚至更早的时间实现。

发展离岸贸易有利于提升上海国际贸易中心的地位。离岸贸易是贸易形式从进出口贸易和转口贸易等传统形式向控制全球贸易资源转变的现代化高级形式。把贸易的"货物"端放在国外,而把贸易的"服务"端放在国内,使得国内的贸易活动成为更注重服务的管理和协调。传统的国际贸易中心就将走向管理资源、协调资源乃至控制资源的国际贸易中心,这是临港新片区以及上海从普通进出口贸易地转向全球营运和管理中心的关键,也是实现上海国际贸易中心跨越式发展的关键措施。

发展离岸贸易有利于上海离岸金融的发展。上海要建设国际金融中心,离岸金融也必不可少。而离岸金融和离岸贸易是相辅相成的。离岸贸易的高水平发展将会产生大量对以离岸金融为核心的高端金融服务的需求,也会不断激发金融市场和金融机构的创新,这将为上海国际金融中心的建设提供有效助力。

发展离岸贸易有利于上海服务业的多元化。上海相比于国内其他中心城市来说,对服务业有着更高的要求。上海服务业的发展不能拘泥于传统领域,更应该与上海"五个中心"的建设相适应。离岸贸易可以带动货物运输服务、贸易融资、贸易保险、理赔、仲裁等相关服务业的发展,使得上海的服务业结构更为多元。发展离岸贸易有利于中国企业管理能力的提高。离岸贸易目前仍然以大型跨国公司为主,而未来临港新片区离岸贸易的发展必然要求更多的本土公司加入这一行业中去。通过与跨国公司的业务交流、合作和竞争,必定可以使得本土离岸贸易企业的营运能力和管理能力得到提高,而这方面能力的提高是中国企业发展十分重要的领域。

3.6.2　国内外离岸贸易的发展经验

离岸贸易在国际上已经流行多年,全球范围内多个国际贸易中心都逐步形成了它们的离岸贸易业务。香港、新加坡、纽约、伦敦等较为著名的国际离岸贸易中心的离岸贸易额都达到了较高的水平,它们的经验可以为临港新片区乃至上海发展离岸贸易提供有益的借鉴。

对中国影响最大的国际离岸贸易中心就是中国香港。20 世纪 90 年代以后,随着香港劳动力成本的快速上升和内地港口设施、开放体制的逐步完善,香港从事转口贸易在设施、成本、制度等方面的比较优势大幅减少,因此香港国际贸易的重心逐渐从转口贸易转向了离岸贸易。香港离岸贸易额从 1988 年的 1 377 亿港元增长到 2016 年的 42 439 亿港元,平均增速超过了 13%。香港发展离岸贸易主要有两项环境特点:一是香港贸易主体中枢的定位清晰。香港特别行政区政府无论是改善营商环境,提供更透明、更健全的法制体系和政策规范,还是不断提升政府工作效率,都围绕国际贸易的相关要求展开,吸引了大量跨国公司总部的入驻,为离岸贸易发展提供了巨大优势。二是香港的经济自由氛围。全面开放的企业制度和自由贸易的一贯传承都让香港被全世界公认为最开放、最具备外向型特点的贸易中心之一,这也为香港大规模发展离岸贸易提供了重要基础(汤世强,2010)。

香港的离岸贸易发展也为香港国际贸易中心地位的提升作出了重要贡献。离岸贸易增强了香港对国际贸易的影响力。香港的离岸贸易量已经大幅超过转口贸易,但其中没有在香港清关的货物并不在贸易统计数据之中,如果纳入离岸贸易的全部统计,香港的贸易统计排名还将提升。同时香港利用离岸贸易逐步构建了全球贸易网络,实现了全球运营的更高价值。离岸贸易提升了香港总部经济的凝聚力。离岸贸易中心也会成为营销网络中心,这对于服务行业的跨国公司而言尤为重要,香港通过发展离岸贸易吸引了大量金融、保险、地产等跨国公司的总部,与香港国际贸易中心形成了有效的互促关系。离岸贸易也推动了香港服务贸易结构的提升。离岸贸易对于交易成本的最小化有着很高的要求,由此带来供应链管理、整合的效率提升,这些导致传统服务贸易行业发生革新,新的贸易服务部门不断出现,从而推动整个服务贸易结构的提升。例如,出现了贸易展示服务、国际电子商务、国际维修服务等新的服务形式,这也使得香港国际贸易中心的软实力得到了提升。

其他主要的离岸贸易中心也与当地国际贸易中心的建设相辅相成、共同发展,但也都具备了自身国家和地域的优势与特点。新加坡离岸贸易的发展特点主要是政府的高质量参与和高效率服务。新加坡政府推出了"特许石油贸易商"(AOT)和"特许国际贸易商"(AIT)计划,给予部分企业以额外的激励。新加坡政府还设立国际企业局这一专门机构,服务指导包括离岸贸易在内的多种经济活动,为企业融资、寻找海外合作伙伴以及提升自身竞争力提供帮助。纽约离岸贸易的发展除了依托其强大的国际金融重点地位外,还依靠发达的信息网络技术。纽约作为国际重要的信息枢纽,给离岸贸易中信息流、资金流和物流三者分开的需求提供了很好的保障,使得一般情况下难以实现的贸易也能够实现,离岸贸易乃至链服务都得到了快速增长(汤世强,2010)。

国内对于离岸贸易的重视程度也不断提高,更多的地区加入发展离岸贸易的行列中来。

珠三角是中国对外开放的重要阵地。《中国(广东)自由贸易试验区总体方案》中提出,要探索自贸试验区与港澳联动发展离岸贸易,作为推动贸易转型和升级、打造与国际接轨营商环境的重要突破口。当前广东自贸试验区虽然发展迅速,但离岸贸易在其中的作用还不够明显,从国际大趋势和广东参与粤港澳大湾区的要求来看,发展离岸贸易应该得到更多重视。广东特别是珠三角地区也充分认识到这一点,在过往离岸贸易的基础上,以自贸试验区建设为契机,在多领域加快改革和创新步伐,实现离岸贸易的新发展(杨广丽,2015)。一是突破外汇管理制约,为离岸贸易开辟"绿通道"。广东积极向中国人民银行争取政策支持,允许开设离岸贸易的相关账户,在通过对合理凭证进行核查以保障真实性的基础上,尽可能提供便利化、快捷化的监管流程。二是调整部分税收政策,提升离岸贸易吸引力。通过制定广东自贸试验区在离岸业务方面独特的税收政策,建立与国际接轨的税收征管机制,吸引国外金融机构来支持离岸贸易的发展。三是构建离岸金融市场,提供离岸贸易的催化剂。主要通过人民币与外币账户管理模式的创新,提高资金融通和结算的便利化程度,方便离岸贸易企业更顺畅地开展业务。而这也能为人民币国际化作出贡献。四是保持政策监管强度,保障离岸贸易的总体安全性。简化的手续不代表放松的手续,离岸贸易涉及领域广、资金活动多,广东自贸试验区的商务、海关、外汇管理等部门将通过大数据、共享平台等技术形式形成信息互通的监管系统,化解可能的系统性风险,保障离岸贸易的平稳发展。

长三角地区的宁波是中国重要的开放口岸,是"海上丝绸之路"的起点之一,被认为在唐宋时期一直是中国三大对外贸易港之一。宁波除了港口发达,其大量的海外旅居人士也是宁波发展的重要优势,长期与世界各地的紧密联系是其发展离岸贸易和离岸金融的基本保障。宁波区位上是浙东交通枢纽,陆、海、空、水立体交通发展迅速,尤以有"东方大港"之称的北仑港称誉国内外。经济上,宁波已经进入万亿 GDP 俱乐部,2020 年前三季度 GDP 排全国第 12 位,是浙江省乃至全国的经济重点城市。特别值得注意的是,宁波还具有民营经济的体制优势。民营资本在宁波经济中的比重很高,民营经济灵活性、创新性、敢闯性的特点在宁波有明显的体现,这对于宁波变通政策措施、发展离岸贸易这一新的贸易形式,具有十分重要的意义。宁波的离岸贸易发展:一是以特色产业为基础,着力引进跨国企业总部。通过引进跨国公司的结算中心实现离岸贸易的基本运行,然后逐渐引进设计和研发中心,实现离岸贸易的深度发展。二是成立政府和企业合作的发展团队。宁波以对外贸易经济合作局为主要牵头部门,与跨国公司以及与之有业务往来的企业进行密切合作,通过一系列优惠政策吸引跨国公司的入驻。三是从政策上提升吸引力。宁波将制定关于离岸贸易和跨国公司入驻的针对性政策,保障企业在宁波进行离岸贸易的经营环境和经营信心,实现离岸贸易的稳步发展(黄文军,2012)。

3.6.3 上海离岸贸易发展的现状和存在的问题

由于临港新片区成立时间不长,目前上海离岸贸易的主体部分基本存在于外高桥保税区等区域。外高桥保税区等区域的大量跨国公司普遍具有开展离岸业务的需求和能力。保税区内 6 500 多家企业中,开展进出口贸易业务的有 3 220 多家,其中有不少企业正在筹备或已经不同程度地参与了离岸贸易的相关活动,特别是上海的 140 家跨国公司运营中心的离岸贸易活动十分活跃。研究显示,目前在外高桥保税区,企业已进行的离岸贸易业务已不仅仅是传统意义上的离岸贸易业务模式,实际上较大的业务是在境内外贸易中发挥离岸贸易功能的作用。根据上海离岸贸易的实践情况,以及理论上离岸程度的差异,可以把上海当前的离岸贸易业务划分为纯离岸交易方式和准离岸交易方式两种情况(黄新祥,2012)。

纯离岸交易方式也可以被认为是传统意义上的离岸贸易形式,主要是以上海保税区企业作为贸易服务的提供商,分别与出口地的出口商和进口地的进口商签订贸易合约,实际商品并不进入上海,而是由出口地直接运输到进口地进行交付,但单据文件的押汇或托收由上海本地的贸易服务提供商处理,上海外高桥保税区等区域仅作为资金流、订单流、货物流管理中心贸易形式。这种离岸交易形式根据具体业务流程,还能进一步划分为三国两地模式与两国三地模式等不同交易类型。

准离岸交易方式对于上海这样拥有广阔腹地、与国际市场联系紧密的城市而言,实际的货物流可能更多发生在境内外之间。也就是说,上海所要发展的离岸贸易实际上是开拓离岸贸易的功能,而非强调纯粹的离岸概念。这种离岸贸易操作方式以上海外高桥或其他保税区内的企业作为贸易服务提供商,分别与中国本土出口商和国外进口商签订贸易合约,货物由国内出口地直接运输到国外进口地交付,但单据文件押汇或托收仍然由上海本地的贸易服务提供商处理的离岸贸易形式。

上海的离岸贸易虽然已经有了多种形式,但仍然发展得很不充分,还具有较大的提升空间,主要问题体现在三个方面。

一是管理水平相对较低。上海尚未建立起离岸贸易方式的统计指标体系,表明上海经济中离岸贸易仍处于无足轻重的地位,对上海城市功能建设的重要意义还没有足够重视。现行企业运作(政府监管)管理规则包括在公司运作、制度、信息公开等方面,都与大多数的离岸注册地有明显差别。

二是发展基础不够牢固。发展离岸贸易需要扎实的国际贸易基础,要求有大量的贸易、金融和服务机构的集聚,特别是国际大型业务控制中心的集聚。从这几个方面的情况来看,上海随着"五个中心"建设的推进已经具备了一定的基础,但要达到规模化离岸贸易的水平还有明显的提升空间,即使是上海的保税区目前也难以形成离岸贸易的规模化发展。离岸贸易的另一项基础就是适合自由贸易的法规制度,虽然上海保税区历史不短,上海自贸试验区也成立了多年,但从离岸贸易所需要自由港的要求来看,政策制度条件还不够充分,对于规模化离岸贸易的支撑也同样有所欠缺。

三是发展信心有所不足。上海"五个中心"建设起步不久,相关目标和成效还不够明显,其中国际金融中心所需要的金融开放度还不能对离岸贸易发展的基本各项条件形成有力的支撑作用,发展离岸贸易所需要的金融离岸化运作机制还不够完善。由于以上种种方面条件的限制,在企业等市场主体中,还较多地存在对离岸贸易发展信心不足的情况。

3.6.4　临港新片区离岸贸易的发展建议

《中国(上海)自由贸易试验区临港新片区总体方案》(以下简称《方案》)提出,到 2025 年,临港新片区要建立比较成熟的投资贸易自由化便利化制度体系,到 2035 年,形成更加成熟定型的制度成果,打造全球高端资源要素配置的核心功能,成为中国深度融入经济全球化的重要载体。离岸贸易是实现这种高端资源要素配置功能的主要手段之一。而临港新片区要发展好离岸贸易还需要从多方面努力，本小节主要从两个方面提出临港新片区离岸贸易的发展建议。

第一，明确离岸贸易的功能定位，构建离岸贸易发展目标体系。临港新片区离岸贸易的地位离不开上海国际贸易中心的发展。当今国际贸易中心越来越多地体现综合资源配置的要求，离岸贸易发展水平也是上海国际贸易中心资源配置能力的重要组成部分。因此，应该把离岸贸易的功能定位纳入上海国际贸易中心的发展目标体系中去，推动上海国际贸易中心形成先进制造和服务引领的全球贸易网络，实现上海国际贸易中心以及临港新片区离岸贸易的现代化转型。从离岸贸易的发展视角来看，《方案》的文本中要求临港新片区"发展新型国际贸易，吸引总部型机构集聚"，而所谓新型国际贸易，本质上就是离岸贸易。要以离岸贸易为抓手，做实跨国公司地区总部的全球资源配置功能。

具体来说，一是强化核心资源的集聚功能。临港新片区离岸贸易的发展可以进一步强化上海国际贸易中心的核心资源集聚功能。其中包括贸易要素的区域集聚、贸易产业的功能集聚、贸易企业的生态集聚和贸易人才的优化集聚四个方面。通过在临港新片区以及浦东其他地区形成多个贸易要素集聚地，把现代物流、跨国采购、服务外包等贸易相关产业集聚到一起。以此为基础，既吸引国外贸易企业，也培养具有国际竞争力的国内贸易企业，强化中国对产业链上游的整合能力，促进国内大循环的畅通，增强在国际离岸贸易中的话语权。而企业的集聚也需要带来人才的集聚，充分利用中国人才培育的优势，提升国际贸易人才中国内人员的比例，构建对离岸贸易和国际贸易中心建设的重要保障。二是提升全球营运和控制功能。离岸贸易由于自身发展的特点，对于贸易营运和控制有着较高的要求，而这一部分的功能也是临港新片区乃至上海国际贸易中心发展的重点。要充分利用临港新片区作为突破口，进行贸易格局的转型，逐步打造贸易资源配置、贸易营运与控制、贸易关系协调中心等高端功能。这类功能的提升有利于临港新片区和上海对国内外大型企业营业总部、采购中心、研发中心和市场营销中心的转移，也有利于上海国际贸易中心地位在多维度上的实现。三是把离岸金融等高端金融服务纳入离岸贸易发展目标体系。更全面的离岸贸易目标体系有助于让临港新片区离岸贸易的发展基础更为坚实，以离岸贸易为结合点，推动上海国际贸易中心和上海国际金融中心的深度联动也是离岸贸易功能中不可或缺的组成部分。

第二，密切离岸贸易与离岸金融的联系，以金融提升促进贸易发展。离岸贸易的发展离不开相对应的金融服务体系，提升离岸金融等相关金融服务水平是实现临港新片区离岸贸易发展的重要途径。除了前面提到的将离岸金融纳入功能定位的目标体系之外,进一步发挥金融对离岸贸易的促进作用,其中最值得关注的就是外汇管理领域。应该建立与临港新片区离岸贸易相适应的外汇管理体制,进一步提升离岸贸易结算的便利性。《中国(上海)自由贸易试验区总体方案》在人民币资本项目可兑换、人民币跨境使用等领域提出了进一步探索的要求,也提出要通过外汇管理体制与自由贸易试验区的新形势相适应的共同创新来全面实现贸易投资便利化。这些内容都为外汇管理体制改革提供了重要依据。从离岸贸易的实践出发,应该不断扩大可设立离岸贸易专用账户的企业范围。降低试点企业注册资本的准入门槛,让更多企业包括中小型企业参与离岸贸易。此外,逐步赋予参与企业在融资、理财等方面更多的金融权利。而在监管上,走明确统一的创新之路,借鉴国外先进经验,把离岸贸易公司、离岸贸易种类、离岸贸易收入和离岸贸易金额等方面的认定工作统一由一个部门,例如上海商务委员会来进行,实行统一的认证制度,既能够降低企业的认证成本,也能够便于对离岸贸易真实性的统一核查。也可以根据大数据、互联网等新技术的发展而取消部分过去常用的单据。在保障合法性的基础上,通过精简材料减少企业在离岸贸易过程中不必要的单据准备。此外,在离岸贸易专用专户的开放度上进行一定的提升,容许离岸贸易专用账户资金与在岸账户资金之间自由流动,提升企业的资金使用效率,使得更大规模的离岸贸易订单处理和结算能够顺利进行,为吸引更多离岸贸易企业在临港新片区进行离岸贸易结算提供条件。应该把握浦东开发再启程的机遇,努力实现外汇结算资金账户在进行离岸贸易时与一般资金账户之间的充分流动,以更明确的保值和增值服务突出上海金融体系对离岸贸易的支撑作用。

第4章
上海自由贸易试验区临港新片区的开放型产业体系

在全球贸易关系复杂交织、全球化进程受阻和贸易保护主义抬头的国际形势下,在当前中国推进产业结构转型升级以及挖掘改革开放动力遭遇瓶颈的背景下,为了打破制度性瓶颈和障碍,解决创新功能不足等问题,并且进一步深化改革、扩大开放,2019年8月国家设立了上海自贸试验区临港新片区(下称"临港新片区")。与上海自贸试验区其他片区相比,临港新片区具有明确的更高定位,即要打造"更具国际市场影响力和竞争力的特殊经济功能区",并且更加突出产业发展,特别强调要聚焦集成电路、人工智能、生物医药、民用航空等重点产业的发展,力求整体提升区域产业能级。总体上,临港地区的产业打造进入了一个新时期。

4.1 以关键核心技术为突破口的前沿产业集群发展路径

4.1.1 集成电路产业

集成电路(integrated circuit,简称IC)是20世纪50年代后期至60年代发展起来的一种新型半导体器件,其发明者为杰克·基尔比[Jack Kilby,基于锗(Ge)的集成电路]和罗伯特·诺伊思[Robert Noyle,基于硅(Si)的集成电路]。所谓集成电路,就是通过采用氧化、光刻、扩散、外延、蒸铝等半导体制造工艺,把电路中所需的晶体管、电阻、电容和电感等元件及布线互连在一起,制作在一小块或几小块半导体晶片或介质基片上,然后封装在管壳内,形成具有一定电路功能的微型结构。集成电路技术主要包括芯片设计与制造技术,主要体现在设计创新、加工设备、加工工艺、封装测试以及批量生产能力上。当前,半导体工业大多数应用的是基于硅的集成电路。

1. 中国集成电路产业发展现状

集成电路行业主要包括集成电路设计、集成电路制造和集成电路封装三个领域。集成电路作为全球信息产业的核心和基础,在产业资本驱动下,其已逐渐成为衡量一个国家或地区综合竞争力的重要标志和地区经济的"晴雨表"。对于中国而言,集成电路产业是国民经济和社会发展的战略性、基础性和先导性产业,是培育发展战略性新兴产业、推动信息化和工业化深度融合的核心与基础,是调整经济发展方式调整、产业结构和保障国家信息安全的重要支撑。发展集成电路产业既是信息技术产业发展的内部动力,也是工业转型升级的内部动力,同时还是市场激烈竞争的外部压力,已上升为国家战略。近年来,为推动集成电路产业发展,国家出台了一系列相关政策措施(表 4.1),对集成电路产业发展给予了高度重视和大力支持,有力促进了中国本土集成电路产业及其专用设备行业的快速发展。

表 4.1　2000 年以来中国集成电路产业相关重要政策

时　　间	相关机构	政策名称	相关要点
2000.06	国务院	《国务院关于鼓励软件产业和集成电路产业发展的若干政策的通知》	推动中国软件产业和集成电路产业的发展,增强信息产业创新能力和国际竞争力,带动传统产业改造和产品升级换代,进一步促进国民经济持续、快速、健康发展
2008.01	国家信息产业部	《集成电路产业"十一五"专项规划》	"十一五"期间,大力发展集成电路产业,尽快建立一个自主创新能力不断提高、产业规模不断扩大的产业体系,对于保障信息安全、经济安全,增强国防实力,以及推动社会进步,提高人民生活水平,具有极其重要的战略意义和现实意义
2011.01	国务院	《进一步鼓励软件产业和集成电路产业发展的若干政策》	从财税、投融资、研究开发、进出口、人才、知识产权、市场等方面支持集成电路的发展。进一步优化中国软件产业和集成电路产业发展环境
2012.02	国家工信部	《集成电路产业"十二五"发展规划》	到"十二五"末,产业规模再翻一番以上,关键核心技术和产品取得突破性进展,结构调整取得明显成效,产业链进一步完善,形成一批具有国际竞争力的企业,基本建立以企业为主体的产学研用相结合的技术创新体系
2014.06	国务院	《国家集成电路产业发展推进纲要》	到 2020 年,集成电路产业与国际先进水平的差距逐步缩小,全行业销售收入年均增速超过 20%;到 2030 年,集成电路产业链主要环节达到国际先进水平,一批企业进入国际第一梯队,实现跨越式发展
2015.02	国家税务总局、国家发改委、工信部	《关于进一步鼓励集成电路产业发展企业所得税政策的通知》	集成电路封装、测试企业以及集成电路关键专用材料生产企业、集成电路专用设备生产企业,根据不同条件可以享受有关企业所得税减免政策,再次从税收政策上支持集成电路行业的发展

（续表）

时　间	相关机构	政策名称	相关要点
2016.05	国家发改委、财政部、工信部	《关于软件和集成电路产业企业所得税优惠政策有关问题的通知》	明确了集成电路生产企业、集成电路设计企业、软件企业、国家规划布局内的重点软件企业和集成电路设计企业的税收优惠资格认定等非行政许可审批已经取消。按照《关于进一步鼓励软件产业和集成电路产业发展企业所得税政策的通知》规定企业所得税优惠政策减免条件，再次从税收优惠政策上支持集成电路发展
2016.07	中共中央办公厅、国务院办公厅	《国家信息化发展战略纲要》	构建先进技术体系。制定国家信息领域核心技术设备发展战略纲要，以体系化思维弥补单点弱势，打造国际先进、安全可控的核心技术体系，带动集成电路、基础软件、核心元器件等薄弱环节实现根本性突破
2016.08	国务院	《关于印发"十三五"国家科技创新规划的通知》	大规模集成电路制造装备及成套工艺。攻克14纳米刻蚀设备、薄膜设备、掺杂设备等高端制造装备及零部件，突破28纳米浸没式光刻机及核心部件，研制300毫米硅片等关键材料，研发14纳米逻辑与存储芯片成套工艺及相应系统封测技术，开展75纳米关键技术研究，形成28—14纳米装备、材料、工艺、封测等较完整的产业链，整体创新能力进入世界先进列
2016.08	国家质检总局、国家标准委、工信部	《关于装备制造业标准化和质量提升规划》	加快完善集成电路标准体系，推进高密度封装、三维微组装、处理器、高端存储器、网络安全、信息通信网络等领域集成电路重大创新技术标准制度修订，开展集成电路设计平台、IP核等方面的标准研究
2016.11	国务院	《关于"十三五"国家战略性新兴产业发展规划的通知》	启动集成电路重大生产力布局规划工程，实施一批带动作用强的项目，推动产业能力实现快速跃升。加快先进制造工艺、存储器、特色工艺等生产线建设，提升安全可靠CPU、数模/模数转换芯片、数字信号处理芯片等关键产品设计开发能力和应用水平，推动封装测试、关键装备和材料等产业快速发展。支持提高代工企业及第三方IP核企业的服务水平，支持设计企业与制造企业协同创新，推动重点环节提高产业集中度。推动半导体显示产业链协同创新
2016.12	国务院	《关于"十三五"国家信息化规划的通知》	大力推进集成电路创新突破。加大面向新型计算、5G、智能制造、工业互联网、物联网的芯片设计研发部署，推动32/28纳米、16/14纳米工艺生产线建设，加快10/7纳米工艺技术研究，大力发展芯片级封装、圆片级封装、硅通孔和三维封装等研发和产业化进程，突破电子设计自动化（EDA）软件

（续表）

时　间	相关机构	政策名称	相关要点
2017.01	国家工信部、国家发改委	《信息产业发展指南》	一是加强集成电路产业发展的顶层设计、统筹协调，围绕重大市场需求，加强产业链上下游资源的组织协调，推动重大生产力布局建设，做强产业关键环节，补齐产业薄弱环节；二是推动产业资本与金融资本协同，加大金融支持力度，按照产业链部署创新链，依据创新链部署资金链，加强产业资本与金融资本协作，形成发展合力；三是加快提升以企业为主体的创新能力，统筹利用各类基金渠道，突破关键核心技术和重大产品，提升企业发展能力。建设集成电路创新中心，搭建共性关键技术平台，加强标准与知识产权工作；四是继续贯彻落实国发[2000]18 号、国发[2011]4 号等产业政策，保持政策的延续性；五是引导集成电路企业的兼并重组和资源整合，鼓励企业"走出去"，大力吸引国（境）外资金、技术和人才，提高创新发展起点
2017.04	国家科技部	《国家高新技术产业开发区"十三五"发展规划》	优化产业结构，推进集成电路及专用装备关键核心技术的突破和应用
2018.03	国家财政部、税务总局、国家发改委、工信部	《关于集成电路生产企业有关企业所得税政策问题的通知》	2018 年 1 月 1 日后投资新设的集成电路线宽小于 130 纳米，且经营期在 10 年以上的集成电路生产企业或项目，第一年至第二年免征企业所得税，第三年至第五年按照 25％的法定税率减半征收企业所得税，并享受至期满为止
2020.08	国务院	《新时期促进集成电路产业和软件产业高质量发展若干政策》	推进集成电路产业和软件产业集聚发展，支持信息技术服务产业集群、集成电路产业集群建设，支持软件产业园区特色化、高端化发展。支持集成电路和软件领域的骨干企业、科研院所、高校等创新主体建设以专业化众创空间为代表的各类专业化创新服务机构，优化配置技术、装备、资本、市场等创新资源，按照市场机制提供聚焦集成电路和软件领域的专业化服务，实现大中小企业融通发展

资料来源：根据国家相关政府机构官网及中经网资料整理。

（1）全球及中国集成电路产业销售规模。

从全球及中国集成电路产业销售情况（图 4.1）可以看出，2010 年以来全球半导体及中国集成电路产业销售规模总体上均呈现增长趋势。依据近年来的发展情况，半导体产业销售规模中 80％来自集成电路产业。就中国集成电路产业发展而言，受国家政策的驱动，中国半导体产业自 2014 年开始进入加速发展期。2018 年，中国集成电路产业在经受贸易单边主义冲击的情况下,仍保持20%以上的增长速度,全年销售额达到6 532亿元,同比增长20.7%,2014—2018年集成电路产业销售额年均复合增速达到21.32%。即使2019年受外部贸易环境恶化的影响,宏观经济下行压力进一步加大,中国集成电路产业销售额增速仍达到15.8%,销售规模达到7562.3亿元。尽管如此,从全球层面来看,中国集成电路产业销售规模占全球集成电路产业的销售规模比重尚且不高,存在较大的增长空间。

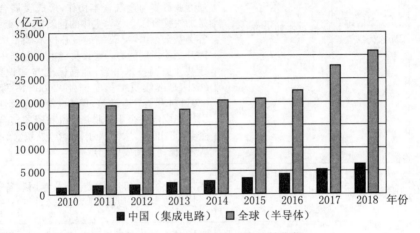

图4.1　全球及中国集成电路销售额

注:全球半导体销售额数据按照历年美元兑人民币平均汇率计算。
资料来源:中国半导体行业协会(CSIA)、美国半导体行业协会(SIA)。

(2) 中国集成电路产业结构变化。

从中国集成电路各环节产业结构变化(图4.2)来看,随着中国集成电路产业发展,集成电路设计、芯片制造和封装测试产业均保持高速增长态势,并且集成电路设计在集成电路产业中的规模比重逐渐增加,成为集成电路主导市场。中国半导体行业协会(CSIA)数据显示:2019年中国集成电路设计产业规模为3 063.5亿元,芯片制造产业规模为2 149.1亿元,封装测试产业规模则为2 349.7亿元。集成电路设计产业规模在集成电路产业中所占比重持续上涨也表明,中国集成电路产业正从芯片制造和封装测试向集成电路设计发力,不断向核心技术迈进。此外,集成电路制造业能力不足也值得重视,缺少核心技术是横亘在中国半导体产业发展进程中的一大问题。

(3) 中国集成电路产业外贸规模。

从中国集成电路产业进出口规模可以看出(图4.3),2010年以来,无论集成电路产业进口规模还是出口规模总体上都表现为上升趋势,但是由于集成电路进口

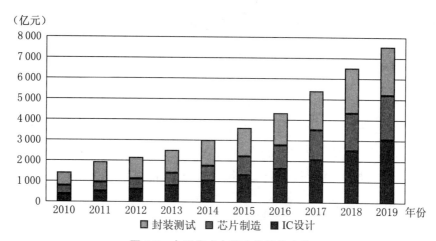

图 4.2 中国集成电路产业结构变化

资料来源：中国半导体行业协会（CSIA）。

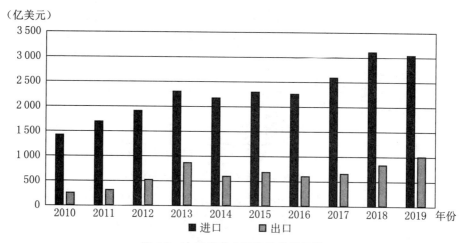

图 4.3 中国集成电路产业外贸规模

资料来源：中国半导体行业协会（CSIA）、世界半导体贸易统计协会（WSTS）。

规模长期处于高位而出口规模较低，中国集成电路产业长期存在较大的外贸逆差。另外，2013 年开始中国集成电路产业进口规模超过 2 000 亿美元，2018 年集成电路进口规模超过 3 000 亿美元，其贸易逆差突破 2 000 亿美元大关，集成电路进口金额不但超过石油进口规模，其产品也是中国单一最大宗商品。这说明，中国 IT 终端产业不但需要大量的集成电路，也仍是世界最大的集成电路产品消费市场。

从 2019 年全球半导体行业市场规模情况可以看出（图 4.4），美国半导体行业的市场规模占全球市场规模的比重达 47%；其次为韩国，占比为 19%；日本和欧洲的占比均为 10%，中国台湾和中国大陆的占比分别为 6% 和 5%，美国全球半导体行业在市场中处于绝对领先地位，相比之下，中国还存在不小的差距。总体上，尽管国内半导体市场广阔、发展迅速,但在集成电路进口额节节高升的背后,是半导体对外依赖程度高、自给率低下的残酷现实。

目前,中国的半导体行业市场规模约为全球一成,而市场需求却接近全球1/3,集成电路发展空间巨大。中国半导体产业经过多年的发展,有成果但与美国、韩国相比仍有不小差距。集成电路生产仍落后于市场的需求,供需之间的错配造成核心集成电路的国产芯片占有率低的现象将在未来一段时期内长期存在。这对于国家安全和电子产业的发展而言都是非常不利的,因此,做大做强集成电路产业、提高芯片自给率迫在眉睫。

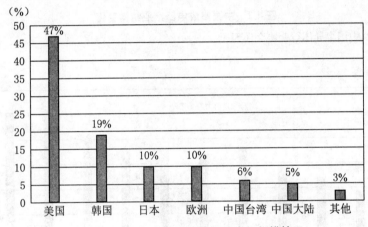

图 4.4　2019 年全球半导体行业市场规模情况

资料来源:中国半导体行业协会(CSIA)、美国半导体行业协会(SIA)、世界半导体贸易统计协会(WSTS)。

(5) 中国半导体产业主要区域分布。

在国家大力推动和扶持下,中国多地区积极发展半导体产业,将其作为促进本地经济转型、产业升级的重要支撑,并陆续出台各项支持政策、设立产业基金等促进半导体产业发展。目前,中国半导体产业已形成以江苏省、上海市为中心的长三角、以深圳市为中心的珠三角、以北京市为中心的环渤海以及以武汉市、长沙市、成都市、西安市等为代表的中西部四大产业集群区,四大区域发展各具特色。具体见表 4.2。

(6) 主要区域集成电路设计产业营收情况。

表 4.3 体现了中国主要区域集成电路设计产业营收情况。集成电路设计产业是集成电路产业发展的核心产业之一,一直受到中国行业的高度重视。可以发现,2017—2018 年,长三角地区、珠三角地区、京津冀地区和中西部地区四个区域中珠

表 4.2　中国半导体产业区域分布

区　域	特　　　征	典型城市（地区）
长三角	1. 已形成较完整的产业链，成为中国集成电路产业发展的重要基地 2. 区域上以江苏省、上海市最为集中，2018 年两省市集成电路产业销售规模占全国比重达到 51.7%	**上海**：已基本形成了开发、设计、芯片制造、封装测试以及服务业在内的产业链结构 **无锡**：被称为中国集成电路产业人才的"黄埔军校"，作为国家微电子产业南方基地，现已基本形成了包括设计、制造、封测、材料、设备等较为完善的集成电路产业链 **苏州**：集成电路产业地位在全国居前五位，排在上海、无锡、深圳和北京之后，在江苏省内仅次于无锡 **南京**：江苏省集成电路产业的重镇，拥有台积电和紫光集团以及 ARM、Synopsys、中感微、华大九天、晶门科技等龙头和引领性企业
珠三角	以深圳为核心，包括广州、珠海，以集成电路设计产值最高，2018 年集成电路设计产业规模达 907.5 亿元，同比增长 31.99%	**广州**：打造全国集成电路产业集聚区、人才汇聚地、创新示范区 **深圳**：2018 年集成电路设计业规模达到 758.7 亿元，占全国比重 29.44%，居全国之首
京津冀	1. 形成了"北（海淀）设计，南（亦庄）制造，京津冀协同发展"的半导体产业空间布局 2. 创新创业生态不断完善，集聚了一批协会联盟和创新载体，清华、北大、中科院等科研院所源源不断地提供技术和人才支撑	**北京**：打造第三代半导体创新创业集聚区。2018 年集成电路产量全国占比达 7.9% **天津**：定位于北方集成电路产业引领示范城市 **石家庄**：打造全国领先的专用集成电路设计制造基地
中西部	逐渐成为国内不可忽视的半导体产业集聚区，以武汉、长沙、成都、西安等为代表的城市集成电路发展势头迅猛	**湖北省**：基本形成了以武汉为中心，以存储器为重点，以长江存储为龙头，涵盖设计、制造、封测、材料、设备等相对完整的集成电路产业链，并拥有如长江存储、光迅科技、台基股份等一批有实力的特色企业 **湖南省**：初步形成长沙经济开发区、长沙高新区以及株洲中车三大产业集聚区 **四川省**：以成都市为集聚区形成了集集成电路设计、晶圆制造、封装测试于一体较为完整的产业链 **陕西省**：西安市的半导体产业发展从 2012 年引进三星电子存储芯片项目开始跃进，西安三星半导体项目带动了上百家配套企业入驻，形成了从原材料和设备的研发生产，到设计、制造、封测及系统应用的完整产业链

资料来源：高工产业研究院（GGII）。

三角区域占比最高，领跑中国集成电路设计产业发展，其次是长三角地区。四大区域中京津冀地区 2017—2018 年集成电路设计产业营收增速最快，而中西部地区是四大区域中唯一出现负增长的区域。尽管如此，武汉市 2018 年集成电路设计产业营收增速位居全国第三位，为 17.28%。

表 4.3 中国主要区域集成电路设计产业营收情况

区 域	城市	2017 年(亿元)	2018 年(亿元)	2018 年增速(%)
长三角	上海	276.91	480	27.35
	杭州	75.11	118.34	57.56
	无锡	95	110	15.79
	苏州	40	45	12.50
	南京	50	66	32.00
	合肥	24.67	24.74	0.28
	小计	661.69	844.08	27.56
珠三角	深圳	579.17	758.7	31.00
	珠海	46	60	30.43
	香港	15.2	35.4	132.89
	福州	15.13	18.06	19.37
	厦门	32	35.3	10.31
	小计	687.5	907.46	31.99
京津冀	北京	365	550	50.68
	天津	19.01	24.96	31.30
	大连	7.99	12.11	51.56
	济南	11.45	11.6	1.31
	小计	403.45	598.67	48.39
中西部	成都	46.7	57.4	22.91
	西安	77.16	76.14	−1.32
	武汉	33	51.04	54.67
	重庆	9.48	9.17	−3.27
	长沙	27	33	22.22
	小计	193.34	226.75	17.28
合 计	—	1 945.98	2 576.96	32.42

资料来源:中国半导体协会。

2. 上海集成电路产业发展现状

集成电路是新一代信息技术的核心和基础,也是上海推进产业高端化发展、实现高质量发展的重点布局产业。作为中国集成电路主要龙头城市之一,上海见证了中国内地第一条 8 英寸生产线、第一条完全由国资控股的 12 英寸生产线、国内第一家集成电路上市公司的诞生,在中国集成电路产业中的地位举足轻重。

(1)上海及全国主要省市集成电路产业基金规模。

从 2016 年中国地方政府集成电路产业基金规模(图 4.5)可以看出,上海市集成电路产业基金规模位居中国前列,上海市对集成电路发展的重视程度是其成为中国集成电路产业发展龙头城市的重要因素。随着 2014 年《国家集成电路产业发展推进纲要》的出台,中国各地区发展集成电路的热情持续高涨,不同省市出台一系列鼓励政策,如上海、南京、安徽、福建、重庆和成都等地都纷纷推出集成电路产业发展基金,以推动当地集成电路产业的发展。就上海市而言,2016 年上海市集成电路产业基金成立,目标规模为 500 亿元,基金采"3+1+1"格局设立三个行业基金,即 100 亿元设计业并购基金、100 亿元装备材料业基金、300 亿元制造业基金,推动了上海集成电路产业规模不断增长。总体上,近年来受国际贸易不确定性增加与贸易保护主义盛行,以及中国半导体产业核心技术缺位等国际国内因素影响,全国各地区集成电路产业发展基金规模也呈现出持续扩大态势,如 2017 年安徽、无锡和昆山等省市又分别设立了 300 亿元、200 亿元和 100 亿元集成电路发展基金。

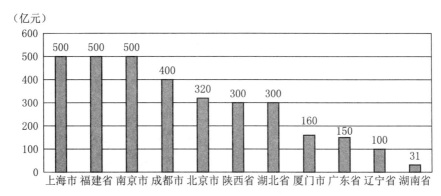

图 4.5　2016 年中国地方政府集成电路产业基金规模情况

资料来源:中国半导体行业协会(CSIA)、前瞻产业研究院。

（2）上海市集成电路产业区域分布。

如图 4.6 所示,上海的集成电路产业发展已经形成"一核多极"的空间分布格局,即以浦东新区为核心,以嘉定区、杨浦区、青浦区、松江区、金山区、漕泾河开发区和临港地区为辅。上海市经信委数据显示,2019 年上海市集成电路产业近 2/3 的产值来自张江高科技园区,营收约为 1 045 亿元,占整个上海的 61%。上海集成电路企业主要涉及芯片设计、芯片制造、设备材料、封装测试等领域,基本形成比较完善的产业链。芯片设计主要集中在浦东区、杨浦区、嘉定区和漕泾河开发区,而芯片制造则主要集中在浦东新区、松江区、嘉定区及临港等地。近年来,临港新片区集成电路发展也在逐步发力,成为各企业落地的热门选项。

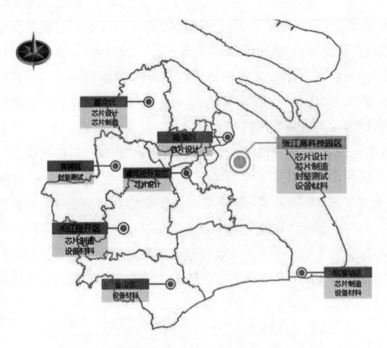

图 4.6　上海集成电路产业分布情况

资料来源：中商产业研究院、临港新业坊公开资料。

另外，根据上海市集成电路行业协会发布的《2018 年上海集成电路产业白皮书》，截至 2017 年年底，浦东集成电路单位数量达到 279 家，从业人数超过 6.47 万人，均占上海市半壁江山。其中，张江高科技园区行业增长较为明显，单位数量增至 197 家，从业人数增加到超过 4.59 万人，集成电路产业的集中度进一步提升。

（3）上海市集成电路产业销售情况。

从上海市集成电路产业销售规模情况（图 4.7）可以看出，2015—2019 年上海市集成电路产业销售规模表现为持续增长态势，从 2015 年的 950.15 亿元增长到 2019 年的 1 706.56 亿元，增长速度连续五年实现两位数增长。从上海与全国集成电路产业销售规模对比来看，尽管 2015—2019 年上海集成电路产业销售规模占全国比重有所下降，但 2019 年依然占到全国集成电路产业销售规模比重的 22.57％。这说明，随着上海集成电路产业规模的增长，国内其他地区集成电路产业也得到了不同程度的发展，中国集成电路产业进一步壮大。

3. 临港新片区集成电路产业概况

上海自贸试验区临港新片区作为新时期上海深化改革开放的产业战略承载地，是上海提高城市发展能级的重要支点。为促进上海自贸试验区临港新片区产业发展，着力打造世界级前沿产业集群，提升科技创新和产业融合能力，加快存量

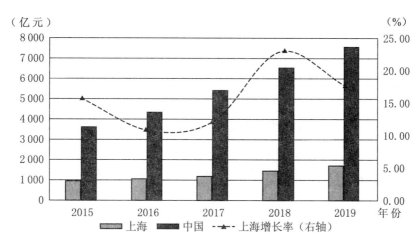

图 4.7　上海集成电路产业销售规模情况

资料来源：中国半导体行业协会（CSIA）、上海市经信委。

企业转型升级，整体提升区域产业能级，建设具有国际市场竞争力的开放型产业体系，围绕发展集成电路、人工智能、生物医药和航空航天四大重点产业，上海自贸试验区临港新片区管委会发布了"1＋4"产业政策（专栏 4.1），以聚焦集成电路等四大重点产业，全方位支持保障前沿产业集聚发展。自成立以来，临港新片区集成电路产业呈现爆发式增长态势，新片区正着力打造成上海集成电路产业发展新承载区、新增长极。

　　集成电路产业上接人工智能、无人驾驶等研究领域，下启智能装备、新能源汽车、航空航天等制造领域，已成为产业布局中至关重要的一环，逐步承担起"填补国家空白""解决卡脖子技术"的战略任务。临港新片区在产业布局中，正全力打造全市经济新增长极和发动机，特别在聚焦"卡脖子"关键领域发展新动能方面，重点启动建设东方芯港、信息飞鱼等特色产业园区。在推动集成电路产业发展方面，截至2020 年 8 月，临港新片区已累计签约前沿产业项目约 140 个，涉及总投资达 2 000亿元，已引进华大、新昇、闻泰、格科、国科、中微、盛美、寒武纪、地平线等一批领军企业，初步形成了覆盖芯片设计、特色工艺制造、新型存储、第三代半导体、封装测试以及装备、材料等环节的集成电路全产业链生态体系。目前，临港新片区正逐渐成为各企业入驻的热门首选地。

　　政策扶持方面，临港新片区为集聚发展集成电路产业发展，积极参与设立或引入上海集成电路二期基金、上海集成电路装备材料产业基金等，总规模超过千亿。另外，还支持集成电路产业重大项目优先布局（如支持具有国内外重大影响力的集成电路企业设立研发中心和投资产业化项目、集成电路产业跨国公司设立离岸研发中心和制造中心、企业申请国家级或上海市级集成电路重大专项)、支持核心技术和产品攻关(如对承担并完成核心技术突破任务的单位给予该技术研发费用最高50%的资助)、支持企业规模化发展(如对集成电路设计类、制造和封装测试类、装备及材料类等相关企业年销售额突破一定门槛分别给予奖励)。计划到2025年,临港新片区要基本形成集成电路综合性产业创新基地的基础框架,集成电路产业规模力争突破1 000亿元,占到全上海市比重达到20%;到2030年,构建起高水平产业生态,成为具有全球影响力的"东方芯港"。

专栏 4.1　　　　　　　上海自贸试验区临港新片区"1＋4"产业政策

2019年10月,临港新片区管委会发布了促进产业发展若干政策和集聚发展集成电路、人工智能、生物医药和航空航天四大重点产业的若干支持措施(简称"1＋4"产业政策),着力提升科技创新和产业融合能力,整体提升区域产业能级,打造以关键核心技术为突破口的世界级前沿产业集群,加快推进建成具有国际市场竞争力的开放型产业体系。

1. "1＋4"产业政策——"1"

"1"即是临港新片区促进产业发展若干政策,包括支持先进制造业、战略性新兴产业和科创融合等在内的产业促进政策,全方位聚焦和支持国家和上海市明确在临港新片区重点发展的集成电路、人工智能、生物医药、航空航天四大产业,重点支持新一代信息技术、高端装备制造、智能网联汽车、新材料、新能源、节能环保等战略性新兴产业领域的重大项目,配套支持国家和上海市立项的重大项目以及特定出资事项,核心条款共16条。

2. "1＋4"产业政策——"4"

"4"即是集聚发展集成电路、人工智能、生物医药和航空航天的若干措施,聚焦产业链核心环节、企业面临诉求痛点,以及目前受制于人的"国内空白"技术和"卡脖子"技术,以促进产业发展、科技创新为核心,进行政策设计制定。

集聚发展集成电路产业10条支持措施,支持范围涵盖集成电路设计、制造、封装测试、设备材料、电子设计自动化等领域和提供配套服务的单位、项目。重点支持具有国内外重大影响力的集成电路企业在临港新片区设立研发中心和投资产业化项目,支持集成电路产业的跨国公司设立离岸研发中心和制造中心等。

集聚发展人工智能产业10条支持措施,重点围绕临港新片区的功能定位和产业基础,促进人工智能技术与集成电路、生物医药、航空航天、高端装备制造及战略性新兴产业等方面的深度融合。支持政策中着重提出丰富应用场景的 6 个支持方向,吸引全球人工智能最新成果在临港新片区"先试先行",打造一批面向全球、面向未来的创新应用等。

集聚发展生物医药产业 10 条支持措施,围绕高端"研发＋制造＋服务"布局,聚焦生物技术药物、精准医疗、高端医疗器械等领域,力争在临港新片区构建完善的生物医药科技产业链,承接高端生物医药研发项目的产业化需求等。

集聚发展航空航天产业 10 条支持措施,围绕落实推进国家部署建设民用航空产业集聚区的任务目标,支持具有国内外竞争力的航空航天类机构,在临港新片区设立研发中心和投资产业化项目等。

临港新片区作为国家扩大开放的战略空间、深入融入经济全球化的重要载体,有产业导入的充足空间。此次发布的"1＋4"产业政策,将释放新一轮政策红利,激发创新活力,增强区域创造力和竞争力,推动临港新片区实现更高质量发展,形成更加成熟定型的制度成果,建成具有国际市场竞争力的开放型产业体系。

资料来源:根据临港新片区管委会官网等相关资料整理。

4.1.2　人工智能产业

人工智能(artificial intelligence,简称 AI)是研究、开发用于模拟、延伸和扩展人的智能的理论、方法、技术及应用系统的一门新的技术科学。人工智能是计算机科学的一个分支,它企图了解智能的实质,并生产出一种新的、能以人类智能相似的方式作出反应的智能机器,该领域的研究包括机器人、语言识别、图像识别、自然语言处理和专家系统等。美国麻省理工学院的温斯顿教授认为"人工智能就是研究如何使计算机去做过去只有人才能做的智能工作",这些说法反映了人工智能是研究人类智能活动的规律,构造具有一定智能的人工系统,研究如何让计算机去完成以往需要人的智力才能胜任的工作,也就是研究如何应用计算机的软硬件来模拟人类某些智能行为的基本理论、方法和技术。

人工智能不是人的智能,但能像人那样思考,对人的意识、思维的信息过程进行模拟(如感知、决策以及行动),甚至超过人的智能。比较典型的例子便是战胜世界围棋大师的 AlphaGo 和 iPhone 手机语音助手 Siri。

1. 中国人工智能产业发展现状

中国人工智能技术起步较晚,但发展迅速。作为新一轮产业变革的核心驱动力和引领未来发展的战略技术,国家高度重视人工智能产业的发展。2017 年国务院发布《新一代人工智能发展规划》,对人工智能产业进行战略部署,2018 年和 2019 年的政府工作报告中均强调要加快新兴产业发展,推动人工智能等研发应用,培育新一代信息技术等新兴产业集群,壮大数字经济。

(1) 全球人工智能发展对比。

表 4.4 列出了 2019 年 Tortoise Intelligence 研究测算的全球人工智能发展综合表现位于前八名的经济体。可以看出,中国人工智能发展综合表现排在全球第二位,其中在人工智能开发和政府战略支持方面处于世界领先地位,在人工智能的研究和商业化方面则排名世界第二位,而在人工智能的专业人才方面排名居中。反观美国,其人工智能发展综合表现排名全球第一位,其中人工智能人才、设施、研究和商业化四个领域位居世界第一位,在开发领域排名世界第二位,但是在政府战略支持方面排名居中。通过对比可以看出,尽管中国近年来在人工智能方面取得了大量发展成果,但在人工智能发展的多个领域距离美国还存在一定差距,由市场引领的人工智能发展空间巨大。2019 年,Tortoise Intelligence 衡量了包括人工智能研究、编程平台、投资和政府支出等关键指标,对 54 个国家和地区的人工智能表现进行了排名。结果发现排在前八位的国家依次是美国、中国、英国、加拿大、德国、法国、新加坡、韩国,日本和爱尔兰则分别排在第九位和第十位。

表 4.4　2019 年全球人工智能发展较为领先的经济体

国　家	人才	基础设施	操作环境	创新研究	发展	政府支持	投资商业化	总排名
美　国	1	1	6	1	2	13	1	1
中　国	18	3	3	2	1	1	2	2
英　国	5	8	1	3	11	7	4	3
加拿大	4	23	5	8	10	4	5	4
德　国	9	12	7	4	12	5	9	5
法　国	8	30	2	12	9	6	7	6
新加坡	2	4	39	16	15	30	6	7
韩　国	28	5	30	22	3	31	25	8
日　本	26	16	17	6	7	12	8	9
爱尔兰	6	2	28	28	6	42	20	10

资料来源:Tortoise Intelligence,表中数据均为名次。

(2) 中国人工智能专利申请量。

目前,在人工智能研究及专利申请数量方面中国已经处于世界领先地位。2013—2018 年,全球人工智能领域的论文文献产出共 30.5 万篇,其中,中国发表

7.4 万篇,美国发表 5.2 万篇。在数量占比方面,2017 年中国人工智能论文数量占全球比重已经由 1997 年的 4.6% 上升到 27.7%。[①]根据美国艾伦研究所(Allen Institute)的报告,中国在人工智能研究论文方面数量激增,特别是国家资助的学术机构所发布的论文数量在 2007—2017 年期间增长了 400%。

　　图 4.8 体现了 2007—2017 年中国人工智能专利申请情况。可以看出,2007 年以来中国人工智能专利申请数量一直呈现出不断增长态势,尤其 2015—2017 年人工智能专利申请数增长迅猛。随着国家大力提倡、投入研发逐渐增加,人工智能应用的行业领域不断扩展,人工智能相关研究开始进入高速发展阶段,未来相关专利数量应当会持续增加。另外,世界知识产权组织(WIPO)公布的最新报告显示,中国、美国、日本三国在全球人工智能领域的专利申请处于领先地位。全球人工智能相关专利的民营企业排行榜显示,中国人工智能专利申请数自 2015 年起开始激增并反超美国,成为全球民营企业人工智能专利申请量最多的国家。2018 年中国公开的人工智能专利申请超过 3 万件,增至 5 年前的约 10 倍,并且是美国的 2.5 倍,连续 4 年成为"世界第一"。

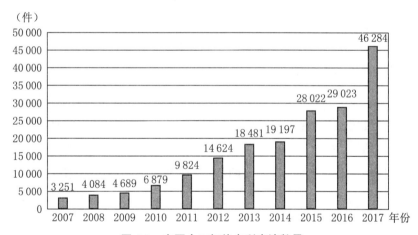

图 4.8　中国人工智能专利申请数量

资料来源:艾媒数据中心。

　　(3)中国人工智能融资规模。

　　如图 4.9 所示,从中国人工智能领域融资规模和融资事件数趋势可以看出,2012—2018 年中国人工智能领域融资规模增速迅猛,呈现出高速增长态势。艾媒咨询数据显示,2018 年中国人工智能领域共融资 1 311 亿元,增长 677 亿元,增长

---

① 　资料来源:艾媒数据中心。

率为107%。随着人工智能技术的进一步发展和落地,深度学习、数据挖掘、自动程序设计等领域也将在更多的应用场景中得到实现,投资人对人工智能发展前景的青睐也使得资本助力人工智能行业更好发展,人工智能技术产业化发展前景向好。

图 4.9　中国人工智能领域融资规模及事件数

注:由于数据获取原因,图中融资事件数从2014年开始统计。
资料来源:艾媒数据中心。

(4) 中国人工智能主要应用领域。

目前,中国人工智能产业发展主要生态布局集中在基础层、技术层和应用层三个层面。基础层是人工智能产业生态的基础支撑,主要领域有传感器、生物识别、AI芯片、云计算行业数据和服务等。技术层是人工智能产业生态的技术支撑,主要领域有计算机视觉、语言及自然语言处理、机器学习等。应用层则是人工智能产业生态的应用场景,主要领域有机器人、智能教育、智能医疗、智能交通、智慧物流、智能金融、智能安防、智能家居、个人助手、可穿戴设备和智能营销等。

人工智能应用层与我们的生活息息相关,不同的应用领域具有不同的特征。下面将从以下几个领域作简要介绍:

“人工智能+交通”能够解决传统出行不便的痛点。人工智能在交通领域的应用一般可分为两个方面:一方面,智慧交通系统依靠互联网、大数据、物联网及人工智能等多种信息技术,在优化城市交通管理系统、提高城市交通运行效率以及保障交通运行安全等方面发挥着重要作用。另一方面,无人驾驶汽车可以依靠遥感、定位、人工智能等技术,实现车辆的路线规划、自主情景判断等,可以说无人驾驶汽车的发展将会减少操作失误导致的交通事故,提升交通安全保障。代表性企业如特斯拉无人驾驶汽车、百度无人驾驶汽车。

“人工智能+医疗”能够提高医生的工作效率,缓解优质医疗服务供给不足以

及中国城乡医疗资源不平衡等问题,让更多患者享受高质量的医疗服务。2018 年
7 月,国务院指出"互联网＋医疗健康"支持研发医疗健康相关的人工智能技术、医
用机器人、大型医疗设备、应急救援医疗设备、生物三维打印技术和可穿戴设备等。
随着人工智能与医疗产业进一步结合,智慧医疗产业将进入持续高速增长阶段。
在"全民大健康"时代背景下,智慧医疗不仅会将医患、医务、保险等各医疗组成部
分信息互联起来,更能优化医疗健康服务流程、创新医疗健康服务方式,最终实现
医疗资源使用效率和全民健康水平的提高。智慧医疗的发展方向主要为智能医疗
机器人、智能药物、智能诊疗、医学影像识别和健康管理等。代表性企业或应用如
阿里健康、腾讯觅影。

　　"人工智能＋教育"能够缓解教育资源分布不均问题,促进个性化教育发展。
智慧教育的发展一方面能够通过人机交互技术、自然语言理解技术等缓解中国教
育资源分布不均问题,促进中国教育事业良性均衡发展;另一方面也能通过智能推
荐等技术提高学生学习的自主性和积极性,降低个性化教育成本。代表性企业或
应用如松鼠 AI 智适应教育、学而思等。

　　"人工智能＋物流"能够在降低物流成本的同时提供更及时的物流信息服务。
人工智能技术在物流领域的广泛应用将使得物流产业发展由劳动密集型向技术密
集型转变,相较于传统物流,智慧物流能降低物流成本、提升物流效率,是未来物流
行业发展的必然趋势。主要应用方向为无人运输和无人仓储。代表性企业或应用
如京东物流、苏宁智慧物流、菜鸟物流。

　　"人工智能＋安防"能够推动安防领域向更智能、更可靠、更个性化的方向发
展。人工智能与安防技术的结合将使安防产品更加便捷可靠,智慧安防将成为安
防市场的主流产品。随着人工智能技术与安防产品的进一步结合,智慧安防也将
进一步扩展传统安防市场的发展空间。主要应用场景为公安行业、工业园区、交通
行业、智能楼宇以及民用安防等。代表性企业如海康威视、大华科技以及宇视
科技。

　　"人工智能＋企业服务"能够提高企业的运转效率,减轻企业用工成本。就市
场角度而言,企业比普通消费者更有能力承担高昂费用,更愿意使用新技术。同
时,企业在消费时也更加理性,对产品的质量和性能有更高的要求。随着中国进一
步深化改革,中国企业数量不断增加,尤其是中小型企业。企业数量尤其是中小型
企业数量的增加为企业服务提供了广阔的市场。中小型企业数字化转型需求与研
发成本高的冲突为"人工智能＋企业服务"发展提供了良好的环境。代表性企业或
应用如百度语言旷视科技、小冰智能。

2. 上海人工智能产业发展现状

（1）上海市人工智能产业区域分布。

自 2017 年上海发布《关于本市推动新一代人工智能发展的实施意见》以来，上海加速推动人工智能产业发展。为加快发展新一代人工智能，建设人工智能上海高地，打造一流的人工智能创新生态，2019 年上海又印发了《关于建设人工智能上海高地构建一流创新生态的行动方案（2019—2021 年）》（以下简称《行动方案》）。目前，上海人工智能产业分布在空间区域上形成了以"人字型"为主、多点联动的格局，上海市人工智能产业主要分布在 8 个区域、11 个行业。8 个"人字型"区域为：宝山区主要发展智能硬件；杨浦区主要发展智能教育和智能识别；普陀区主要发展智能安防和智能硬件；长宁区主要发展智能识别和智能零售；徐汇区主要发展智能医疗、智能新品设计和智能安防；闵行区主要发展智能识别和智能医疗；松江区主要发展智能制造和类脑智能；浦东新区主要发展智能芯片设计、智能语音识别和智能制造。3 个多点联动区域为：嘉定区主要发展智能芯片设计和制造；青浦区主要发展智能制造；奉贤区主要发展智能医疗（表 4.5）。

表 4.5　上海市人工智能产业区域分布

类　型	区　域	定　　位
人字型	宝山区	智能硬件
人字型	杨浦区	智能教育、智能识别
人字型	普陀区	智能安防、智能硬件
人字型	长宁区	智能识别、智能零售
人字型	徐汇区	智能医疗、智能芯片设计、智能安防
人字型	闵行区	智能识别、智能医疗
人字型	松江区	智能制造、类脑智能
人字型	浦东新区	智能芯片设计、智能语音识别、智能制造
多点	嘉定区	智能芯片设计和制造
多点	青浦区	智能制造
多点	奉贤区	智能医疗

资料来源：根据《行动方案》、中商产业研究院公开资料整理。

（2）上海人工智能企业数量及排名。

图 4.10 给出了上海市人工智能企业数量及全球排名情况（截至 2018 年 6 月）。从全球人工智能企业数量前 20 名城市企业数量及排名情况可以看出，截至 2018 年 6 月，根据全球监测到的人工智能企业分布情况，上海市以 210 家人工智能企业数量位居全球第 4 位，距离排在第 1 位的北京市人工智能企业数量还存在一定差距。另外也可以看出，全球人工智能企业数量前 20 名城市中，中国占 4 个，而美国

占 9 个,其次是加拿大占 3 个,英国、德国、法国和以色列各占 1 个。在全球人工智能企业前 5 名城市中中国和美国城市数量并列第一。

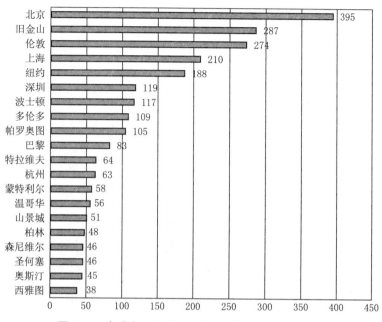

图 4.10　全球主要人工智能企业数量分布及城市排名

资料来源:新浪 VR 智库。

3. 临港新片区人工智能发展概况

为全力打造新时代改革开放的新标杆,促进临港新片区人工智能产业集聚发展,构建国际一流人工智能产业生态,2019 年上海自贸试验区临港新片区管委会发布了《中国(上海)自由贸易试验区临港新片区集聚发展人工智能产业若干措施》,共计 10 条。在相关政策扶持鼓励下,临港新片区将重点围绕新片区的功能定位和产业基础,促进人工智能技术与集成电路、生物医药、航空航天、高端装备制造及战略性新兴产业等方面的深度融合,支持人工智能产业推动智能网联汽车、智能制造、智能机器人等新产业、新业态发展。

人工智能作为上海的一个重要发展产业领域,也是临港新片区重点发展的领域,同时也是临港新片区非常重要的赋能产业。随着临港新片区的快速建设和发展,临港新片区的产业体系愈加丰富,整个产业门类越来越齐全,同时作为一个现代化新城临港有非常丰富的应用场景,这些都为人工智能发展提供了非常丰富的发挥"人工智能＋"赋能的作用。临港新片区正在实施临港新片区"人工智能＋"行动,吸引和鼓励全球人工智能最新成果在临港新片区"先行先试",

正积极打造一批面向全球、面向未来的创新应用。例如,临港新片区非常丰富的应用场景有待人工智能赋能,2020 年上半年引进的一批总投资近 500 亿的 18 个重点产业项目中就有商汤科技新一代人工智能算力平台项目。另外,自动驾驶是人工智能赋能其他产业最有展示性、最受关注的应用,而上海临港拥有国内应用场景、测试环境最为丰富的智能网联汽车综合测试示范区,为自动驾驶智能技术与制造业相结合提供了便利。此外,人工智能对城市治理、能源等领域进行赋能,临港城运中心每月承接 12345 市民服务热线转交的 4 000 多件案件,超过九成由机器智能派单,智慧、主动、高效;临港供电网络依靠人工智能自动诊断,可靠率达到 99.99%。

随着特种工艺线的基塔半导体、装备材料陆续地在临港新片区进一步集聚,未来临港新片区可以和张江高科技园区形成错位发展,以更为广阔的物联网、NBIOT 等一系列的电力电子高功率器件为人工智能产业发展重点,和张江高科技园区一起,打造成一个全世界最具影响力和竞争力的集成电路产业集群。同时,临港新片区要肩负起集聚大量前沿制造业企业的当仁不让的使命,充分利用人工智能在制造业的赋能空间,为全国提供高质量、有竞争力的"临港样本"。

4.1.3 生物医药产业

生物医药是生物工程技术与医药制造相结合的产物,是以现代生命科学为基础,结合基因工程、细胞工程、酶工程、蛋白质工程、发酵工程等手段,从生物体或其组织、细胞、体液中提取得到用于疾病预防、治疗和诊断的药物总称。随着以基因工程、细胞工程、酶工程为代表的现代生物技术迅猛发展,人类基因组计划等重大技术相继取得突破,现代生物技术在医学治疗方面广泛应用,生物医药产业化进程明显加快。

目前,生物医药产业发展迅速,是人才、技术与资金密集型产业,尽管其具有"高技术、高投入、高风险、高收益和长周期"的特征,但生物医药产业的发展已逐渐成为世界新一轮发展竞争的焦点。

1. 中国生物医药产业发展现状

中国生物医药的研究和开发起步较晚,直到 20 世纪 70 年代初才开始将 DNA 重组技术应用到医学上,但在国家产业政策(特别是国家"863"计划)的大力支持下,这一领域发展迅速,逐步缩短了与先进国家的差距。鉴于生物医药产业的重大战略意义,2010 年国务院将其定为新兴战略性产业。2015 年,李克强总理在政府工作报告中提出要实施高端装备、信息网络、集成电路、新能源、新材料、生物医药、航空发动机、燃气轮机等重大项目,把一批新兴产业培育成主导产业。"中国制造2025"规划的颁布,再次将生物医药及高性能医疗器械列入重点支持的10大领域。近年来,随着中国对医药产业发展的重视和扶持,医药产业发展迅速。

(1) 全球及中国医药产业市场情况。

进入21世纪以来,人们的健康意识越来越强,全球医疗需求急剧增加,使得医药产业化进程不断加速。数据显示,生物医药产业在全球发展的近30年内,平均每年生物医药销售额以25%—30%的速度增长,其中以美国为代表的生物医药发展大国,总产值占到了GDP的17%左右,成为最具成长性产业之一。美国生物医药产品在全球市场占据主导地位,全球市场的90%生物药品来自美国的著名企业,如默克、强生、罗氏、诺华等。在欧洲以德国为例,其生物医药总产值占GDP的12%左右。日本生物医药产业正快速由最具发展潜力的高技术产业向高技术支柱产业发展。生物医药产业是继汽车、机械制造业之后的第三大产业,当今社会全球很多经济体非常重视生物医药发展,通过实施一系列全方位的科技计划推进生物科技创新,大力扶持创新性生物技术企业,把生物医药作为新的经济增长点来培育。

在专利申请数量方面,在2018年生命科学和生物技术领域专利申请数量和授权数量上,中国仅次于美国,位居全球第2位。2018年中国发表生命科学论文120 537篇,数量仅次于美国,位居全球第2位;中国生命科学论文数量占全球比例从2009年的6.56%提高到2018年的18.07%。[1]

在市场方面,2019年生物医药产业迈入新的发展阶段,全球癌症疫苗、心脏打印等技术取得新突破,技术创新成为行业发展的驱动力。新浪医药联合赛迪顾问共同发布的《2019中国生物医药产业发展报告》显示,[2]全球生物医药市场规模稳步上升,2018年达到1.63万亿美元,2019年预计将达1.7万亿美元。与全球生物医药市场规模相比,中国生物医药市场规模快速上升,2018年达到2.24万亿元,2019年预计可达2.5万亿元左右,年规模增长率超10%,跑赢全球,成为全球市场增长的主要动力(图4.11)。

---

[1]　数据来源:2019年科技部社会发展科技司和中国生物技术发展中心发布的《2019中国生命科学与生物技术发展报告》。

[2]　2019中国医药新智汇论坛上,新浪医药联合赛迪顾问共同发布了《2019中国生物医药产业发展报告》。

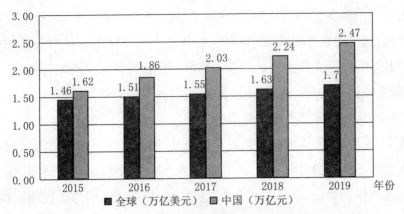

图 4.11　全球及中国生物医药产业市场规模

资料来源:赛迪生物医药产业大脑,2019 年 12 月。

(2)中国生物医药产业园区产值规模。

现代生物技术与制药技术的迅猛发展引起了医药产业的重大变革,生物技术与医药行业成为最活跃、发展最快的产业之一。中国生物医药产业集群主要分为两种类型:一是在现有国家高新技术开发区或经济技术开发区内设立的生物医药园区;二是单独建设的生物医药园区。目前中国已有 80 多个地区(城市)已经着力建设科技园、生物园、药谷,而且各地新开发的高科技很多都将生物产业作为重点引驻对象。其中比较成熟的产业园有上海生物医药科技产业基地、中关村生命科学园、泰州中国医药城、长沙国家生物产业基地等。中国生物产业园区是伴随着高新技术区的发展而不断发展的,截至 2017 年底,中国拥有国家级高新区 168 家,国家级经济开发区 219 家,大多数园区涉及生物技术产业。近几年中国生物医药产业园产值规模情况如图 4.12 所示。可以发现,中国生物医药产业园产值规模呈现不断上涨趋势,2017 年中国国家级生物医药产业园经营产值约 12 550 亿元。

另外,在众多生物医药产业园中苏州工业园生物医药产业竞争力排名第 1 位,北京中关村科技园,济南高新区产业园区分列第 2 位、第 3 位。第 4 位至第 10 位产业园区分别是上海张江高新区、石家庄高新区、武汉东湖高新区、长沙高新区、广州高新区、成都高新区和泰州医药高新区。

(3)中国生物医药产业主要区域分布。

为促进生物产业集聚式发展,引导社会资源集聚在重点地区,促进各地方形成具有特色的生物产业,国家发改委分别建设了四批共 22 个国家生物产业基地,即首批(2005 年 6 月):石家庄、长春、深圳;第二批(2006 年 10 月):长沙、广州、上海、北京;第三批(2007 年 6 月):青岛、武汉、成都、昆明、重庆;第四批(2008 年 2 月):

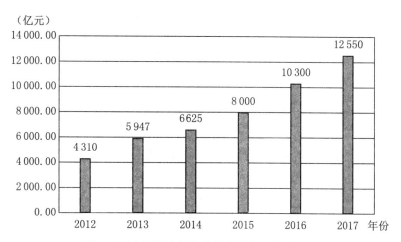

图 4.12　中国国家级生物医药产业园产值规模

资料来源:智研咨询。

哈尔滨、德州、泰州、郑州、通化、南宁、西安、天津、南昌、杭州。至此,中国生物医药产业在布局上以产业关联为基础、以地理靠近为特征,逐步形成了环渤海、长三角、珠三角三大综合性生物产业重点发展区域,以及东北、中西部地区若干专业性生物产业基地的空间分布格局。环渤海地区生物医药人力资源储备最强,拥有丰富的临床资源和教育资源,各省市在医药产业链方面具有较强的互补性,围绕北京形成了创新能力较强的产业集群。长三角地区生物医药产业创新能力和国际交流水平评分最高,长三角地区拥有最多的跨国生物医药企业,在研发与产业化、外包服务、国际交流等方面具有较大优势,已逐步形成以上海为中心的生物医药产业集群。珠三角地区市场经济体系成熟,市场潜力巨大。珠三角地区医药流通体系发达,毗邻港澳,对外辐射能力强,民营资本比较活跃,围绕广州、深圳等重点城市形成了商业网络发达的生物医药产业集群(表 4.6)。

2. 上海生物医药产业发展现状

近年来,随着上海对生物医药产业发展的重视和大力扶持,上海生物医药产业发展迅猛,始终保持国内领先地位。在各类研发创新要素加速集聚以及政策驱动下,作为上海市战略性新兴产业的重要支柱,生物医药产业创新要素集聚、企业链条齐备、综合配套优势更加凸显。

(1)生物医药产业规模。

从图 4.13 中可以看出,2018 年上海市生物医药工业总产值为 1 145.98 亿元,同比增长 7.44%。另外,上海市科委数据显示,上海市 2018 年生物医药产业的经济总量达到 3 433.9 亿元,与 2017 年同口径相比增长 4.5%,对上海经济增长贡献

表 4.6　截至 2018 年中国生物医药产业代表地区特点

产业区域	代表地区	特　　点
环渤海区域	北京	人才优势突出,拥有丰富的临床资源和大批新药筛选、安全评价、中试与质量控制等技术平台
	天津	科技支撑实力突出,以出口为导向,是关键技术转化基地,聚集 500 多家从事生产和研发的相关机构,中药现代化居全国领先水平
	山东	中国生物制药产业大省,具有国内领先的新药研发和产业化资源优势
	河北	制造基地,集聚了一批在全国有影响力、有竞争力的制药企业
长三角区域	上海	集聚了世界前 10 强药企,研发密集、融资条件好,是中国研发和成果转化中心
	江苏	生物医药产业成长性最好、最活跃的地区,生物医药产值居全国之首,已形成苏州、南京、泰州、连云港等一批生物医药研发制造基地
	浙江	杭州东部医药港小镇主要引进生物技术制药、生物医学工程等高端研发及生产项目,并形成了一个 500 亿级的生物医药产业集群
珠三角区域	广州	较早发展生物医药,在生物服务和生物技术应用等领域形成了优势和特色,集聚了一批龙头企业
	深圳	自主创新能力强,国际化环境良好,跨国企业投资力度大,生物医疗设备产业优势突出

资料来源:根据网络公开资料整理。

率为 7.3%。为促进上海生物医药产业发展,2018 年 12 月,上海市科委和上海市政府办公厅共同发布的《促进上海市生物医药产业高质量发展行动方案(2018—2020)》提出,到 2020 年,上海市生物医药产业规模要达到 4 000 亿元,到 2025 年,基本建成具有国际影响力的生物医药创新策源地和生物医药产业集群。

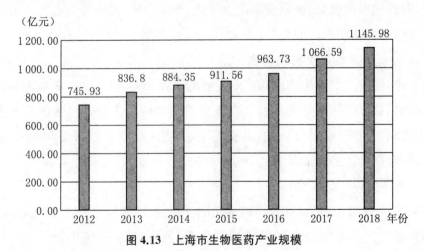

图 4.13　上海市生物医药产业规模

资料来源:上海统计年鉴。

（2）生物医药产业区域分布。

经过对生物医药基础设施的不断完善和对产业发展的持续扶持,目前上海市基本形成了以张江高科技园区为核心,以金山、奉贤、徐汇等园区为重点的"聚焦张江、一核多点"生物医药产业发展空间格局,而且上海正在积极推动张江高科技园区与金山、奉贤等区错位互补、联动发展。经过多年发展,张江高科技园区构建了完善的生物医药创新体系和产业集群,已成为国内生物医药领域中研发机构最集中、创新实力最强、新药创制成果最突出的基地之一。金山工业区作为上海市六大生物医药产业基地之一,其生命健康产业占地 2.78 平方千米,被命名为国家生物医药产业基地及国家科技兴茂创新基地。近年来,生物医药产业已成为金山区的主导和支柱产业之一。奉贤区依托奉贤经济开发区生物科技园区,正打造以化妆品生产和生物科技产业为核心的"东方美谷"。徐汇区作为上海市核心城区之一,依托医疗资源和高等教育资源,已经发展成为全国重要的生命健康产业集聚区。

3. 临港新片区生物医药产业进展

自临港新片区设立以来,上海从世界级生物医药产业战略高度出发重点推动临港新片区生物医药等产业引领发展。2019 年,上海发布的首批 26 个特色产业园区中,便有"声明蓝湾"产业园区坐落在临港新片区。生命蓝湾是上海推出的 26 个特色产业园之一,也是 5 个特色生物医药产业园区之一,也是上海未来有别于张江高科技园区的另一个生物医药产业发展重要承载空间。临港新片区生命蓝湾生物医药特色产业园开园时,吸引了中国科学院上海有机化学研究所临港分子智造研究院、嘉和生物、润佳医药等 24 个重点产业项目集中签约,总投资达 160 亿元,涵盖分子合成、免疫药物、细胞治疗、重点疫苗、CDMO(合同研发生产组织)、CRO(合同研究组织)、3D 打印等生物医药产业前沿领域。

临港新片区瞄准世界级生物医药产业发展前沿,聚焦关键技术领域和环节,正加快构建具有国际市场竞争力的开放型生物医药产业体系。2019 年 10 月,总规划面积达 4.5 平方千米、具备 200 万平方米物业空间、可持续导入生物医药产业的临港新片区生命科技产业园揭牌,吸引了共 15 个生物医药重点项目签约,涉及总投资超 70 亿元,这次生物医药产业重点项目签约也标志着临港新片区生物医药产业迈向了产业集群的发展道路。临港新片区生命科技产业园的揭牌,将为上海生物医药产业提供更重要的发展平台,承载了更大的发展梦想。

在相关部门和特殊政策支持下,临港新片区产业发展配套设施和服务不断完善,生命科技产业园对生物医药企业的吸引力越来越大。面对当前生物医药产业发展的大好形势,未来临港新片区将进一步汇聚全球顶尖资源,实现技术突破,不但形成了上海生物医药产业引爆发展的新动能,实现跨越式发展,打造出国际化顶级产业园区;还能推动其生物医药产业蓬勃发展,将自身打造成世界级生物医药产业的新高地。

4.1.4 民用航空产业

民用航空是指使用各类航空器从事除了军事性质(包括国防、警察和海关)以外的所有航空活动。民用航空产业链横向包括飞机设计研发、飞机制造、适航审定、飞机营销、航空运营服务、航空维修等环节,纵向包括航空公司、机场、空中管理、航空金融公司、咨询公司等具体营运部门。航空产业是具有链条长、辐射面宽、技术扩散率高、连带效应强等特点的国际性、垄断性、先进性和排他性高技术产业,产业技术的创新在航空产业的竞争中发挥着重要的引领性作用。此外,民用航空可分为商业航空(航空运输)和通用航空,本小节将重点围绕通用航空方向展开。

1. 中国民用航空产业发展现状

航空产业是大国崛起和综合国力的标志,也是现代国防不可或缺的重要内容,更是国家安全的重要保证和经济社会发展的重要支撑。近年来高速发展的通用航空产业,在整个航空产业中占有越来越重要的地位。

(1) 全球通用飞机交付量及增长率情况。

从图4.14中可以看出,2012—2018年全球通用飞机交付量均未超过2 500架,而2019年通用飞机交付量则达到2 658架,全球通用飞机成交量达到近年来的顶峰。就全球通用飞机交付量年增长率而言,2012—2019年的年增长率基本在正负5%的范围内波动,2019年通用飞机交付量年增长率则为近年来最高水平,达到8.80%。

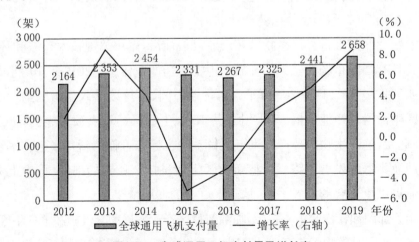

图 4.14 全球通用飞机交付量及增长率

资料来源:美国通用航空制造商协会、前瞻产业研究院。

（2）全球通用飞机营业额及增长率情况。

从图 4.15 中可以看出,就全球通用飞机营业额增长情况而言,可分为三个阶段:第一个阶段为 2012—2014 年,随着全球通用飞机交付量的增长,全球通用飞机营业额有所上升;第二个阶段为 2014—2017 年,全球通用飞机成交额随着交付量的下降而逐年下跌;第三个阶段为 2017—2019 年,随着全球通用飞机的交付量的上涨,全球通用飞机的营业额也跟着上升。2019 年全球通用飞机营业额为 235.15 亿美元,同比增长 14.35%。就通用飞机营业额增长率而言,2012—2013 年和 2016—2019 年两个阶段呈现上升趋势,而 2013—2016 年则表现为下降趋势。

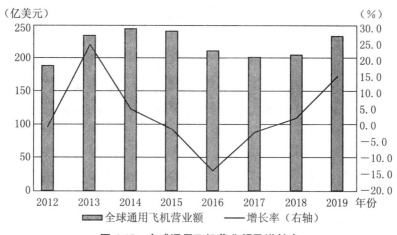

图 4.15　全球通用飞机营业额及增长率

资料来源:美国通用航空制造商协会、前瞻产业研究院。

（3）全球通用飞机规模及中国通用航空器全球占比情况。

根据美国通用航空制造商协会（GAMA）发布的《2019 数据报告》（*2019 DATABOOK*）,2019 年全球共有通用飞机 44.6 万架,全球通用飞机市场主要集中在美国（2018 年为 211 749 架）、加拿大（2019 年为 36 887 架）、法国（2019 年为 24 976 架）、巴西（2019 年为 22 219 架）、德国（2018 年为 21 064 架）、英国（2019 年为 19 590 架）、澳大利亚（2019 年为 15 874 架）等国家,而中国只有 3 317 架（截至 2019 年 6 月底）通用飞机。由于中国低空领域开放程度较低,通航飞行申请手续复杂,审批时间较长,严重限制了中国通用航空产业的发展,同时由于飞行服务基础设施薄弱,相关建设还有赖于政策推动护航。

另外,目前全球通用航空器存量合计约为 35 万架,占全球通用飞机比例约八成,其中美国占到接近一半。中国民航局统计数据显示,截至 2019 年底,中国在册通用航空器数量为 2 707 架,近占全球通用航空器数量的 0.61%,在数量上远远落后于美国等发达国家(图4.16)。虽然近几年来中国通用航空器数量保持持续增长趋势,但与发达国家相比还有较大差距。

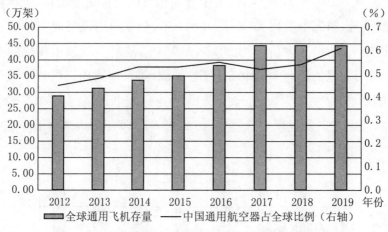

图 4.16　全球通用飞机存量及中国通用航空器全球占比

资料来源:美国通用航空制造商协会、2019年中国民航行业发展统计公报、前瞻产业研究院。

2. 上海民用航空产业发展现状

上海不仅是中国经济最发达城市之一,也是中国航空大市、强市之一。近年来,在飞机制造业和航空运输业的"双轮"驱动下,上海航空产业发展逐渐步入快车道。2018年中国民用航空局运输司发布《我国通用航空产业发展情况》的数据显示,截至2017年底,上海市拥有2个运输机场,2个取证通用机场,2个已投入使用航空产业园,1个规划或建设航空产业园,7个已投产航空制造项目,1个已运行空中游览项目。

(1)上海航空产业集聚发展。

上海正凭借自身诸多优势推动航空产业快速发展。一方面,上海有着较强的工业制造基础,产业优势和资源禀赋突出,在经济、科技、产业、金融、人才等方面有着较强的综合实力。另一方面,上海地处"一带一路"与长江经济带交汇点,上海亚太地区航空枢纽港已成为连接世界各国经济、贸易、文化的重要门户。上海正以C919大型客机的研发生产为契机,在总装基地的带动下,形成集设计、制造、配套于一体的商飞产业链,并辐射带动长三角的航空产业集聚发展。

在制造业方面,商用大飞机C919和支线飞机ARJ21两大拳头产品落户上海,正集聚和引导一大批长三角优势企业参与航空产业集群中。2017年5月,C919大型客机完成首飞后,已进入新阶段试验试飞阶段,其投入商业运营实力不断提升;ARJ21新支线飞机进入批产,交付数量有望逐年提高;中俄远程宽体客机CR929

项目顺利推进,未来发展可期。在主制造商中国商飞的强力带动下,大量零部件供应商和配套企业在上海落地生根,产业聚集效应日益凸显,配套能级有了显著提升。

在航空运输业方面,作为国内首屈一指的大型航空枢纽,上海拥有浦东、虹桥两大机场。2016 年,浦东、虹桥两大机场的旅客吞吐量已突破 1 亿人次大关,上海成为继伦敦、纽约、东京、亚特兰大之后全球亿级航空城市俱乐部的第 5 名成员。而 2019 年,浦东、虹桥两机场共保障航班起降 784 831 架次,同比增长 1.72%;完成旅客吞吐量 1.22 万人次,同比增长 3.52%(其中,浦东机场 7 609.75 万人次,虹桥机场 4 567.66 万人次);完成货邮吞吐量 405.26 万吨,实现逆势企稳。随着中国航空运输业的快速发展,上海两大机场未来仍有不小的上升空间。

(2)上海航空产业发展布局。

上海拥有国家新型工业化民用航空产业示范基地和港新城航空产业园、青浦民航产业园。其中,上海国家民用航空示范基地是中国首个获批的国家级航天产业基地,经过多年建设,产业布局已形成了卫星应用、新能源、新材料、先进装备、电子信息五大板块。

当前,上海不断优化航空制造产业链"2+X"空间布局,推动上海航空产业区域特色发展。一方面,提升浦东地区辐射带动效应。紧密结合 C919 试飞取证和 CR929 研制,提升张江民用飞机设计研发能力,推进祝桥民用飞机总装制造、零部件生产制造和飞机维修加快布局,集聚上下游配套企业,在临港地区围绕航空发动机总装试车形成飞机和发动机零部件、加工设备研制等产业的集聚区。另一方面,强化闵行紫竹园区集聚功能。推动闵行紫竹园区以航电系统研制和集成验证为重点,打造民机航电产业园,完善产业配套体系。加快提升客户服务,以及民用航空发动机设计研发、验证和适航能力。此外,推进航空特色园区建设。推动青浦区建设以航空维修为主,航空服务与航材物流协同发展的民用航空产业园区,推动嘉定等地区发展航空零部件生产制造及配套产业,推动临港、奉贤、金山等地区布局发展通用航空及其配套产业。

在政策保障上,上海正借助中国(上海)自由贸易试验区改革创新平台,构建具有国际竞争力的航空产业发展监管模式,建设航空保税物流仓库,提高航空维修中转效率。对符合条件的企业,简化高技术航空产品或技术进口以及国产民机产品出口的审批、清关等流程。凭借上海航空产业发展的经济、区位和人才等资源优势,上海集聚了一大批龙头企业助力航空产业发展,如中国商用飞机有限责任公司、中航商用飞机发动机有限责任公司、中航民用航空电子有限公司、中国航空无线电电子研究所、上海航空电器有限公司、上海航空测控技术研究所、上海新华东光电技术研究所、上海普惠飞机发动机维修有限公司、上海波音航空改装维修工程有限公司、霍尼韦尔(中国)有限公司、派克汉尼汾管理(上海)有限公司等。

航空产业的竞争是产业集成的竞争。从国际竞争的角度看,世界航空产业形成了以美国西雅图航空城、加拿大蒙特利尔航空城、法国图卢兹航空谷为代表的三大航空制造产业集群。相较而言,上海不仅具备航空制造业优势,还具备航空运输业优势,随着上海区位、产业、经济和技术优势的进一步提升和民用航空产业体系的进一步完善,上海航空产业发展前景不可限量。

3. 临港新片区民用航空产业进展

产业布局。截至 2020 年 10 月,临港新片区航空航天产业重点布局主要集中在三个产业集聚区。一是浦东机场南侧区域,主要用于发展大型商用飞机设计与制造、航电设备及核心零部件制造、高性能空间飞行器制造等产业。二是前沿产业区,主要用于推动发动机制造与集成、航空航天复合材料、通用航空产业发展。三是综合先行区,主要推动微小卫星和北斗导航产业发展。

园区建设。2019 年,上海发布的首批 26 个特色产业园区中的临港新片区大飞机产业园便布局于此。临港新片区大飞机产业园规划面积为 24.7 平方千米,含特殊综合保税区 7.86 平方千米。2020 年 10 月,临港新片区大飞机产业园启动,开园当日便吸引了 22 个项目签约入驻,预计投资总额超过 200 亿元。签约入园的项目主要包括中国建材航空复合材料研制、大飞机创新谷、国家商用飞机制造工程技术研究中心、普励航空质量认证平台等航空研发与制造类项目;高博航空机载通信系统研制项目、新创航空复合材料设备研发中心等航空工装与内饰类项目;恒圣凯航材分拨中心、综保物流航空供应链服务中心等航空物流与供应链管理服务类项目;中航租赁航空器融资租赁项目、埃森博航空器资产评估中心等航空金融与航空文创类项目。随着各产业细分领域的领军项目入驻以及航空金融租赁、评估、综合保税物流及生产性服务等功能类服务平台逐步构建,临港新片区大飞机产业园特色化、集群化发展按下"加速键"。在相关项目入驻的同时,园区基础设施也加快完善。当前,"临港新片区大飞机园一谷一园"项目开工建设,总建筑面积超过 12 万平方米,包括航空研发办公空间、专业厂房等,预计 2022 年至 2023 年分批竣工,满足各类航空产业用户的需求。①

---

① "一谷一园"指创新谷和产业园,该项目位于大飞机园特殊综合保税区的西南角,毗邻商飞总装基地。

另外,园区将依托中国商飞、中国航发在临港新片区已有的产业布局,逐步汇聚航空研发、制造、运维、服务等产业链高端业态。预计到 2025 年,临港新片区大飞机产业园产业规模将达到 500 亿元,到 2035 年预计突破 2 000 亿元,争取成为具有全球影响力与竞争力的大飞机产业园。

政策保障。为了大飞机园的建设,临港新片区管委会正进一步加强规划引领,保证优质项目土地供应,优化产业项目政策配套,推动建设具有航空特色的专业化高品质物业,构建新片区航空产业发展新高地,发挥"增长极"和"发动机"的作用,将临港新片区打造成为更具国际市场影响力和竞争力的特殊经济功能区。比如,临港新片区为促进上下游产业间协同合作,对采购区内企业的产品进行采购补贴,通过金融政策支持产业链上下游的并购,针对测试验证、资质认定制定相应的扶持政策。临港新片区有特殊经济功能区和特殊综合保税区两个"特殊"政策以及专项配套政策的叠加,其民用航空产业链条体系将更加完善并具有竞争优势。

未来,临港新片区将进一步联动国内国际产业优质资源,加速构建大飞机特色科技创新体系,围绕大飞机总装布局"7+2"航空制造产业集群,区内区外联动发展,重点打造材料及结构件、工装及生产设备、动力安装、飞机物流、管路线缆及内饰内设、动力装备、机载系统和科技创新、航空文旅等产业集群和国际化航空生产性服务一站式平台,将临港新片区打造成"航空制造+航空服务"双链融合的,具有全球影响力、创新力和竞争力的世界一流的,以航空产业为核心的新兴产业集群。

4.2　发展新型国际贸易

国际贸易是指不同国家(主体)进行的跨境交易。新型国际贸易是相对传统国际贸易而言的,是传统国际贸易随时代发展的更高级形式。经济全球化的不断发展,使得国际分工形成的产业价值链产生越来越深远的影响。而 2008 年金融危机以来,全球经济增长乏力,贸易增长动力不足,与此相对应的是随着网络技术、计算机技术、信息技术等现代科学技术的发展和应用,以互联网为代表的新经济蓬勃兴起,尤其是"互联网+外贸"的新业态,逆势强劲发展,逐渐成为国际贸易发展的新趋势。互联网思维下的全新贸易模式,不仅改变了传统的贸易方式和竞争方式,而且实现了贸易便利化,已经成为世界经济新的增长点,成为未来国际贸易竞争的主战场。

近年来,人工智能、大数据、云计算等数字技术的成熟和应用极大地推动了社会经济各个环节的深刻变革。依托互联网思维大数据手段,以跨境电商等为代表的新型国际贸易方式得到快速发展。作为数字经济领域的组成部分,跨境电子商务发展日益成熟,其数字化和平台化的阶段性特征愈发显著,在持续量变积累下实现质变,大有迭代为全球数字贸易的趋势。全球数字贸易是跨境电子商务发展的高级形态,尤其是在 2020 年新冠肺炎疫情全球大流行的背景下,通过跨境电子商务乃至全球数字贸易方式开展新型国际贸易具有明显的现实意义。

4.2.1 中国新型国际贸易发展概况

1. 跨境电子商务

(1) 跨境电子商务发展阶段。

从全球主要经济体来看,国际上跨境电子商务主要兴起于 20 世纪末。随着亚马逊和 eBay 分别于 1998 年、1999 年登陆欧洲市场,跨境电商逐渐拉开帷幕。相比于世界发达国家,中国跨境电商兴起的主要标志为阿里巴巴于 1999 年成立的国际站。此后,国内各类平台型企业开始不断涌现。中国跨境电子商务发展阶段见表4.7。

表 4.7　中国跨境电子商务发展阶段概况

时　间	代表性事件
1999 年	阿里巴巴国际站成立,开启跨境电商时代
2004 年	敦煌网成立,线上交易开始出现
2015 年	阿里巴巴国际站信保业务上线,跨境电商全面线上化
2020 年	跨境电商向全球数字贸易过渡的重要节点

从 1999 年阿里巴巴国际站成立到 2004 年,中国跨境电商处于萌芽时期。阿里巴巴初期只提供线上黄页服务,尚未出现线上交易。2004 年敦煌网成立上线,标志着跨境电商线上交易的产生,跨境电商由信息撮合向线上交易过渡,开始进入成长期。2015 年,阿里巴巴国际站上线信保业务,标志着国内跨境电商向线上交易的全面转型,跨境电商步入成熟发展期。2020 年,新冠肺炎疫情全球大流行给面对诸多国际贸易壁垒的跨境电商发展带来了新的机遇与挑战,是其向全球数字贸易过渡的重要节点。

(1) 跨境电子商务市场规模。

图 4.17 显示了 2014—2019 年中国跨境电子商务市场规模情况。可以看出,

2014—2019年,中国跨境电子商务市场交易规模呈现持续增长态势,但增长率表现出先下降后上升的波动态势。根据国内知名电商智库网经社电子商务研究中心发布的《2019年度中国跨境电商市场数据监测报告》,2019年中国跨境电商市场规模达到10.5万亿元,比2018年增长1.4万亿元,同比增长16.66%。近年来,中国跨境电商规模一直保持较快速发展,其在中国进出口总额的占比已经上升到2019年的37.6%,虽然三年来中国总体进出口总额呈下降趋势,但跨境电商却呈增长态势,跨境电商行业生机勃勃。

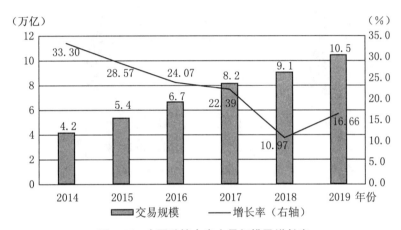

图 4.17　中国跨境电商交易规模及增长率

资料来源:网经社官网。

(2) 中国跨境电商市场进出口结构。

图4.18显示了中国跨境电商市场进出口结构情况。可以看出,2015—2019年,中国跨境电商进口占比由2015年的16.8%上升到2019年的23.5%,比例正不断扩大;跨境电商出口占比由2015年的83.2%下降到2019年的76.5%,但依然占主导地位。相对于全球其他经济体而言,由于中国的出口产能有着较强的成本优势和释放需求,加之"一带一路"倡议对跨境出口有相对倾斜,未来相当一段时期内中国跨境电商仍将以出口为主。

(3) 中国跨境电商交易模式结构。

图4.19显示了中国跨境电商交易模式结构情况。可以看出,2015—2019年,中国跨境电商交易模式中B2C模式占比由2015年的8.1%上升到2019年的19.5%,呈现不断上升趋势;跨境电商交易模式中B2B模式占比由2015年的91.9%下降到2019年的80.5%,但依然占主导地位。B2B商业模式能够减去中间环节,让品牌商和产品直接接触,通过用户来反作用于生产方和品牌方。相对而言,B2C

模式更受广大消费者的青睐,越来越多的 B2C 跨境电商平台建立起来,跨过众多中间环节直接连接工厂与消费者。这不仅能够减少交易环节,还能消除市场信息的不对称。

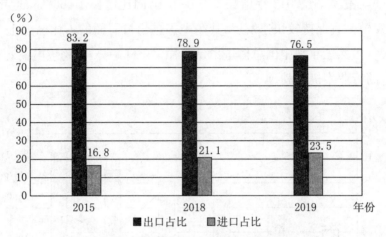

图 4.18 中国跨境电商市场进出口结构

资料来源:网经社官网。

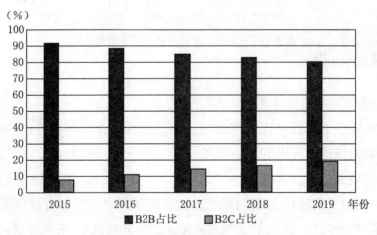

图 4.19 中国跨境电商交易模式结构

资料来源:网经社官网。

(4) 跨境电商用户规模与投资等情况。

随着电商规模持续扩大,从 2016 年开始,中国电商逐步从超高速增长期进入相对稳定发展期,然而,中国跨境电商则继续保持高质量发展增长态势。《2019—2020 中国电子商务发展报告》显示,进出口规模方面,2019 年中国跨境电商进出口商品总额达到 1 862.1 亿元,比 2018 年增长 38.3%;其中出口为 944 亿元,进口为

918.1 亿元,出口量首次超过进口量。

在进口跨境电商用户规模方面,2019 年中国进口跨境电商用户规模达到 1.25 亿人,同比增长 41.24％。随着居民收入水平的提高,消费结构的改善,越来越多人开始追求更高品质的生活,在消费方面,对于商品的质量、购物的体验需求也进一步提高。

在跨境电商行业渗透率方面,2019 年中国跨境电商行业渗透率达到 33.29％,相比 2018 年的 29.5％提升了 3.79 个百分点。2019 年跨境电商行业渗透率相比 2018 年稳步提升,跨境电商在助推传统外贸发展上起到的作用愈加凸显。

在投融资方面,2019 年中国跨境电商领域投融资金额达到 214.7 亿元,其中出口电商投资融金额为 41.46 亿元,占比达到 19.3％;进口电商投融资金额为 169.97 亿元,占比高达 79.2％;跨境服务商投融资金额为 3.29 亿元,占比为 1.5％。2019 年,中国进口电商融资 9 起,其融资金额庞大,可见进口电商投融资需求在中国跨境电商中占主导地位。

2. 数字贸易

数字贸易是以互联网为基础依托,以数字交换技术为主要手段,借助互联网传输渠道为供求双方提供所需要的数字服务贸易或实物商品贸易。与传统贸易相比,数字贸易的主要不同之处在于新型商业模式。作为数字贸易的重要有机组成部分,电子商务特别是跨境电商的快速发展正在助推数字贸易时代的早日到来。现阶段的跨境电商仍然处于数字贸易的初级阶段,产业的垂直整合力度不够,对传统产业的影响十分有限。而数字贸易并非只是简单的货物交易活动,它是跨境电商的更高级形式,更加突出强调数字技术与传统产业的融合发展,以推动消费互联网向产业互联网转变,并将实现制造业的智能化升级。

互联网的全球化和数据的跨境流动性催生了数字贸易在全球范围内的蓬勃发展,为国际经济带来了强劲的推动力。2020 年 10 月,商务部研究院发布的《中国数字贸易发展报告 2020》显示,近年来中国数字贸易规模持续快速扩大,2019 年中国数字服务进出口总额突破 2 700 亿美元大关,达到 2 718.1 亿美元,较 2005 年的 488.59 亿美元增长了 4.56 倍。同时,中国数字贸易市场主体持续壮大,2019 年全球企业 500 强中,中国有 217 家企业上榜,总估值 9 413.79 亿美元,位居世界第一。另外,2019 年中国服务贸易整体规模为 5.4 万亿元,其中数字贸易占比达到 25.6％,同比增长 3.4％。随着数字贸易在全球贸易格局的重要性不断提升,中国贸易焦点正加快沿着"货物贸易—服务贸易—数字贸易"路径演进。

随着中国"互联网＋"战略和"一带一路""网上丝绸之路"建设深入发展,中国数字经济迎来了新的时代发展机遇。作为数字经济的核心,数字贸易与网上丝绸之路相辅相成,以跨境电商作为发展平台,给未来商业带来了颠覆性的变革和重构,正逐步成为经济增长的新引擎。

4.2.2 上海新型国际贸易发展概况

上海作为全国最大的口岸和商贸城市,近年来包含跨境电商在内的数字经济产业发展迅速,产业规模不断扩大,新型国际贸易发展不断向前推进。

1. 跨境电子商务

2017 年,上海海关共监管跨境电商进口订单 1 643.7 万单,涉及金额 36 亿元,同比增长 45.2%和 66.3%。其中直购进口模式 535.4 万单,涉及金额 16.2 亿元,同比增长 144.8%和 89.6%;网购保税进口模式订单 1 108.3 万单,涉及金额 19.8 亿元,同比分别增长 21.4%和 51.1%。而据上海跨境电商公共服务平台统计,2018 年上海处理交易订单 2 356 万笔,交易金额达 48.7 亿元,分别同比增长 38%、16%。

2019 年,上海跨境电商虽受全球贸易摩擦影响,但整体情况趋于平稳向好,上海口岸跨境电商进出口业务继续保持两位数增长。上海海关统计数据显示,2019年前 10 个月上海市跨境电商进出口额达到 47.4 亿元,同比增长 24.2%。其中,进口规模达到 45.7 亿元,同比增长 24.6%;出口规模为 1.7 亿元,同比增长 14%。

上海作为首批跨境电商试点五个城市(上海、郑州、宁波、杭州、重庆)之一,近年来不断优化营商环境,以国家级跨境电商综合试验区为依托,大力推进跨境电商产业集聚发展。

2. 数字贸易

数字贸易是发展国际化、外向型数字经济的主要载体,已成为全球经济增长的重要驱动力,也是全球城市竞争的新焦点。在全球数字贸易规模不断扩张的背景下,上海正积极响应国家战略号召,大力推动数字化建设,打造经济创新驱动发展的新引擎。

上海作为服务贸易创新发展试点城市,得益于相关政策的大力扶持,其数字贸易正步入快速发展期。2018 年,上海数字贸易进出口总额达到 260 亿美元,同比增长 16%。《2018 上海数字贸易运行指引》①显示:2018 年,上海市在信息服务业方面实现信息产业增加值为 3 508.30 亿元,比 2017 年增长 13.7%;在文化和娱乐服

---

① 由新经济和产业国际竞争力研究中心发布。

务业中,视听和相关服务进出口总额为 4.4 亿美元,同比增加 27.5%;在电子商务方面,2017 年上海市电子商务交易总额累计实现 24 263.6 亿元,同比增长约 21%。上海在数字化内容和服务方面已经具备一定的规模优势,在数字内容产业方面已经形成电子图书、数字报纸、网络原创文学、数字音乐、网络游戏等新业态。

尽管上海依托自贸试验区和综合保税区等平台,借助海港空港、科技、人才等优势,在相关政策大力扶持下推动了地区跨境电商、离岸贸易、数字服务等新型国际贸易快速发展,但在当前国际国内背景下发展新型国际贸易也面临一些新的挑战。一方面,当前中美贸易摩擦不断,贸易合作充满不稳定性。贸易保护主义盛行使得国际贸易增长乏力,进一步使得新型国际贸易充满挑战。另一方面,相对于国内杭州等其他数字经济发展较好的城市,上海虽然具备发展新型国际贸易的综合优势,但企业成本高等缺点也逐渐凸显。比如,在跨境电商方面,监管体系严格致使操作相对刻板,清关手续烦琐增加企业运营成本,跨境包裹小而多的特点使得跨境物流无法充分利用集装箱运输优势影响运输效率,以及土地资源的高成本使用使得很多实力并不雄厚但具备发展潜力的企业望而却步。

4.2.3 临港新片区新型国际贸易发展概况

1. 新型国际贸易发展概况

发展新型国际贸易是临港新片区建设更具国际市场影响力和竞争力的特殊经济功能区的使命之一。有别于上海自贸试验区其他片区打造"国际高标准自由贸易园区"的目标,临港新片区是要在其他片区投资贸易自由化、便利化等试点政策的基础上,进一步通过制度等创新打造更加具有引领作用的特殊经济功能区。加快推动产业和贸易有机结合,培育离岸贸易、数字贸易等新业态,不断提高贸易发展质量、增添贸易发展新动能、拓展贸易发展新空间,已是当前临港新片区发展新型国际贸易的迫切任务。

试点建设方面。2020 年 1 月,临港新片区获授商务部"国家外贸转型升级基地(汽车及零部件)"和上海市商务委"上海国际服务贸易示范基地",并正式启用数字贸易交易促进平台临港新片区分站大屏幕。这对进一步推进临港新片区新型国际贸易高质量发展具有重要意义,不但可以促进新片区汽车行业二、三产业联动发展,加快汽车外贸业务创新,还可以丰富二、三产业结合发展的外贸模式。2020 年 5 月,洋山特殊综合保税期(一期)顺利通过封关验收,成为中国 151 个海关特殊监管区中唯一的特殊综合保税区。这为临港新片区大力推动跨境电商模式创新,推进数字贸易、离岸贸易等新型国际贸易发展提供了优势平台。洋山特殊综合保税区的特殊影响在于可以建立中国内地除香港外新的离岸功能中心,通过"税制""法制""管制"等创新突破,整合并优化供应链,形成国际国内市场资源配置的具备双重功能的新型国际贸易中心。

政策扶持方面。自挂牌以来,临港新片区从制度创新、产业政策、人才引进及培育等方面不断完善新型国际贸易发展环境和配套措施,推动跨境电商、数字贸易、离岸及转口贸易等新型国际贸易发展。《临港新片区创新型产业规划》的出台,进一步为临港新片区新型国际贸易发展加码,通过实施一系列更具国际市场竞争力的投资和贸易自由化便利化政策措施,形成开放窗口效应,不断推动贸易投资的开放。在供应链方面,利用依托洋山特殊综合保税区打造国际最自由、最便捷的高地,推动传统对外贸易提质升级,形成临港外贸竞争的新优势。在产业链方面,借助临港新片区重点发展集成电路等四大前沿高端产业的契机,提升产业外向度与开放度,探索推动"离岸型总部经济"发展。在价值链方面,鼓励跨国公司地区总部开展离岸贸易,支持总部型机构整合贸易、资金、物流功能,形成辐射范围广的供应链管理中心、资金结算中心,不断推动总部经济集聚和创新发展,以提高全球资源整合和配置能力。

2. 面临的挑战

当前,临港新片区主要任务之一便是发展新型国际贸易。尽管自挂牌成立以来,临港新片区通过采取多种措施不断推动新型国际贸易发展,但是在目前国际产业价值链增加值不断下降的背景下,临港新片区也面临一定的挑战。

一方面是产业生态圈尚未完善。临港新片区成立时间尚短,目前在上海自贸试验区其他片区发展基础上建设起来的产业生态圈尚不完善。在以往国际贸易中,贸易、投资以及研发之间的关系处于相互分离的状态,而开展新型国际贸易需要充分考虑有关贸易、投资、研发以及产业服务等供应链方面的各项功能。临港新片区要打造更加具有世界影响力和竞争力,并引领地区外贸转型升级的新型国际贸易中心,要不断加快贸易重点功能平台建设,推动跨国公司地区总部、贸易型总部、民营企业总部等功能机构在新片区集聚,完善贸易、投资以及研发等供应链生态圈布局,集聚一批世界一流企业的贸易主体以及更多国际贸易资源要素,逐步把临港新片区打造成为国际贸易的新增长极。

另一方面,更加自由便利的政策制度等配套服务措施有待进一步完善。在国际贸易不确定性因素日益增加的形势下,临港新片区必须从制度上大力创新,以更高标准、更高水平的政策保障和配套措施助力地区生态圈建设,推动投资贸易自由化、便利化,促进离岸贸易、跨境电商、数字贸易等新型国际贸易引领发展。

4.3　建设高能级全球航运枢纽

航运建设是推动中国外贸发展、扩大对外开放的重要组成部分。发展具有国际性的航运产业和高端航运服务不仅可以彰显一个国家或地区的世界影响力,也可以提升国家或地区世界竞争力,提高国际航运资源的配置能力。

4.3.1　上海航运发展概况

1. 上海国际航运中心建设历程

国际航运中心建设已经成为世界城市提高国际竞争力的支撑和扩大国际影响力的重要路径。自 20 世纪 90 年代中期纳入国际航运中心建设日程以来,经过 30 多年的建设发展,上海航运基础设施逐步得到完善,港口吞吐能力不断提升,深水泊位数不断增加,集装箱吞吐量已连续十年位居世界第一(截至 2019 年的数据),其国际航运影响力不断提升,上海现已成为世界重要国际航运中心之一。《新华—波罗的海国际航运中心发展指数报(2019)》显示,上海国际航运中心继续保持全球第四名,仅次于新加坡、伦敦和香港。回顾上海国际航运中心建设历程,其大致经历了体制推动阶段、市场推动阶段、转型和升级三个阶段。具体见表 4.8。

2. 上海国际航运发展现状

近年来,上海为新兴经济体重要城市,凭借快速发展的现代航运集疏运体系,不断提升的航运服务能力,自贸试验区的驱动效应和持续改善的营商环境,航运发展水平紧追伦敦,连续多年居于世界前列。

(1)海港方面发展现状。

“一带一路”倡议提出以来,上海国际航运中心积极融入“一带一路”倡议,紧抓“一带一路”、长江经济带和上海自贸试验区三重机遇,形成了依托长三角腹地经济,并形成以外高桥港区、洋山深水港区为主,黄浦江两岸港区为补充的集装箱港区布局。目前,上海港已经与全球 214 个国家和地区的 500 多个港口建立了集装箱货物贸易往来,拥有 80 多条国际航线。

表 4.8　上海国际航运中心建设发展阶段

时　间	阶　段	主　要　概　况
1995—2000 年	体制推动阶段	1995 年,中央把建设上海国际航运中心提上议程。1996—1997 年,上海国际航运中心上海地区领导小组、上海航运交易所、上海组合港管委会相继成立,上海国际航运中心进入体制推动阶段。主要是配合上海浦东开放开发以及上海尽快建成长江流域经济发展的龙头和国际经济中心、金融中心和贸易中心
2000—2008 年	市场推动阶段	加入 WTO 后,中国"大进大出"的加工贸易模式和中国在世界生产体系中的位置所引发巨大市场力量使中国在世界贸易大国中的地位上升到第三、GDP 总量居全球第二,上海的航运事业发展进入了一轮高潮。2005 年,上海港成为世界第一大货运港;2007 年、2008 年,上海港集装箱吞吐量连续居世界第 2 位
2008—2020 年	转型和升级阶段	2008 年金融危机爆发,世界经济进入不景气的下降周期,国际贸易活动也进入萎缩期,而与国际贸易流量相伴而生的国际航运业开始进入冬季,国际航运运价指数一路暴跌。2009 年国务院颁布了《关于推进上海加快发展现代服务业和先进制造业建设国际金融中心和国际航运中心的意见》(国发〔2009〕19 号文),上海国际航运中心建设进入转型和升级阶段,开始实施"双轮驱动"的发展模式。2018 年,上海印发《上海国际航运中心建设三年行动计划(2018—2020)》,进一步推动实现建成上海国际航运中心目标,切实提升上海城市核心竞争力

资料来源:作者参考公开资料整理。

　　表 4.9 展示了 2018 年全球前十大集装箱港口吞吐量排名情况。可以看出,上海港 2018 年以 4 201 万 TEU 的集装箱吞吐量稳居全球第一,比 2017 年增长 4.42%,这也是上海港集装箱吞吐量连续第 9 年排名全球第一。受全球贸易疲软影响,全球很多集装箱港口吞吐量增速普遍放缓。劳氏日报(Lloyd's List)发布的《世界 100 大集装箱港口(2019)》显示,在全球前十大集装箱港口中,2019 年上海港以 4 331 万 TEU 的集装箱吞吐量持续第十年稳居全球第一的位置,但增速仅为 3.1%,较 2018 年有所放缓。长期以来上海港集装箱吞吐量基数大,集装箱码头岸线资源有限,港口基本处于高负荷运转状态,加上中美贸易摩擦因素的影响,上海港集装箱总体增速有所放缓。然而,作为上海港的重要组成部分,上海洋山港在 2019 年上海港集装箱吞吐量中占比高达 45.7%,达到 1 980.8 万 TEU,同比增长 7.59%,创历史新高。并且,洋山港四期全自动化码头经过两年多磨合,全年完成吞吐量 327 万标准箱,同比增长 62.6%。洋山港国际航行船舶平均靠港时间不到 24 小时,装卸作业速度世界领先①。

---

① 资料来源:2019 年上海市综合交通运行年报。

2019 年全球前十大集装箱港口吞吐量第 2 位至第 10 位分别为新加坡港、宁波舟山港、深圳港、广州港、釜山港、青岛港、香港港、天津港和迪拜港,前 10 大港口中中国占了 7 个。并且,除青岛港和香港港互换排名外,其他港口排名与 2018 年相同。

表 4.9　2018 年全球前 10 大集装箱吞吐量港口排名

排名	港口名称	2018 年(万 TEU)	2017 年(万 TEU)	同比增长(%)
1	上海港	4 201	4 023	4.42
2	新加坡港	3 660	3 367	8.70
3	宁波舟山港	2 635	2 461	7.07
4	深圳港	2 574	2 521	2.10
5	广州港	2 192	2 037	7.61
6	釜山港	2 159	2 049	5.38
7	香港港	1 959	2 077	−5.68
8	青岛港	1 930	1 830	5.46
9	天津港	1 600	1 507	6.17
10	迪拜港	1 495	1 540	2.90

资料来源:各港口港务局网站以及港口圈公布资料。

在集装箱中转方面,2019 年上海港集装箱水水中转比例达 48.3%,其中国际中转比例达 10.8%,分别比上年提高 1.5 个百分点和 2.0 个百分点。但与新加坡港(2018 年中转比例为 85%)、香港港(2018 中转比例为 60%)相比,还存在一定差距。[1]

表 4.10 显示了 2019 年全球前十大货物吞吐量港口货物吞吐量及其排名。可以看出,2019 年全球前十大货物吞吐量港口中,中国占据七席。上海港以 71 677 万吨货物吞吐量排名全球第二位,仅次于中国的宁波舟山港但较领先于国际知名港口——新加坡港。就增速而言,受国际贸易环境萎靡影响,上海港 2019 年的货物吞吐量增速较为疲软,不及宁波舟山港的货物吞吐量增速。

在港口旅客吞吐量方面。2019 年,上海港接待国际邮轮靠泊 259 艘次。其中,以上海为母港的邮轮为 226 艘次。邮轮旅客吞吐量为 189.35 万人次,同比下降31.2%。邮轮母港旅客吞吐量占 95.6%。值得一提的是,2019 年从洋山口岸出入境(港)的船舶和人员也双双创新高。据洋山边检站统计,2019 年全年出入境(港)船舶9 100 多艘次,同比增加 3.65%;办理出入境(港)人员 21.9 万人次,同比增加 5.34%。

---

[1]　资料来源:根据《新加坡统计年鉴》(2019)和香港贸发局网站等资料计算得出。

表 4.10　全球前 10 大货物吞吐量港口货物吞吐量及其排名

排名	港口名称	2019 年(万吨)	2018 年(万吨)	同比增长(%)
1	宁波舟山港	112 009	103 808	7.90
2	上海港	71 677	71 659	0.03
3	唐山港	65 674	63 699	3.10
4	新加坡港	62 618	63 013	−0.60
5	广州港	60 616	53 833	12.60
6	青岛港	57 736	54 161	6.60
7	苏州港	52 275	53 179	−1.70
8	德黑兰港	52 188	51 799	0.80
9	天津港	49 220	47 281	4.10
10	鹿特丹港	47 131	46 898	1.30

资料来源:各大港口港务局网站。

（2）空港方面发展现状。

上海可以说是中国与世界其他国家经济贸易往来最为频繁的城市。目前,上海已成功构建国内首个"一市两场"城市机场体系,布局和规模看齐国际大都市水平。具体而言,上海拥有浦东、虹桥两大国际机场,其中共含有 2 个机场、4 座航站楼、6 条跑道、总面积 147 万平方米的货运区、1 个机场综合保税区,客货设计保障能力 1 亿人次、520 万吨。现有大约 110 家航空公司开通了至上海两个机场的航班,航线网络遍布全球 290 多个城市。三大物流集成商均已在浦东机场的国际货邮和快件区域转运中心投入运营。2019 年,上海机场通航全球国家数达到 51 个,通航点总数达 314 个。另外,2019 年 9 月上海浦东机场三期扩建主体工程暨卫星厅启用后,开启了"航站楼＋卫星厅"的机场运营新模式,这是上海航空枢纽建设新的里程碑。目前,上海浦东机场卫星厅日均保障航班超 580 架次,占航班总量的46%,全部实现靠桥保障,带动了浦东机场总体靠桥率从 50% 上升至 90%,航班放行正常率也从启用前的 86% 提升至 90% 以上。

2019 年,浦东、虹桥两机场共保障航班起降 784 831 架次,同比增长 1.72%。其中,浦东机场 511 889 架次,虹桥机场 272 942 架次。旅客运输方面,2019 年上海两场旅客吞吐量首超 1.2 亿人次,达到 12 177.41 万人次,其中虹桥机场旅客吞吐量达到 4 567.66 万人次,浦东机场旅客吞吐量达到 7 609.75 万人次。与 2018 年相比,上海机场 2019 年旅客吞吐量增速上略显疲软。货物运输方面,2019 年上海两机场完成货邮吞吐量 405.26 万吨,实现逆势企稳。

上海国际航空枢纽港已成为中国民航业务量最大的客货运枢纽,其客运和货运量分别居全球第 4 位、第 3 位。上海的航空枢纽在全球具有举足轻重的地位,尤其是浦东机场的影响值得重视。从国际旅客吞吐量规模上看,上海浦东机场是中国国际旅客运输规模最高的机场,在货邮吞吐量方面,浦东机场更是位居全球第 3 位。2020 年全球新冠肺炎疫情期间,上海浦东机场更是成为世界医疗抗疫物资的中心机场,成为世界"抗疫"物资的中转站,大量外国飞机来到上海采购"抗疫"物资,浦东机场在全球"抗疫"中发挥了巨大作用。

　3. 上海航运发展面临的挑战

建设国际航运中心是上海建设全球卓越城市的五大定位之一,上海国际航运中心建设在基础设施、海港作业效率、空港发展等方面都在国际上处于领先地位。在当前国际经济增速下行、贸易保护主义抬头等多重背景下,尽管上海航运发展面临多重战略机遇,但在基本建成国际航运中心目标的基础上如何进一步提升高端航运服务能级,全面建成国际航运中心还面临一定的瓶颈。

一是集装箱业务竞争加剧,持续增长面临冲击。在全球贸易增长疲软状态下,特别是 2020 年全球新冠肺炎疫情影响,全球经济出现衰退,跨境贸易增长步入低迷状态,全球产业链和供应链风险呈上升趋势。随着国际产业链布局调整和国际贸易摩擦加剧,以及中国劳动力成本上升,不少劳动密集型、要素密集型产业开始向东南亚等地转移,从新加坡正在规划建设的集装箱吞吐量的未来能力将达到 6 500 万 TEU 的大士港便可洞悉。上海要保持高水平集装箱吞吐量,持续吸引高端航运服务要素集聚或将面临较大压力。此外,面对中国新旧动能转换、产业结构调整,以及西部开放通道建设和周边港口竞争,上海港在集装箱吞吐量增速不断下降的趋势下还面临货物分流的严峻压力。2019 年上海港集装箱国际中转比例仅为 10.8%,港口的集疏运体系也有待优化。如何持续保持较高的集装箱吞吐量是未来尤其是"十四五"时期上海全面建成国际航运中心首要破解的难题。

二是上海航运服务高端化和国际化进展进程相对缓慢。随着集装箱业务和货运的发展,上海国际航运服务正在不断完善并快速增长,但主要集中在船舶代理、码头仓储以及货物代理等低端服务业领域,在航运金融、保险、结算以及海事法律仲裁等高端服务方面发展滞后。时至今日,不少高端航运服务业务仍然在伦敦或者新加坡处理。究其原因,上海航运服务发展与上海国际金融、贸易和科创中心建设的联动性不强,港城融合还有待进一步深入。此外,严重的区域分割、低水平竞争以及网络软服务建设不足,使得上海高端航运服务半径难以拓展。长三角地区几个航运交易所凝聚力不足,加上重硬件建设、软服务滞后的现状使得高端航运服务难以形成强辐射力的标准化、专业化和规模化模式。上海亟须在构建国内国际双循环新发展格局背景下,借助数字经济优势和自贸试验区新片区以及特殊综合保税区的制度创新,进一步推进航运业对外开放,推动航运服务向航运交易、航运金融、信息咨询、海事法律等具有高附加值、高技术含量方向发展。

4.3.2 临港新片区航运发展

1. 新片区航运发展进展

目前,上海国际航运中心建设处于转型和升级阶段,在上海全面建成国际航运中心面临集装箱吞吐量的持续增长受到冲击和国际化高端化航运服务发展缓慢的情况下,临港新片区的设立对进一步提升和拓展上海全球枢纽港功能,探索洋山港发展成为国际中转港,推动航运业向智能化、高效化和精准化发展具有重要战略意义,这也是国家参与国际竞争的重要突破口。《中国(上海)自由贸易试验区临港新片区总体方案》(以下简称《方案》)提出支持临港新片区"投资自由、贸易自由、资金自由、运输自由、人员从业自由"五个自由,而"运输自由"是另外四个自由的基础。上海自贸试验区临港新片区自挂牌以来,便将航运业作为重点推进产业,并聚焦智能航运领域发展,在航运建设方面不断取得新进展。

机构设置方面。临港新片区管委会专门进行机构调整设置,设立"特殊综合保税区处(航运处)",负责洋山特殊综合保税区管理,以推动货物贸易、高能级全球航运枢纽建设和航运产业、国际航运服务、国际航空业务的发展。

政策支持方面。临港新片区深入洋山港腹地,临港新片区谋航运重点之一便在于洋山港。2020年5月,《关于促进洋山特殊综合保税区对外开放与创新发展若干意见》提出了88条综合支持意见,其中就包括"高端航运服务业"和"高端检测维修业"。《智能航运发展指导意见》等制度文件的颁布也为全方位推动智能航运发展注入了动力。临港新片区一系列制度创新将进一步拓展和强化上海全球航运枢纽建设的边界和动力。

项目引进方面。临港新片区因港而生、依港而兴,2019年其海洋高新园区与有关企业共同签署了国内首艘5 000吨智能电推海上风电运输船,集产学研于一体的"云图海事"联合实验室项目①合作协议,通过引进重点项目推动产业融合发

---

① "云图海事"联合实验室由多家相关政府机构及企业联合建立,是综合了海事航保、信息通信、大数据处理等智能航运领域的行业领先者。临港新片区通过在 AR 增强现实、视频图像处理、船舶大数据、交通虚拟现实、智慧资源管理等前沿领域开展深度合作,共同着力于构建行业一流的产学研一体化创新平台。

展,为临港新片区智能航运发展注入新活力。未来临港新片区还将借助得天独厚的地理条件,在滴水湖区域建立面积约 1 平方千米的"智能无人船艇测试基地"。该项目建成运营后,无人艇、水下机器人、水下声学仪器等智能航运产品可在此区域进行测试,助推相关产品的升级,并为产业化提供有力支撑。

2. 新片区未来发展方向

临港新片区身负提升拓展上海全球枢纽港功能、探索洋山港成为国际中转港的使命。未来,临港新片区要在上海国际航运中心建设和上海自贸试验区发展现有优势的基础上,进一步通过更高姿态开放、更广范围制度创新推动上海高能级全球航运枢纽建设。

一是着力提升航运服务能级,推动高端航运服务发展。临港新片区作为上海自贸试验区更加开放和创新的"试验田",一方面要不断吸引具有全球性、竞争力和影响力的知名航运服务企业机构入驻,不断完善航运产业链,鼓励相关入驻企业和机构开展航运融资、航运保险、航运结算、航材租赁、船舶交易和航运仲裁等高端航运服务,助力浦东机场世界航空枢纽建设,提升上海航运资源集聚和配置能力。另一方面,要借助上海数字经济和"五大中心"建设优势,加快"信息港"建设,不断推动港口生产智能化、航运物流高效化、航运服务精准化、航运要素数字化,不断增强上海航运服务品牌国际影响力。

二是进一步拓展航运枢纽功能。要不断完善启运港退税相关政策和"中国洋山港"籍船舶登记制度,拓展全球枢纽港功能。可以在沿海捎带、国际船舶登记、国际航权开放等方面加强探索,提高对国际航线、货物资源的集聚和配置的集疏运能力。此外,依托洋山特殊综合保税区宽松政策和制度创新优势,着力将洋山港打造为具有全球竞争力的国际中转枢纽港。

4.4　拓展跨境金融服务

跨境金融服务是服务贸易的一种形式,它是相对于境内金融服务而言的,通常是为满足跨境交易、支付结算而提供的一种金融服务。在中国,跨境金融服务主要是指与离岸金融活动相关的经济行为。

4.4.1 离岸金融

1. 离岸金融概念

离岸金融是相对在岸金融而言的,是为非居民提供的金融服务。国际货币基金组织对离岸金融的定义为:"离岸金融是指银行及其他金融机构向非居民提供的金融服务"。在中国,根据《离岸银行业务管理办法》(银发〔1997〕438 号)的定义,离岸银行业务是指银行吸收非居民的资金,服务于非居民的金融活动。该定义与国际货币基金组织对离岸金融的定义本质上并无太大差别。离岸金融主要以存贷款等离岸银行业务为主,发展程度较为完善的离岸市场还有离岸证券业务、资产管理业务等。

简单来说,离岸金融可以理解为一种能够自由兑换货币且交易多发生在货币发行国境外的经济行为,它不受离岸金融市场所在国法规和税制限制,而且能够享受一定的优惠待遇。相应地,由离岸金融发展起来的资金融通市场被称为离岸金融市场。

2. 离岸金融金融市场特征及分类

不同于传统国际金融,离岸金融是国际金融的特殊形式,是对国际金融的创新与发展。随着离岸金融的发展,离岸金融市场也形成了独特的特征,主要表现为:(1)自由化程度高。离岸金融市场受到的金融管制相对较少,资金流动性高,离岸金融市场竞争力相对较强;(2)国际化。离岸金融市场筹集的资金主要来自境内供给和境外剩余资本金,使用范围广、规模大,国际化趋势明显;(3)结算手段先进。离岸金融系统基于国际先进通信网络技术构建而成,安全便捷,能够快速调拨全球范围内的资金;(4)离岸金融交易以机构交易为主,离岸金融机构之间的信贷和外汇买卖交易规模在离岸金融信贷规模中占比很大;(5)政策优惠程度高。离岸金融市场信贷水平相对于货币发行国具有一定的优势,而且税收优惠力度大。

随着全球经济一体化和国际产业价值链分工不断深入,离岸金融市场发展迅速,在国际经济中的地位日益高涨。由于离岸金融市场所在地的地理位置、经济水平和发展政策等差异的存在,高度自由化的离岸金融逐渐形成了不同类型的发展模式,主要有内外一体型、内外分离型、渗透型、避税港型等模式。具体见表 4.11。

表 4.11　离岸金融市场主要发展模式

类型	交易主体	准入门槛	主要业务	业务特点	对所在国经济影响程度	典型地区
内外一体型	居民、非居民	相对宽松,不需要严格申请流程	中长期资金借贷	离岸和在岸业务不分开进行,不设单独离岸账户,资金出入无限制	最高	伦敦、香港
内外分离型	非居民	联金融机构设立需要当局批准	中长期资金借贷	离岸与在岸业务分离,资金禁止在离岸与在岸之间渗透	较高	日本、美国
渗透型	居民、非居民	联金融机构设立需要当局批准	中长期资金借贷	离岸与在岸账户分设,允许离岸和在岸账户资金有一定渗透	较高	曼谷、新加坡
避税港型	非居民	无金融管制	仅处理账务,无实际交易	税收较为优惠、金融管制宽松	无影响	英属维尔京群岛、开曼群岛、巴哈马、百慕大

资料来源:根据郑水珠等(2018)、潘峰华等(2019)资料整理。

4.4.2　上海离岸金融发展现状

1. 上海离岸金融发展概况

(1)上海自贸试验区跨境人民币结算规模。

图 4.20 显示了 2015—2019 年自贸试验区跨境人民币结算总额及占全国比重情况。从跨境人民币结算总额规模上看,总体上 2015 年以来呈现波动增长态势,2019 年,跨境人民币结算总额达到 38 112 亿元,在增长趋势上与全国跨境人民币结算总额规模基本一致。从跨境人民币结算总额占全国比重看,2015 年以来上海自贸试验区跨境人民币结算总额占全国比重持续上升,且所占比重有进一步扩大趋势。自 2013 年上海自贸试验区挂牌以来,上海在离岸金融方面发展规模不断壮大。凭借自由贸易试验区的地理和制度双重优势,又是中国国际进口博览会的主办地以及"一带一路"重要节点位置,上海国际金融结算需求巨大,跨境人民币结算量增长十分迅速。作为国际金融中心城市和中国离岸金融中心建设的首选城市,在中国增设临港新片区进一步开放开发的背景下,上海离岸金融未来将拥有更广阔的发展前景。

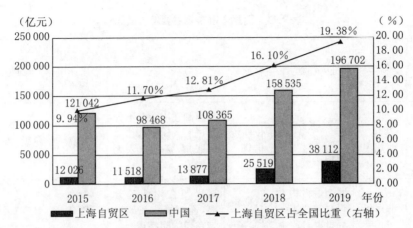

图 4.20　上海自贸试验区跨境人民币结算总额及占全国比重

资料来源：中国人民银行、上海统计年鉴。

（2）现阶段离岸金融发展存在的问题。

在金融中心建设方面，上海在全球的影响力不断提升。英国智库 Z/Yen 编制的"全球金融中心指数"（GFCI）显示，2019 年上海在全球金融中心排名第五位，仅次于排名第四位的新加坡，说明近些年上海的金融开放效果显著，极大地提高了上海金融中心在国际上的地位。然而，在国际金融中心建设，尤其是离岸金融发展方面，上海与新加坡等成熟离岸金融市场相比，还有待进一步强化离岸金融中心建设。现阶段，上海离岸金融发展主要存在的几方面问题为：

一是离岸金融市场自由化程度不够。投资方面，上海自贸试验区成立以来，发布了三版负面清单，推出 54 项扩大开放措施，开放度进一步提升。但在具体领域还存在重制造业轻服务业、重形式轻操作等问题，贸易便利化程度还有待提升。资金流动方面，考虑风险可控的前提下在内外分离型的基础上可适度发展渗透型离岸金融模式，促进国际资本流入，提升资金流动效率。

二是现阶段金融监管过于严格，市场化程度不够。在放宽外汇管制方面，需要实行更富有弹性的金融政策，逐步实现汇率随行就市，提升市场化水平。

三是税收等优惠政策力度需要进一步加大。要通过更大力度的优惠税收政策吸引国际金融机构、业务和专业人才集聚，不断吸引外力流入，提升离岸金融市场竞争力。

2. 建设离岸金融中心的重要性

离岸金融市场的形成是经济及金融高度市场化、全面开放的一个重要标志。随着上海自贸试验区建设的稳步推进，建立更加完善的人民币离岸金融中心成为改革的重点方向。当前，国际形势发生了深刻而巨大的变化，中国外部发展环境面临前所未有的挑战和压力,加快上海离岸金融中心建设对进一步发挥上海离岸金融中心优势、提升全球金融资源配置能力,以及推进上海国际金融中心建设甚至提升中国国际金融话语权具有重要的战略意义。

(1) 有利于推动人民币国际化。人民币国际化是提高中国国际金融话语权的关键一环,而上海自贸试验区离岸金融中心在人民币走向国际化的路途上将会发挥举足轻重的作用。离岸金融市场具有税收优惠、借贷成本低和业务效率高等优势,这些特点能够提升人民币金融产品的市场竞争力。根据日本的发展经验,1986年,日本开设离岸金融市场(Japan offshore market,JOM),大幅度提升了日元的国际化水平。2009 年,中国批准在上海开展跨境贸易人民币结算试点,标志着人民币国际化的开端。2019 年,上海市跨境人民币结算总额达到 38 112 亿元,占全国跨境人民币结算总额的 19.38%,在推动人民币成为世界主要支付货币方面发挥了重要作用。

(2) 有利于提升上海国际金融中心的全球地位。2019 年英国智库 Z/Yen 编制的"全球金融中心指数"显示,上海在全球金融中心排名第五位,而在城市竞争力榜单上,上海在营商环境和金融部门发展两个指标上均排名第七位,说明上海在国际金融中心建设过程中还需进一步改善营商环境、完善金融部门设置。另外,上海建设国际金融中心尽管已有一段时间,但在实际推进中面临资本项目管制等诸多制约和挑战。而发展上海自贸试验区人民币离岸金融中心,能够进一步吸引外资,在扩大金融业务的基础上"倒逼"金融部门和体制机制改革完善,推动利率市场化改革迈向新台阶,进一步提升上海在国际金融中心的地位和综合竞争力。

(3) 有利于强化金融服务实体经济能力。2019 年,中国实际使用外资达到 9 415 亿元,同比增长 5.8%,居于世界第 2 位。中国已经成为海外投资的首选地之一,并且中国企业近年来不断走出去,扩大海外投资规模。无论是利用外资还是对外投资,建设上海离岸金融中心都是进一步加大对外开放、为投资"引进来或走出去"提供便利条件、推动金融服务实体经济的重要手段。

(4) 有利于拓展国际资金进出新通道。改革开放以来,香港在内地引进外资、发展转户口贸易方面发挥了重要作用。然而,在当前复杂的国际环境下,香港国际金融中心地位虽未被动摇,但也受到一定的冲击。若未来香港作为中国对外资金进出门户功能受到影响,中国就亟须拓展一条新的国际资本进入中国的通道。而进一步发展上海离岸金融中心,不仅在提升人民币国际化的同时不会影响香港多元货币结算的国际金融中心地位,而且会丰富中国应对跨境资本流动冲击、稳定宏观经济的选择多样性。

4.4.3 临港新片区金融创新发展

1. 临港新片区发展的进展

临港新片区是上海金融先行先试的重要承载区,也是上海国际金融中心建设的新引擎。自挂牌以来,为进一步突破上海国际金融中心建设瓶颈,实施资金便利收付的跨境金融管理制度,实行更加开放、更加便利、更加自由的金融政策,临港新片区正在积极探索、有序推进金融创新服务,为打造中国金融开放创新的新高地持续发力。

政策支持上,2019年7月国家金融管理委员会发布了11项金融开放措施,支持优先在临港新片区落地。2020年3月,《临港新片区优质企业跨境人民币结算便利化方案》发布,这是"30条意见"发布后出台的首个金融改革创新实施细则。①同在3月,中国(上海)自由贸易试验区临港新片区境内贸易融资资产跨境转让业务试点启动仪式在中国人民银行上海总部举行。2020年9月,临港新片区管委会会同相关部门发布了《全面推进中国(上海)自由贸易试验区临港新片区金融开放与创新发展的若干措施》,在落实对外开放、强化制度创新、培育金融体系、服务实体经济、加强服务保障五方面提出了50条创新举措,着力解决当前中国金融开放与创新发展过程中遇到的瓶颈和难题,为全面推进临港新片区金融开放与创新发展提供有效路径。其中就包括探索取消外商直接投资人民币资本金专用账户,探索开展本外币合一跨境资金池试点。支持符合条件的跨国企业集团在境内外成员之间集中开展本外币资金余缺调剂和归集业务,资金按实需兑换。并且,临港新片区管委会还同国家开发银行等16家金融机构集中签约,推动相关金融机构落户新片区。

操作层面,经过一年多的建设,目前临港新片区初步搭建起了适应特殊经济功能区建设需要、便利资金收付的跨境金融管理制度体系,金融改革开放创新取得了积极进展。主要集中在:(1)加大压力测试,开展开放型金融制度创新;(2)深化金融供给侧改革,推动金融服务重点产业发展;(3)大力发展跨境金融,着力增强国内国际金融资源配置功能;(4)落实金融对外开放措施,吸引集聚各类中外资金融机构;(5)优化金融发展环境,探索更加灵活的金融监管模式和管理体制。例如,临港

---

① 30条意见,指2020年2月人民银行等五部门联合发布的《关于进一步加快推进上海国际金融中心建设和金融支持长三角一体化发展的意见》(简称"30条意见")。

新片区在上海市率先实施优质企业跨境人民币结算便利化,惠及新片区 66 家企业(截至 2020 年 6 月底)。另外,还先行试点实施一次性外债登记,大幅简化了跨境融资业务办理流程。此外,临港新片区积极开展高新技术企业外债便利化额度试点,允许区内符合条件的高新技术企业在 500 万美元额度内自主借用外债。为推动外汇收支便利化、更好服务企业贸易和投资,临港新片区还允许银行直接办理企业外债注销登记业务等。再者,临港新片区率先开展境内贸易融资资产跨境转让业务,帮助企业更好利用境内外两个市场、两种资源,业务规模达 7 亿元(截至 2020 年 7 月末)。2020 年 11 月,上海票据交易所在临港新片区上线跨境人民币贸易融资资产转让服务平台,首批参与机构就达到 64 家,其中境内机构 24 家、境外机构 40 家,覆盖全球四大洲 15 个国家和地区。并且,平台启动首日共有 22 家金融机构达成 21 笔交易,涉及金额 10.44 亿元。

2. 临港新片区未来发展

临港新片区的设立不只是上海自贸试验区在试验布局上简单地向沿边地区拓展,还是在政策制度设计上向更高水平探索,在更深层次、更宽领域以更大力度推进全方位对外开放的具体体现,是自贸试验区开放引领功能的再升级。区别于上海自贸试验区老片区的"投资贸易便利化",临港新片区则是实现"投资贸易自由化",未来在促进全球贸易自由化发展、推进上海国际金融中心建设方面要重点发展,有序推进。

一是以制度创新推进投资贸易自由化。2015 年中国人民银行上海总部发布《关于启动自由贸易账户外币服务功能的通知》,标志着自由贸易账户(FT 账户)外币服务功能正式启动。对于上海自贸试验区老片区来说,这是创新金融改革、促进投资便利化的重要探索。但就目前情况看,FT 账户仍存在一些瓶颈限制,在国际融资、外汇和保险等方面与新加坡等国际典型离岸金融市场相比,还存在一定劣势。临港新片区需要在现有 FT 账户优势的基础上,对标国际通行规则的管理服务制度,进一步完善其功能,进行更深层次的创新探索。

二是以开放创新激发市场活力。对于高水平开放而言,如果自贸试验区是促进高水平开放的"机器引擎",那么金融就是驱动引擎所需的"燃料"。在自贸试验区,金融所要发挥的作用就是打破市场现有规则限制,促使国际机构和企业资本能够自由进入新片区并在新片区内发展,而新片区的金融环境要能够最大程度地满足这些发展需求。要实现该目标,临港新片区就要进行金融开放创新,在相关政策支持下有效激发市场活力。这一点可借鉴新加坡等发达国际金融中心在岸和离岸之间的运营模式,积极探索,以更好服务中国对外开放总体战略。

第5章
发挥桥梁引领作用　推动长三角一体化迈向新格局

5.1　强化重点区域联动，释放发展新动能

上海自贸试验区临港新片区承担着服务和融入长三角一体化发展战略的重要任务以及发挥着联结全球与长三角的枢纽功能。作为特殊的经济功能区，临港新片区同时肩负着引领长三角地区更高质量一体化发展，实现更深层次、更宽领域、更大力度推进全方位高水平开放的使命。如何加强上海自贸试验区临港新片区与长三角地区内其他重点区域的协同联动发展显得尤为重要。要加强临港新片区与长三角范围内的自由贸易试验区、海关特殊监管区、国家级经济技术开发区、国家级高新技术产业开发区和港口等重点功能区域的联动，应该按照自贸试验区—海关特殊监管区—开发区三个梯度，形成长三角各类园区和港口联动，从而实现各功能区域更高效率的分工协作，引领长三角地区更好地代表国家参与日趋激烈的国际竞争。

5.1.1　推动自贸试验区联动

推动自贸试验区联动是临港新片区推动重点园区联动的第一梯度。相比于长三角其他区域，临港新片区与国内几个自贸试验区的功能定位、制度、政策更为接近，因此在区域一体化发展过程中，比其他区域更容易协调，政策、制度和发展模式更容易在自贸试验区内推广。以自贸试验区的协同联动发展进而带动整个长三角的一体化发展，是临港新片区引领长三角一体化的一个思路。自 2013 年 9 月上海自贸试验区作为国内第一个自由贸易试验区设立以来，国家层面先后批准设立了

浙江、江苏和安徽自由贸易试验区,并且增加了中国(上海)自由贸易试验区临港新片区。2020 年 9 月中国(安徽)自由贸易试验区获批,自此长三角地区一市三省都设立了自贸试验区,各省市应充分发挥自贸试验区的辐射带动作用,推动区域一体化协调发展。自贸试验区建设是新形势下中国全面深化改革和扩大对外开放、深度融入经济全球化的重要载体。自贸试验区的发展对于区域经济有很强的辐射带动作用,上海自贸试验区临港新片区要充分发挥自身政策、制度与资源优势,积极寻找自贸试验区联动发展的共鸣点,在自贸试验区联动发展中发挥引领带动作用,最大限度地发挥自贸试验区的辐射带动作用,辐射带动周边地区的发展,形成长三角地区自贸试验区建设的网络效应。在自贸试验区联动发展过程中可以参照以下思路。

建立长三角自贸试验区联盟。苏浙沪皖的四个自贸试验区拥有多个不同的片区,不同片区之间面临着操作标准不同、规范不同、协调机制不完善、同质化竞争激烈等问题。相比于分散管理,建立长三角自贸试验区联盟更有助于各个自贸试验区片区之间的交流合作,加强信息共享,优化资源配置,降低不必要的交易成本。上海自贸试验区临港新片区应积极牵头推动上海、江苏、浙江、安徽自由贸易试验区协同联动发展合作框架协议尽快实现落地,建立长三角地区自贸试验区联盟,以更好地整合资源,统筹上海、江苏、浙江和安徽四个自贸试验区的发展,形成统一的自贸试验区服务标准和规范,创造良好的营商环境。在这个过程中要充分发挥上海自贸试验区临港新片区的引领带动作用,依托新片区的政策和制度优势,为企业的跨区域发展提供保障,加强各个自贸试验区之间的交流协作。

实施错位发展策略。合理的错位分工有助于避免地区间同质化过度竞争。如表 5.1 所示,在整体发展战略层面,不同自贸试验区有不同的发展定位,上海自贸试验区临港新片区致力于建成具有较强国际市场影响力和竞争力的特殊经济功能区,形成更加成熟定型的制度成果,打造全球高端资源要素配置的核心功能,成为中国深度融入经济全球化的重要载体。而浙江自贸试验区依托其丰沛的海洋资源和港口资源,着力推进以油品全产业链为核心的大宗商品投资便利化贸易自由化,提升大宗商品全球配置能力,建成自由贸易港区先行区。江苏自贸试验区以"着力打造开放型经济发展先行区、实体经济创新发展和产业转型升级示范区"为战略定位,争取打造国际一流的高科技园区。安徽自贸试验区起步较晚,其主要致力于形成内陆开放高地。不同自贸试验区由于其资源禀赋、所处地理位置以及当地经济发展状况不同,有不同的战略定位。然而,在发展过程中,由于各自贸试验区间的信息不共享,很可能会出现同质化现象,而自贸试验区的一体化协同发展不等于同质化发展,适度错位、优势互补更有利于长三角地区扩大对外开放。这就要求长三角地区的各个自贸试验区之间加强交流协作、信息共享,临港新片区应在这个过程中积极充当各自贸试验区合作交流的桥梁,助力长三角区域一体化协调发展。

表 5.1 长三角地区自贸试验区概况表

	批准设立时间	总 体 定 位
上海自贸试验区临港新片区	2019 年 7 月	对标国际上公认的竞争力最强的自由贸易园区,在适用自由贸易试验区各项开放创新措施的基础上,实施具有较强国际市场竞争力的开放政策和制度,加大开放型经济的风险压力测试,实现新片区与境外之间的投资经营便利、货物自由进出、资金流动便利、运输高度开放、人员自由执业、信息快捷联通
浙江自贸试验区	2017 年 3 月	围绕国家能源保障安全,推进以油品全产业链为核心的大宗商品投资便利化贸易自由化,提升大宗商品全球配置能力,成为中国东部地区重要海上开放门户示范区、国际大宗商品贸易自由化先导区和具有国际影响力的资源配置基地,建成自由贸易港区先行区
江苏自贸试验区	2019 年 7 月	包括南京、苏州和连云港三个片区。南京片区将着力建设成为具有国际影响力的自主创新先导区、现代产业示范区、对外开放合作的重要平台;苏州片区将着力建设成为世界一流高科技产业园区,打造成全方位开放、国际化创新、高端化产业和现代化治理四个高地;连云港片区将着力打造成亚欧重要国际交通枢纽、集聚优质要素的开放门户和"一带一路"交汇点建设的重要支点
安徽自贸试验区	2020 年 9 月	发挥在推进"一带一路"建设和长江经济带发展上的重要节点作用,推动科技创新和实体经济发展深度融合,加快推进科技创新策源地建设、先进制造业和战略性新兴产业集聚发展,形成内陆开放新高地

资料来源:作者根据公开资料整理。

探索自贸试验区联动共鸣点。临港新片区通过自贸试验区协同推动长三角地区一体化发展的一个很重要的思路就是寻找探索临港新片区与浙江、江苏、安徽自贸试验区的契合之处,加强与相关区域的合作发展。比如,临港新片区在位置上毗邻浙江,应带动浙江自贸试验区共同建设新片区小洋山岛区块,助力浙江自贸试验区赋权扩区。依托洋山组合港航运以及临港新片区高水平对外开放的优势,强化临港新片区的引领作用,实现更高水平对外开放。安徽自贸试验区建设刚刚起步,发展路径还不明确,两者应该积极实现对接,将临港新片区先行探索成功的经验、制度和政策复制推广到安徽自贸试验区,加快安徽自贸试验区的建设。临港新片区通过探索与其他自贸试验区的共鸣点,加强双方合作,以自贸试验区联动带动区域一体化发展。

5.1.2 强化海关特殊监管区域联动

强化海关特殊监管区域联动是临港新片区推动重点园区联动的第二梯度。海关特殊监管区域是保税区、出口加工区、跨境工业区等以产业集聚为发展方式的特定经济发展区域的总称。因长三角地区较为开放的经济发展格局以及港口的快速发展,其海关特殊监管区域的种类齐备,数量众多,分布相对集中。截至 2020 年 6 月,中国共批准设立了 155 个海关特殊监管区域。其中,长三角地区共有 46 个海关特殊监管区域,包含保税港区 1 个,综合保税区 42 个,保税物流园区 1 个,保税区 2 个,约占中国海关特殊监管区域总数的 30%。这也导致长三角地区拥有数量众多相同类型的特殊监管区域,其发展的产业类型有很大程度的相似性,在不进行统一规划的情况下,可能会出现产业配套、区域功能定位等方面重复布局和同质化竞争问题。不利于资源优化配置,造成海关特殊监管区域的浪费与闲置,从而降低其使用效率,弱化甚至使之失去功能。

海关特殊监管区域协同联动,一方面是各海关特殊监管区域之间的协同发展。各个海关特殊监管区域,因隶属于不同的行政区划,在决策过程中缺乏互相沟通,造成信息不对称,这就导致长三角地区海关特殊监管区域发展不平衡,同质化现象严重。长三角地区海关特殊监管区域间应加强沟通,充分交流发展经验,适度错位发展,避免过度同质化造成的不良竞争,促进海关特殊监管区域良性发展。应支持将临港新片区先行探索出的成功监管创新制度安排复制到长三角地区海关特殊监管区域中,整合保税资源,优化信息共享平台,搭建各海关特殊监管区域之间的沟通桥梁,推动长三角地区海关特殊监管区域协同发展。另一方面是海关特殊监管区域内相关配套产业的协同发展。加强各特殊监管区域内的产业协作,推动海关特殊监管区域发展保税加工、物流、服务等多元化业务,促进各个海关特殊监管区域实现产业差异化发展,减少同质化竞争,避免现有资源的闲置与浪费。

长三角地区海关特殊监管区域的协同发展需要增强各区域之间的协调性,对于同质化问题,需优化地区海关特殊监管区域布局,依托长三角各城市的产业优势,突出各自发展特色。自贸试验区是以海关特殊监管区域为基础建立的,在管理体制上,临港新片区与海关特殊监管区域有相通之处,但临港新片区的战略定位要高于海关特殊监管区域。临港新片区应积极探索适合的管理体制,将其复制推广到海关特殊监管区域,海关特殊监管区域要对自己的功能定位重新审视和评估,并不断优化,以适应中国对外开放的发展要求,努力打造长三角更高质量一体化协同创新展示范区。

5.1.3 促进开发区联动

促进各类开发区联动是临港新片区推动重点园区联动的第三梯度。临港新片区可选定长三角地区的若干国家级经济技术开发区和国家级高新技术产业开发区,合作探索设立特别合作区,作为长三角一体化协调发展的示范区、产业功能升级承载区、自主创新拓展区,充分发挥示范区自身的溢出效应,以合作示范区的协调融合带动区域的协调融合。完善高新技术产业转移共享机制,推动高新技术产业上下游间的合作,将临港新片区的保税产业与高新技术开发区的非保税产业深度融合,助力临港新片区打造对外开放高地,加快长三角一体化发展的步伐,引领长三角地区实现高水平对外开放。

加强国家级高新技术产业开发区联动。截至 2020 年 6 月,中国共有国家级高新技术产业开发区 169 个,其中长三角地区共有 34 个,约占国家级高新技术产业开发区总数的 20%。国家级高新技术产业开发区是为发展高新技术、将科技成果转化为现实生产力而设置的特定区域,加强临港新片区与长三角地区国家级高新技术开发区联动,有助于形成创新型产业体系,从而更好地实现区域间的融合发展。2020 年 8 月上海市政府出台《临港新片区创新型产业规划》,提出了"7+5+4"的产业规划,致力于发展形成集成电路、人工智能、生物医药、民用航空等七大前沿产业集群,提升发展新型国际贸易、跨境金融等五大现代服务业,以及培育发展智能经济、总部经济等四大创新经济业态。而长三角地区各国家级高新技术产业开发区的主导产业与临港新片区的产业规划有很多重叠之处。综合来看,长三角地区国家级高新技术产业开发区主要以电子信息、集成电路、装备制造、新能源、新材料、生物医药、软件、人工智能、电子设备、节能环保等高新技术产业为主导产业,与临港新片区的产业定位相近。这也为加强临港新片区与长三角区域内国家级高新区之间的合作提供了极大便利。

表 5.2 为主导产业与临港新片区产业规划中的重点产业有重合的高新技术产业开发区名单。建议临港新片区就自身重点产业规划与若干相关国家级高新技术开发区达成合作。一方面,各个高新技术产业开发区相关产业的发展可以给临港新片区相关产业的发展提供经验与技术支持,两者加强合作更有利于形成规模效应,相互依托对方优势。高新技术产业开发区可为临港新片区高新技术产业的发展提供保障,临港新片区也可依靠自身制度、政策、资源等优势带动高新技术产业

开发区融入全球价值链体系,实现更高水平的对外开放,以产业一体化发展来带动和促进区域一体化发展。另一方面,从表 5.2 中可以看出,长三角范围内国家级高新技术开发区布局密集,主导产业相类似,可能会存在重复布局问题所导致的同质化竞争。临港新片区在与特定高新技术产业开发区合作时,应在自身产业规划布局的基础上,考虑到各国家级高新技术开发区在产业布局上的差异化,以形成良好的分工合作体系。加强具有相同发展目标、产业定位的特殊经济区域之间的合作,有助于带动整个长三角地区的一体化协调发展。

表 5.2　长三角地区与临港新片区主导产业重合的高新技术产业开发区

临港新片区产业规划	与临港新片区主导产业重合的高新技术产业开发区
集成电路	上海紫竹高新区、江阴高新区
人工智能	苏州工业园、昆山高新区
生物医药	上海张江高新区、南京高新区、泰州医药高新区、苏州工业园、湖州莫干山高新区、淮南高新区、江阴高新区、芜湖高新区
民用航空	上海紫竹高新区
智能新能源汽车	苏州高新区、徐州高新区、淮安高新区、萧山临江高新区、嘉兴高新区、合肥高新区、盐城高新区、宁波高新区
高端装备制造	苏州高新区、昆山高新区、常州高新区、盐城高新区、蚌埠高新区、淮南高新区、连云港高新区、宿迁高新区、萧山临江高新区、嘉兴高新区、铜陵狮子山高新区
绿色再制造	—

资料来源:作者根据《临港新片区创新型产业规划》以及公开资料整理。

加强国家级经济技术开发区联动。中华人民共和国商务部网站显示,截至2020 年 6 月,全国共有 219 个国家级经济技术开发区,其中长三角地区拥有 65 个,密集的经济技术开发区布局有助于推动长三角地区产业转型升级,提高区域经济发展效率,优化区域营商环境。然而,密集的经济技术开发区布局带来的问题是各开发区之间同质化严重,不能够很好地配置资源。应加强各开发区之间的交流合作、优势互补、统筹协调发展。在这个过程中,临港新片区应充分发挥引领带动作用,加强与各个区域之间的合作,助力地区产业发展与扩大对外开放。

5.1.4　加快港口协作发展

1. 制定长三角港口协调发展规划

长三角地区地处东南沿海,是中国港口最密集、最发达的地区。充分利用好长三角丰富的港口资源,发挥区域运输优势能够加快推进长三角一体化。然而,在发展过程中,长三角地区内的港口还存在着联动性不强、港口利用率不平衡以及定位不清晰等问题。解决这些问题不仅仅需要发挥市场资源配置的功能,还需要政府进行必要的统筹规划。在国家推动长三角一体化战略的大背景下,政府应在《长江三角洲区域一体化发展规划纲要》的框架之下以及相关法律法规的基础之上,制定更为细化的长三角地区港口协调发展规划,明确各个港口的功能定位,为长三角地区港口协调发展提供保障。

2. 优化区域港口分工协作机制

长三角地区拥有以上海港和宁波舟山港为代表的 8 个沿海主要港口和 26 个内河规模以上港口。由于规模、地理位置以及当地经济发展状况等因素的影响,不同港口拥有不同的职能与优势。各港口主要介绍见表5.3。

表5.3 长三角地区主要港口简介

主要港口	简 介
上海港	上海港位于长江经济带和沿海经济带的交汇处,是国家综合运输大通道和国内、国际物流的重要节点,具有对内、对外双向辐射的区位优势。范围包括市辖长江口南岸、黄浦江两岸和杭州湾北岸,崇明岛、长兴岛、横沙岛沿岸,洋山深水港区,以及上海内河港区
宁波舟山港	宁波舟山港背靠长江经济带与东部沿海经济带"工"型交汇的长江三角洲地区,主港域北起杭州湾东部的花鸟山,南至石浦港。宁波—舟山海域是中国港口资源最优秀、最丰富的地区
连云港港	连云港港由连云港港区及"两翼"的赣榆港区、徐圩港区、灌河港区共 4 个港区组成。是江苏省最大的海港,是中国沿海 25 个主要港口、12 个区域性主枢纽港和长三角港口群三大主体港区之一,也是中国中西部地区的便捷出海口、规划的能源和原材料运输的重要口岸和重要的煤炭装船港
南京港	南京港位于长江与东部沿海"T"型经济发展战略带结合部,是国家综合运输体系的重要枢纽、沿海主要港口和对外开放一类口岸,由长江港口和内河港口两部分组成。南京港拥有长江最大的外贸港区、原油港区和煤炭港区
苏州港	苏州港由原国家一类开放口岸太仓港、常熟港、张家港港三港合一组建而成的国家沿海主要港口。其中,张家港港区为苏州港的主要港区

资料来源:作者根据中国港口统计年鉴及官网公开资料整理。

上海港作为国家综合运输大通道和国内、国际物流的重要节点,具有对内、对外双向辐射的区位优势,处于长三角港口协同联动发展的核心地位。2019 年上海港实现货物吞吐量71 677 万吨,占长三角地区港口货物总吞吐量的 12.25%;实现集装箱吞吐量4 331 万 TEU,占长三角地区港口集装箱吞吐量的 45.37%。宁波舟山港背靠长江经济带与东部沿海经济带"工"型交汇地区,是中国港口资源最丰富的地区。2019 年该港口实现货物吞吐量 112 126 万吨,占长三角地区港口货物总吞吐量的 19.16%;实现集装箱吞吐量 2 753 万 TEU,占长三角地区港口集装箱吞吐量的 28.84%。上海港和宁波舟山港是长三角地区两个最大的港口。连云港港、苏州港、南京港等沿海和内河港口虽然在规模上不比两大港口,但在长三角港口群中也有其特殊地位。加强长三角地区港口的协调发展,优化港口布局,发展好国际与国内航运,是长三角一体化发展的基础保障。

在长三角港口一体化发展中,各港口应充分分工,按其规模、吞吐量、货物转运种类等差别将港口划分为超大港口、大型港口和小型港口等不同职能类型,打造以上海港和宁波舟山港为重要节点的世界级港口群。在《全国沿海港口布局规划》(见表 5.4)的基础之上,发展新型港口贸易模式。在这个过程中,临港新片区要积极协同浙江自由贸易试验区共同开发大洋山深水港,合作发展集装箱业务、中转集散和转口贸易服务。同时,要努力探索与其他港口合作实施新的分工合作模式,共同研究覆盖上海、宁波、舟山、连云港等周边优良港口的港口群建设规划,积极参与长三角各港口集团的交叉持股,牵头建立长三角地区港口管理机构。以多式联运为突破口,以服务贸易、离岸贸易、跨境电商及数字贸易为重点,致力于打造长三角国际综合枢纽港口群。

表 5.4　长三角港口发展布局

系统名称	港 口 群
上海国际航运中心集装箱运输系统	以上海、宁波、苏州港为干线港,包括南京、南通、镇江等长江下游港口,相应布局连云港、嘉兴、温州、台州等支线和喂给港口
进口石油、天然气接卸中转储运系统	以上海、南通、宁波、舟山港为主,相应布局南京等港口
进口铁矿石中转运输系统	以宁波、舟山、连云港港口为主,相应布局上海、苏州、南通、镇江、南京等港口
煤炭接卸及转运系统	以连云港为主布局煤炭装船港并由该地区公用码头、能源等企业自用码头共同组成
粮食中转储运系统	上海、南通、连云港、舟山和嘉兴等港口组成
商品汽车运输系统	上海、南京等港口
旅客中转及邮轮运输设施	上海港

资料来源:全国沿海港口布局规划(2006)。

3. 借鉴世界发达港口群发展经验

随着全球经济一体化,港口作为国际贸易得以实现的重要保证,其作用和地位也日益凸显。其他国家对于港口群协调建设的探索与尝试,可以为加强长三角地区港口一体化建设提供宝贵的经验借鉴。从东京湾港口群、欧洲海港组织和纽约—新泽西港口群的发展来看,它们在港口的管理方面都形成了统一的管理机构,这有助于港口群的统筹协调发展。另外,港口内部联合发展,对外形成统一的竞争实体也是其发展的一大特色。

长三角地区港口在一体化发展过程中,可以借鉴世界上其他国家的发展经验,在长三角一体化发展的框架下,建立统一的港口协调管理机构,由长三角地区一市三省统一管理。在管理机构的协调下,统筹港口资源,错位发展、揽货、整体宣传,以提高整体知名度,从而同国际港口群竞争。

表 5.5　其他国家港口群发展特色

港口群	特色
东京湾港口群	内联外争,分工明确,运输管理机构协调港口群发展
欧洲海港组织	欧洲海港组织协调管理整个欧洲地区海港,港口之间自由竞争
纽约—新泽西港口群	港口委员会统一管理,充分发挥各港口优势,形成统一竞争实体

资料来源:作者根据公开资料整理。

强化重点区域联动可以作为临港新片区融入长三角一体化发展的一个重要思路,通过实现临港新片区与长三角地区自由贸易试验区、海关特殊监管区域、国家级开发区和港口间的对接,以重点区域联动,形成一体化发展示范区,进而带动整个长三角地区的一体化发展。在这个过程中,临港新片区如何寻找到自身与自贸试验区、开发区和港口等重点区域间的合作路径、合作机制是实现一体化发展的关键环节。临港新片区应积极与各地区重点区域对接,共同探索一体化发展路径。同时,临港新片区应充分发挥其在政策、制度方面享有的优势,引领带动重点区域优先一体化发展,进而形成良好的示范带动作用及外溢效应,助力长三角地区实现区域协调一体化发展,打造对外开放高地。

5.2　优势互补协同创新,产业联动共赢发展

根据《临港新片区创新型产业规划》,临港新片区将依托制度创新优化资源配置,构建"7+5+4"的世界级、开放型、现代化产业体系,主要聚焦七个先进制造业

前沿产业集群,五个发展现代服务业的重点方面以及四种特色开放创新经济业态,打造世界级产业集群,加强产业链协同发展,推动产业服务创新协同,促进优势产业与重点领域向长三角地区外拓,充分发挥临港新片区在长三角一体化中的引领作用。

5.2.1　打造世界级前沿产业集群

1. 产业集群和世界级产业集群

在一个企业发展的过程中,它所处的区位对于它的发展有着很大的影响,区位中的产业分布和竞争状态影响着企业的经营。由一个龙头企业带动,通过产业链的延伸和产品的加工合作将多个中小企业联合起来形成产业集群,加强了企业间的合作,提升了企业的运作效率,为企业的创新能力提升和发展空间拓展提供了良好的环境。产业集群的培育对于企业和地区的要求很高,综合国内外的经验,核心条件主要有三个,分别是产品需要拥有较长的价值链、全球化的市场以及知识导向的区域。通常来说,生产较为复杂的产品的价值链也会较长,在生产过程中就有分工的可能性,通过分工的专业化运作来降低成本,同时也可增加小企业进入价值链的机会,为产业集群的形成提供基础。产业集群在一个地区发展起来之后,随着市场的扩张,更进一步就是要发展国际贸易、迈向国际化市场,所以想要形成一个成熟的产业集群,全球化市场是不可缺少的。在获得基础和市场之后,产业集群想要拥有持续的竞争力,创新就显得十分重要,在科技飞速发展中,过去落后的生产技术逐渐被淘汰,只有创造一个不断更新的知识导向模式,产业技术才能快速发展,引领时代潮流。

世界级产业集群的典范主要在西方国家。在汽车产业集群方面,有美国底特律和日本丰田,在高新技术产业集群方面有美国硅谷、日本的半导体产业集群以及英国伦敦生物医药产业集群等。以具有世界级领先地位的企业或者产业为主导,在该区域内发挥比较优势,通过技术和制度的创新形成产业联动协同发展的良性循环机制。世界级产业集群在多个方面都有共同点:一是领头企业在行业内知名度较高,规模较大,市场占有率也较高,有明显优势能够带动行业内其他企业的发展,进而形成集聚优势。比如日本的丰田汽车产业集群就是依靠丰田企业的引领,打造金字塔式发展网络,通过集聚提升集群内企业的创新能力从而带动产业发展,产业的发展反过来也带动了企业的进步。二是领军企业在产业价值链上形成专业化分工和协作发展模式,专业化的分工提高了产业链的运作效率,也为小企业的发展提供了更多的机遇和空间。三是该区域内有相应的机构集聚,学校和科研机构在这一区域的集聚形成产学研合作机制,加大了科技创新落地转化为实际生产力的速度;行业协会的集聚可以减少信息不对称,为企业提供保障。比如,在英国伦敦生物医药产业集聚地从事生命科学研究与教学工作的大学和公共机构超过28所,这些机构的存在为产业集聚发展提供了良好的基础和发展所需的卓越研究能力。

2. 协同打造长三角世界级产业集群

打造世界级产业集群是长三角一体化战略的重中之重,长三角的"一市三省"的格局涵盖了大多数优良产业,有利于形成集聚效应。早在2016年就已经提出,在长江经济带围绕区域内的优势产业打造世界级产业集群,主要聚焦在电子信息、高端装备、汽车、纺织服装和家电五个方面。

在中共十九大报告中明确提出,要促进我国产业迈向全球价值链中高端,培育若干世界级先进制造业集群。在《长江三角洲区域一体化发展规划纲要》中提到了长三角要制定有关制造业协同发展规划,全面提升制造业发展水平,向着集群化方向发展,打造全国先进制造业集聚区。长三角地区发展制造业产业集群优势明显,主要体现在生物医药、新能源汽车和智能制造等方面。重视中高端制造业发展,改变中国在世界产业链分工中的角色,用差异化提高产品的附加值。通过长三角一体化淡化地域的界限,畅通资源在长三角地区流通的渠道,优化资源配置,降低跨区域企业的合作成本,集中各地企业优势吸引其加入价值链,分工互补促进产业集聚。

3. 临港助力打造世界级前沿产业集群

临港新片区揭牌两个月后,管委会发布了支持临港产业发展的"1+4"产业政策来打造世界级前沿产业集群,更好地推动开放型产业体系的建立。作为长三角一体化战略定位"一极三区一高地"之一的临港新片区,利用自身的优势来推动高端产业的集聚发展,助力长三角共同打造世界级前沿产业集群。

在"1+4"产业政策中,临港新片区根据实际情况制定了促进产业发展的若干政策,主要是在目前中国面临"卡脖子"问题的核心领域:集成电路、人工智能、生物医药和航空航天。针对不同的核心领域都有相应产业政策,比如对于集成电路领域,支持企业加大研发的力度以攻克关键技术,支持EDA软件购买和研发,鼓励企业规模化发展,吸引国内外有重大影响的企业来临港进行研发等。对于人工智能普遍存在的缺乏场景应用问题,也提出通过双向奖励制度来加速场景丰富等方案。在生物医药领域,努力构造完善的产业链条来打造世界级生物医药产业。在《规划纲要》中也提到要突破关键核心技术,打造具有国际竞争力的前沿产业集群,主要是集聚发展集成电路、人工智能、生物医药、民用航空、智能新能源汽车、高端装备制造、绿色再制造等前沿产业,促进产业链高级化和产业基础现代化,打造创新发展的"点火器"。临港新片区从税收的减免、运作的自由度以及开发技术与国际水平接轨上都有优势,利用长三角地区发达的交通网络畅通要素配置,充分发挥其优势来带动长三角一体化发展,打造前沿产业集群。

5.2.2 加强产业链协同发展

当今各产业部门的合作更紧密,基于一定的技术经济关系,将产品的研发、生产和销售等各环节有机结合起来,这一链条式关系便形成了产业链。一般来说,产业链包含价值链、企业链、供需链和空间链,这四个维度相互作用共同构成了产业链。产业链能够发挥企业的比较优势进行专业化分工,从而提高生产的效率,产业链上下游企业相互依赖相互补充,能更好地满足消费者多样化的需求。临港新片区重点发展领域可依托长三角区域其他城市的发展优势,比如,江苏主要发展的是战略性新兴产业,在智能制造方面发展势头良好,临港在发展人工智能的同时可与江苏的智能制造对接,共同发展制造业,打造高端制造产业集群。

产业之间的联动效应形成产业链有利于企业成本的降低,产业链条上的细化有利于新企业出现和加入产业链,健全的产业链可以营造良好的创新环境进而激发企业的创新活力,产业链进一步形成产业集聚有利于区域经济贸易的发展。在新冠肺炎疫情发生之后,产业链协同发展存在的诸多问题暴露出来,比如产业跨区域协作受阻、产业链上下游衔接不紧密等等。临港新片区如何健全产业链体系,加强产业链协同发展,更好地促进长三角一体化发展将是我们要讨论的重点。

1. 精准招商布局全产业链体系

通过精准招商建立全产业链协同,从产业的源头做起,通过引进国内外的优势企业建厂,在临港新片区建立较为完整的产业链条,加强上下游企业的衔接,消除产业链断裂的不稳定性。比如临港新片区作为国家级半导体的基地,在重点发展领域半导体行业的分支之一——集成电路行业——构建全产业链布局时,健全集成电路设计、制造、封测、检测设备等全产业链,目前已经有 40 余家集成电路企业在临港落地。又比如在生物医药行业"生命蓝港",一街之隔便是企业的上下游,研发服务平台臻格生物、君实生物和白帆生物都集聚在这里,同类企业的集聚固然会带动竞争,同样也会促进企业的发展,集聚使得企业的关系更加密切,有利于企业之间建立信任关系,稳定产业链供应链,极大地降低了不确定性风险。

临港通过制度优势,尤其是人才支持政策加上金融服务体系,吸引了更多企业落地,研发和生产的集聚延长了产业链。根据产业链进行精准招商,尽量补齐全产业链格局,逐渐完善的产业链也会吸引相关企业来到临港分享集聚效应带来的好处。从总体上看,精准招商建立全产业链体系有利于长三角一体化发展,但临港新片区所能提供的优惠政策必然会挤压其他地区的产业发展,我们应该在竞争和合作中找到一个平衡点。对于能够引进的产业进行精准招商,打造临港的全产业链体系,形成集聚效应,带动周边城市和产业的发展。对于暂时无法引进或存在地域壁垒的产业,争取与周边城市的相关产业建立一个友好可持续的合作关系,发挥各地区的比较优势。

2. 产业链整合促进产业链协同发展

由于新冠肺炎疫情暴发对中小企业的冲击,产业链在运行中出现了很多问题,一般来说中小企业在资金量和规模方面较小,通常是产业链上一个小的环节。因为各地的风险等级不同,政府政策也不同,所以复工复产的进度也不尽相同,两头在外的中小企业面临着产业链断裂、上下游企业无法衔接的威胁。这次疫情暴露出的产业链协同问题,也会在其他不确定冲击中重复出现。所以需要对产业链进行整合来促进产业链协同发展。

一方面是一个纵向的整合,实现上下游企业在同一地区集聚,产业链上各企业能够尽量在一个区域内进行生产。这对于区域的要求就更高,希望能有统一的政策和制度为企业生产要素跨区域配置提供便利,如长三角一体化的《规划纲要》中提到建立规则统一的制度体系来促进要素市场的一体化。从硬件设施上来说,实现纵向强链补链要建立畅通的交通网络,不仅要发展基础轨道交通打破区位壁垒,还要借助地区优势发展适合的交通方式。比如,长三角地区以及临港新片区这些东部沿海地区可以利用港口城市来进行水路运送,水运每次可运送大量货物且成本要远低于陆运和空运,是进行贸易的不二选择。另一方面是横向的整合,主要是同类型企业的集聚,进行资源和服务共享,加强了作为买方的议价能力,同时在竞争的环境中促进产业链创新链协同发展,重视产品发展的差异化、特色化,增强产业链上企业的专业化生产能力,有利于提升企业长期的核心竞争力。

3. 搭建平台加强产业链协同发展

创新是企业长期发展的源泉,而那些具有较强创新能力的企业往往都拥有一个比较强的创新平台,依托国家、地区或者是高校的优势来进行科学研究。临港新片区依靠它的政策优势建立了多个科技创新平台,比如朱光亚战略科技创新型平台、复旦产业化科技创新型平台等等,实现了产学研的转化,把高校的科研成果转化为现实的生产力。临港的科技创新平台在吸引人才和创新引领方面发挥优势,其产生的成果能够为长三角地区的相关高科技企业源源不断的输送动能。临港也出台了相关的政策来赋予科技创新更大的自主权,让企业能够安心进行技术攻关,另外,研发、技术创新也是产业链中的关键环节,是决定产业发展的核心之所在。临港科技创新平台的设立不仅有利于完善和健全上海地区的产业体系,更有利于长三角地区各产业链创新链协同发展,在此基础上可进一步建设更多完备的创新平台,加强各产业内部和产业链之间的合作,促进长三角产业协同发展。

促进长三角一体化发展,加快产业协同,仅仅靠科技创新平台是远远不够的,各省市之间还需要一个沟通和合作的平台。对于长三角城市群的总体规划,各省市进行具体规划时容易出现偏差,缺乏统筹规划;对于产业的发展,各地区没有进行有效的资源配置和合理分工,导致许多企业争先发展高科技产业从而产业同构率过高。因此,建立长三角区域合作办公室,由这个统一的平台来进行沟通协调,实现规划对接和战略协同。为此,临港新片区在自身产业发展的过程中要积极配合区域合作办公室所制定的各项规章制度,引领长三角产业协同发展,共同为长三角一体化发力。在此基础之上,长三角还要共建一批开放性的合作平台,从而在更大范围内推动资源整合,优化资源配置,建立完善的产业链体系,加强产业链协同发展。

5.2.3　推动产业创新服务协同发展

临港新片区为推动产业创新服务协同发展,聚焦于六大重点领域:(1)新型国际贸易,(2)跨境金融,(3)高能级航运,(4)专业服务,(5)信息服务和(6)商文体服务。使其不仅适合产业发展,也通过它们使临港更适宜居住,从而吸引更多的优秀人才落户。产业创新服务协同,促进服务业高质量发展能够促进二、三产业的均衡发展,加快服务业和制造业的融合发展。临港在产业创新服务方面发挥了引领作用,建立起的良好的服务体系可带动长三角其他地区相关产业和服务业的协同发展。

优质服务培育产业。在引领产业协同发展时,除了产业链协同发展,另一个重要方面就是要为企业提供优质服务,为投资创造一个良好的环境。临港新片区在营业大厅中挂着这样的标语"线上一次登录,线下只跑一次,为您一次办结,努力当好金牌店小二",尽可能地为企业提供便利,提升提供服务的数量和质量,不再让复杂的手续成为阻碍企业落地的障碍,增加企业对于临港新片区的满意度和认可度。打造优质高效的服务体系,为跨地区企业提供便捷服务,畅通跨区域业务办理的渠道,依靠只跑一次的程序创新加快节奏,同时更要注意监管,利用大数据平台做好风险管控,做到放得开也管得住,切实解决企业最为关注的重点问题。对于长三角一体化过程中可能遇到的因标准不一致而阻碍进程等种种问题,要提供专项服务,形成解决方案进而发展形成可复制可推广的服务模式,完善长三角服务一体化体制机制。

专业服务业协同发展。专业服务能够为企业发展中遇到的种种问题提供解决办法,比如为跨境投融资提供便利的金融服务,完善企业的产权保护制度的法律服务,为企业未来规划出谋划策的咨询服务以及一些技术生产性服务等,临港新片区致力于打造一批信誉度高、具有核心竞争力的服务品牌。专业服务业能够为各产业链运作的环节提供服务,能加快产业协同发展,同时,专业服务业的集聚能为服务业企业带来新客户和新市场,对于不交叉的行业可以进行资源调配,使得各服务企业之间优势互补,提升专业服务整体的效率。因此,生产性服务业在临港新片区的集聚促进资源共享、信息共用,不仅便利企业的运作,同时也是助推企业"走出去"的重要平台。除了对企业提供更为精细化的服务来完善公司的治理外,专业服务业还能提供研发、设计、营销等高水平、高附加值的配套服务,使企业在国际竞争中更具有竞争力,在国际贸易中更具有话语权。此外,交通的便捷使得专业服务业的集聚对于长三角地区的产业发展有着明显的外溢效应,能够为更多的企业提供咨询和服务,带动长三角企业的协同发展。

生活性服务业协同发展。生活性服务业在临港的集聚对于精准招商、健全产业链、吸引人才的流入有着极大作用,完备的公共服务打造宜居的新城区,为流入人才提供丰富的生活资源和配套的基础设施。随着生活水平的提高,人们对于休闲娱乐也提出了更高的要求,临港凭借它自身优越的地理位置以及所占据的广阔土地资源,大力发展文化和旅游产业。临港发布了若干政策来促进文旅的发展,现有特色的商、文、体、旅、康等生活性服务业形成了集聚发挥着积极的作用。临港新片区作为沿海地区可参照国际上知名的自由贸易港,如迪拜、新加坡,发展新型贸易模式,促进跨境高端消费。利用好临港的海关特殊监管区,可打造类似海南免税店限额限类的形式,试点优惠政策加快促进旅游消费一体化服务,带动消费的转型升级。临港生活性服务业的集聚形成良性循环,引领长三角服务一体化进程,可带动企业和人才向长三角地区流动,促进产业创新协同发展,加快产城融合发展。

5.2.4　促进优势产业形成并向外拓展

临港地区已经发展了 15 年之久,目前已经集聚了 500 多个产业项目,初步形成了新能源装备、智能制造、生物医药等一批骨干企业,也集聚了一批国内外行业领军企业,比如上海汽车、上海电气等。一般来说,按照生命周期理论,优势产业一般处于成熟期,而临港新片区正式揭牌不过两年左右,面对政策导向重点发展的多数产业仍处于一个起步或快速发展的成长期,利用临港新片区自身的地理和制度优势使其进一步发展,变为优势产业,进而发挥优势产业对长三角地区产业的带动效应。

长三角地区助力临港发展优势产业。在智能制造方面,临港新片区可依托江苏的先进制造业优势,在已有基础上进行研发,打造人工智能创新及应用示范区,带动两地智能汽车、智能机器人等新产业、新业态的发展,形成先进制造业全产业链,培育龙头企业,发挥引领和示范作用。在数字经济方面,临港新片区可利用浙江在这一方面的领先优势,比如在新冠肺炎疫情期间起到重要作用的非接触式红外测温设备,其中三分之二来自浙江,但这不仅是浙江的功劳,还有来自整个长三角范围内数字经济产业链强有力的支撑。产业链在长三角区域内的布局使得地区产业之间的联系变得更为紧密,例如对于前面提到的红外测温设备,浙江厂商需要供应商上海烨映提供红外传感器芯片,而上海烨映的红外滤光片等元器件来自杭州麦乐克公司,这样的环环相扣形成了完善的产业链条。即使面对新冠肺炎疫情可能带来的产业链断裂风险,也因长三角地区有较为完备的产业体系可就近得到补充,缓解暂时的风险,这对于临港新片区未来发展优势产业是十分有利的。安徽主要优势在于生态环境和广阔的腹地,对于生态环境应深入开展林长制、河长制和生态补偿机制,打好污染防治攻坚战,为长三角生态绿色一体化示范区提供绿色发展样板区,为临港新片区发展提供绿色发展的经验;广阔腹地可承接沿海地区由于地理区位限制无法生产的产业,安徽省内的众多高校为此提供了优质的人力资源,有利于进行产学研的转化。

临港新片区优势产业发展除了依靠长三角地区带来的好处,还要靠当地吸引的龙头企业来带动,促进更多优势企业向临港新片区集聚,要能够发挥整合、带动作用,带动产业链分工合作和产业内有序竞争。在分工合作的过程中,对于一些龙头企业,除了考虑在临港新片区建立全产业链产业分工,还可以将眼光放远到长三角范围内,集各地之所长,发挥各地的比较优势,同一产业类型的企业整合成链可提高企业的综合竞争力,形成合作共赢的环境。在临港新片区集聚了大量龙头企业,产业链上长三角各地区的中小企业也可以依托龙头企业的红利,提高专业化运作水平,使得产业链能以最为经济有效的方式运行,临港优势产业的发展反过来又带动了长三角地区的产业发展。

优势产业向长三角地区拓展形成产业集群。临港新片区成立的初衷不仅是简单的扩区或者自贸试验区的平移,而是"一种全方位、深层次、根本性的制度创新变革"。这一变革的要求之一就是临港新片区要加强与长三角创新协同发展,发挥已有投资引导基金的作用,重点支持长三角相关创新型科技企业的发展,支持优势产业向长三角地区拓展形成产业集群。为此,临港新片区提出了明确的产业规划,着力成为破除"卡脖子"技术风险的前沿产业新高地。为在重点产业突破关键技术空白的现状,临港新片区在产业地图布局时,对于集成电路、生物医药、航空航天和人工智能进行了明确的布局规划,如表5.6所示。

表 5.6　重点产业布局规划

产　业	布　局　规　划
集成电路	集成电路产业未来将重点布局在四个产业集聚片区,分别设立集成电路综合产业基地、国际创新协同区、综合区先行区和特殊综合保税区
人工智能	人工智能重点在三个片区进行布局,分别是国际创新协同区、综合区先行区和前沿产业区
生物医药	临港新片区将重点布局生命科技产业区、国际创新协同区、综合区先行区和特殊综合保税区四个产业集聚片区
航空航天	临港新片区将重点在浦东机场南侧区域、前沿产业区和综合先行区三个区域打造产业集聚片区

资料来源:作者根据临港新片区管委会公开资料整理。

在表5.6明确的规划下,重点领域在临港新片区布局,新片区在集成电路、生物医药、航空航天和人工智能方面快速发展,吸引了大量行业的龙头企业,在龙头企业的引领下,进行补链强链建立相关全产业链体系,做好上下游企业的衔接,前沿产业之间更紧密的关联有利于产业集聚形成集群效应,更进一步推动长三角地区相关产业高质量发展。建立以关键技术为核心的产业集群,形成稳定而有竞争力的产业链,辐射长三角地区相关产业,服务长三角一体化国家战略。临港新片区因其独特的地理位置成为长三角地区沿海大通道的重要节点,交通便捷,有利于临港新片区通过国内外要素的重新配置及资源的高效利用,推动其形成优势产业,而优势产业的集聚所产生的外溢效应带动了长三角相关产业的协同发展。

5.3　加强金融联动创新，助力金融中心高质量建设

临港新片区的设立是中央为继续扩大改革开放而作出的重大战略举措，代表中国经济发展和对外开放的新高度。作为中国深度融入经济全球化的重要载体，临港新片区应更好地利用海内外两个市场两种资源，加强与长三角区域协同发展，带动长三角新一轮改革开放。2020 年 8 月 20 日，上海出台了《关于以"五个重要"为统领加快临港新片区建设的行动方案（2020—2022 年）》的政策措施，明确提出将加大金融业支持力度，打造高端金融资源配置高地，推动金融服务实体经济，实现跨境金融集聚发展。临港新片区功能定位对提升金融服务实体经济的能力提出了更高要求。要加强与长三角区域协同发展，临港新片区应充分利用"先行先试"的制度优势，深入推进金融一体化，加快适应高水平开放经济体制需要，聚焦新型金融业态创新发展，加强与长三角地区金融联动，服务实体经济高质量发展。

临港新片区深入推进金融一体化，对推动中国金融市场高质量发展、形成新发展格局具有重要意义。一方面，推进金融一体化有利于金融市场自身的高质量发展。改革开放的实践证明，推进金融一体化虽在短期内对中国金融市场造成了一定冲击和竞争压力，但长期来看，通过推动中国金融市场与国际金融市场全面接轨，学习借鉴国际金融市场先进的经营理念、管理制度、产品服务和风险控制手段，中国金融机构才能适应开放环境、参与国际竞争，提升金融业整体竞争力，从而推动金融行业深化内部改革，提升整个金融体系的活力和资源配置效率。另一方面，推进金融一体化有利于更好发挥国内国际双市场的叠加优势。习近平总书记多次强调，新发展格局决不是封闭的国内循环，而是更加开放的国内国际双循环。要全面提高对外开放水平，建设更高水平开放型经济新体制，形成国际合作和竞争新优势。深入推进金融一体化在促进双循环的顺畅对接、构建新发展格局中至关重要。一体化金融市场交易活跃，价格传导机制灵活，市场信号反应灵敏，能够有效引导要素的跨区域流动，推动资源要素的全球化配置，实现市场内需和外需的有效平衡。随着临港新片区不断深入推进金融一体化，长三角地区乃至全国将会享受到金融开放带来的溢出效应。因此，临港新片区推进金融一体化不仅立足于国内国际双循环的新发展格局，也是国家金融开放的新举措。

5.3.1 促进资本跨区域自由、有序流动

立足于贸易自由、投资自由和运输自由，临港新片区应加强资金自由流动，进一步提升贸易投资便利化水平。推进资本自由流动能吸引更多的产业、企业向临港新片区乃至长三角地区聚集，不仅加强了与长三角地区金融领域的协作，而且促进了人民币跨境贸易融资业务发展。具体来看，可通过推动自主经营投资、促进资金便利收付、探索自由贸易账户等措施推动资金自由流动。

1. 推动自主经营投资

积极的经营投资活动能够为技术和产业的创新发展提供强大支撑。临港新片区应支持境内外投资者在临港新片区开展重大科研项目，允许相关企业及金融机构利用从境外募集的资金及其提供跨境服务所取得的收入，自主开展新片区内外的经营投资活动。通过积极引导境内外募集资金参与新片区创新型科技企业融资，临港新片区能够与长三角其他地区在金融支持、金融服务、科技成果转化等方面加强合作，允许有关项目资金在长三角地区自由使用，实现金融服务供给与需求的双向对接，从而加强与长三角协同创新发展。

与此同时，稳步推进资本项目可兑换，探索资本自由流动，进一步提升贸易投资自由化便利化水平，积极服务于实体经济发展。虽然人民币跨境使用已经得到了一定程度的发展，但在国际上接受程度低。考虑到当前国际货币体系的弊端，逐步实现人民币资本项目可兑换是一个必然选择。根据"先行先试"的制度优势，临港新片区应大胆创新，提出系列稳步推进资本项目可兑换的措施，如加强可兑换的基础建设，研究开展账户本外币一体化功能试点；又如支持符合条件的金融机构开展跨境证券投资和保险资产管理等业务，以助力资金自由流动，增强临港新片区内及境外的经营投资活动。

2. 促进资金便利收付

为有效推进新片区内资金自由流动，应实施资金便利收付的跨境金融管理制度，如建立全功能型双向资金池。长期以来，为满足跨境企业资金调拨需求，企业通常需要设立本币和外币两套资金池，本外币的转换涉及大量审批手续和汇兑成本，不利于企业资金的自由流动。而全功能型双向资金池的建立使得跨国企业仅需搭建一个资金池即可满足资金跨境调拨需求，实现集团内、境内外资金的高效归集。依托自由贸易账户本外币合一、账户内资金可兑换的优势，全功能型双向资金池大幅提高了资金使用自由度，其便利化程度基本达到国际水准。

更重要的是,全功能型双向资金池的主办企业并不局限于境内企业,境外企业也可担任,这使得跨国企业集团有更多的选择余地。建立全功能型双向资金池不仅能够丰富新片区内服务跨国型企业的金融产品体系,更好地利用"两个市场、两种资源",而且有效推动资金的自由流动,吸引更多国际财资管理中心功能引入临港新片区乃至长三角地区,为全面推进临港新片区金融创新发展提供有效路径。

以浦发银行为代表的金融机构正持续推广临港新片区落地的金融新政策。据报道,在跨境资金流动方面,浦发银行已与 230 家集团开展跨境双向人民币资金池合作,吸引异地公司和知名外资企业在上海设立资金平台,为自贸试验区带来了新的客户。密尔克卫已成功通过浦发银行搭建新片区首个全功能型跨境双向人民币资金池,实时、便捷、高效地调拨跨境资金,以支持公司的全球化战略。全功能型双向资金池的服务让以密尔克卫为代表的跨国企业切实体会到新片区日益提升的营商环境和与国际接轨的金融服务。

3. 自由贸易账户

建立本外币一体化自由贸易账户体系是自贸试验区建设的核心抓手,丰富和拓展自由贸易账户功能是当前推进对外开放的重要举措。以洋山特殊综合保税区为例,2020 年 6 月,洋山特殊综合保税区以建设国际竞争力和影响力最强的自由港为目标,研究开展自由贸易账户本外币一体化功能试点,直接投资活动相关的资金在自由贸易账户内不设专户管理,可自由兑换、自由使用。临港新片区全功能型双向资金池的成功实践为试点建立本外币一体化的自由贸易账户体系作出了示范,"先行先试"的创新制度优势也推动新片区自由贸易账户体系的建立。当前,临港新片区自由贸易账户体系仍需要进一步拓展功能,增强账户的活跃度;启动自由贸易账户本外币一体化各项业务,支持经济主体可通过自由贸易账户开展涉外贸易投资活动。

与其他账户体系相比,自由贸易账户具备三大优势:账户内资金不占用外债余额;可在一定条件下进行部分资金的自由兑换;本外币统一监管。临港新片区完善账户体系以便利自由贸易,有两个方向较为适宜:一是依托离岸账户已有功能,在交易币种上开放人民币交易,以此达到离岸账户中的本外币一体化;二是拓展自由贸易账户功能,遵循"一线彻底放开,二线有效管住"的思想。作为"先行先试"试验区,临港新片区要发挥一定的带动和引领作用,总结评估本外币一体化自由贸易账户体系的制度实施效果,在长三角地区有序推广实施(见图 5.1)。

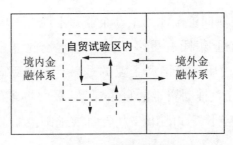

图 5.1 自由贸易账户体系

注:图中实线表示资金自由流动;虚线表示资金有限流动。由此体现"一线彻底放开,二线有效管住"的思想。

资料来源:邓志超、景建国(2019)。

5.3.2 加强金融机构跨区域协作,推动区域经济高质量发展

1. 推动长三角金融领域协作

临港新片区肩负着引领长三角一体化发展的战略使命。总体方案明确提出临港新片区应加强与长三角地区协同创新发展,推动新片区与长三角金融领域协作更是重点之一。一方面,作为自贸试验区,临港新片区在引领长三角联动发展方面实施了一些工作政策:提升长三角跨省(市)移动支付服务水平;强化长三角银行业金融机构在项目服务方面的合作协调,探索建立长三角跨省(市)联合授信机制;扩大商业银行对长三角企业的信贷投放等。另一方面,长三角地区积极与临港新片区开展对接,共同为长三角地区企业跨境投融资和境外资本市场运作提供服务。如江苏银行与临港新片区签署战略合作框架协议,将在科技融资、金融结算、现金管理等多个领域开展广泛深入的合作。临港新片区与长三角地区的相互协作发展对深入推进金融一体化、引领全国金融体系高质量发展具有重大战略意义。

2. 促进金融投资平台共用

临港新片区作为进一步扩大对外开放的窗口,不仅要吸引外资进驻投资,还要成为推动长三角一体化的创新试验田。根据国家发展战略,临港新片区应将高端制造、人工智能、新能源汽车等战略性支柱产业作为地区未来发展方向,成为科技创新产业集聚区。因此,临港新片区应积极探索推进双向投资,引进有利于引领上海乃至整个长三角地区未来经济发展的高端战略性产业项目,推动与长三角地区金融投资平台共用。

一方面,完善投资服务平台功能。作为国家金融支持的核心区域,临港新片区要充分利用"先行先试"的制度优势,积极探索境外投资和自由贸易账户的税收政

策,实施资金便利收付的跨境金融管理制度,力争为企业提供高效便利的金融投资服务,吸引长三角优质企业通过临港新片区"走出去"开展海外业务,广泛参与国际市场竞争。完善新片区投资服务平台功能,金融机构按照国际通行业务规则直接参与国际金融市场竞争,为"走出去"企业提供更高质量的金融服务。另一方面,加强投资信息平台合作。临港新片区应充分利用国际贸易、金融服务、信息技术等方面的优势,依托整个长三角地区金融合作的发展契机,推动与长三角区域之间开展全方位金融投资服务合作,打造可持续发展的综合金融服务区,为积极参与国际竞争的长三角地区企业提供优质服务。通过加强与长三角地区金融投资平台的合作,进一步扩大全球伙伴网络,推动长三角企业开展海外产能转移、技术合作、市场拓展,海外投资并购及返程投资等。

5.3.3　深化金融领域开放创新,助力实体经济高质量发展

1. 完善跨境金融服务

完善跨境金融服务有助于推动金融开放,实现高水平的贸易和投资自由化、便利化,推进与长三角地区的金融服务共享。2020 年 5 月 8 日发布的《全面推进中国(上海)自由贸易试验区临港新片区金融开放与创新发展的若干措施》提出了一系列跨境投融资领域的创新举措,其中包括支持符合条件的临港新片区内金融机构开展跨境证券投资、跨境保险资产管理等业务。这也体现了国家对新片区跨境投融资服务的政策倾斜。完善跨境金融服务,一方面允许境内外筹集资金投资新片区内高端战略性产业投资项目,加强跨境资金灵活使用。例如,鼓励企业和银行从境外募集资金自主用于区内经营投资活动;鼓励社会资本设立产业投资平台;鼓励符合条件的金融机构通过与理财、债转股和股权投资机构等的联动结合,以投贷联动方式创新对新片区的金融服务模式,让资金更高效地服务于关键产业。另一方面积极引领金融资金"走出去"和"引进来",扩展多元化业务。在"走出去"业务方面,金融机构对标国际通行业务规则直接参与国际金融市场竞争,为新片区内"走出去"企业提供发债、投资并购等高质量的跨境金融服务。在"引进来"业务方面,鼓励新片区内企业通过申请银团贷款、境外发债方式获取低成本的境外资金,用于企业区内和境外的生产经营和投资活动,这也为跨境银团筹组、跨境债券承销带来重要业务机遇。

完善跨境金融服务,应鼓励具备条件的金融机构在临港新片区建设跨境金融服务平台,统筹发展在岸业务与离岸业务。2020 年 3 月,工商银行在上海设立了跨

境业务中心,运行以来,成效显著。立足于服务高水平对外开放,跨境业务中心探索"在岸—跨境—离岸"相结合的跨境金融服务模式,目前已经联动 20 多家境外机构、近 10 家境内分行,为 60 家企业提供融资和综合金融服务。此外,交通银行、建设银行等机构通过跨境贸易融资资产转让为上海市产业链、供应链和外贸企业的复工复产提供保障。未来,临港新片区的跨境金融服务将联动长三角金融建设,长三角地区金融机构在开放与共享格局中将获得更加丰富的金融服务场景和业务机会。

2. 建立金融开放型制度体系

以往的自贸试验区进行了与大量要素市场相关的金融改革,包括黄金国际版、原油期货、衍生品交易、"沪港通"及"债券通"等。临港新片区应加快形成高标准和贸易自由化便利化的开放型制度体系,与国际通行规则有效接轨,如跨境金融创新、离岸业务税收制度安排等。一方面,开放型的金融制度体系有助于服务实体经济。金融机构充分利用自贸试验区开放便利的制度政策,在创新业务的基础上,切实做好对实体经济的服务。如通过建立开放型制度体系、鼓励信贷支持、允许高新技术企业在一定额度内自主借用外债等一系列措施降低中小企业财务成本,精准支持临港新片区重点产业发展,在极大程度上提高企业金融业务的灵活度和便利性。另一方面,临港新片区在金融制度体系上的突破有助于建设具有长期竞争力的离岸金融中心。如全功能型跨境双向人民币资金池、贸易融资资产跨境转让、本外币一体化自由贸易账户等一系列金融创新项目,在满足新片区内企业资金需求的同时,极大地提高了金融业务的灵活度和便利性,与国际一流的金融服务一致。对接国际标准,新片区开放型的金融创新体系也将进一步吸引境内外的资金投入,为长三角一体化发展注入新活力。

3. 打造金融科技创新试验港

要深入推进金融一体化,应充分发挥临港新片区先行先试优势,积极探索金融科技监管创新,服务金融市场双向开放。根据临港新片区的战略定位,试点开展"监管沙盒"机制,对大数据、人工智能、区块链、云计算等金融科技产业进行重点投资与孵化,推动相关产业创新与升级,打造具有国际影响力的金融科技创新试验港。金融科技"监管沙盒"是一种在促进金融创新的同时将风险控制在特定空间之内的创新监管机制,以临港新片区作为创新试点,为金融科技企业创造一个安全的环境和平台。运用信息公开、产品公示、共同监督等管理方式支持金融业务创新发展,为金融机构注册设立、牌照申请、业务对接、金融创新提供全生命周期的定制化服务。根据金融机构业务发展和创新需求,为金融产品和服务创新提供平台,为金融机构与国家金融管理部门的对话搭建桥梁,争取更多首创性金融政策在临港新片区先行先试。

打造金融科技创新试验港,不仅要发展相关高科技产业,还应推动新片区与高校平台开展合作,共同引进国际一流金融人才和金融科技项目落地。为加快形成金融科技企业集群,打造金融科技创新试验港,一方面提出系列创新措施吸引金融科技人才的引入,如紧缺人才可直接落户,在个人所得税税负差额部分给予补贴;另一方面在新片区核心位置打造金融集聚区,建设具有国际先进水平的标志性建筑群,大力吸引各类金融机构和大型科技企业在沪设立金融科技子公司、金融科技研发中心、开放式创新平台。临港新片区的金融科技创新试验港由点及面、联动长三角地区金融科技产业集聚,而长三角一体化也为临港新片区发展金融科技提供了更为广阔的应用场景。

5.3.4　发展国际金融交易平台,增强全球优势资源配置能力

1. 创新发展金融交易平台

在当前贸易保护主义抬头、世界经济低迷、全球市场萎缩的外部环境下,在临港新片区设立一个深度融入经济全球化的国际金融交易平台正逢其时,这既是逆全球化背景下中国积极对外开放的战略支点,也是不断推进资本市场领域开放的应时之举,更是上海建设国际金融中心急需实施的改革举措。近年来,从"沪港通""深港通""沪伦通"相继推出,到《关于进一步扩大金融业对外开放的有关举措》的颁布,金融市场开放的范围和水平正在不断提升。未来,中国金融业开放的空间仍然很大,这将为临港新片区建设国际金融交易平台创造越来越好的条件。首先,中央对临港新片区的创新政策充分赋权。新片区既有税收、贸易等单项政策上的突破,也有围绕特殊经济功能区定位进行制度创新的系统集成。其次,作为金融对外开放的最前沿、金融改革创新的先行区,上海已经建立了较为完备的金融市场体系,为新片区创新发展金融交易平台奠定了良好的环境基础。最后,上海自贸试验区在金融交易平台建设上为新片区创新发展金融交易平台提供了许多可复制、可推广的经验。《中国(上海)自由贸易试验区临港新片区管理办法》中提道:"在新片区内先行先试金融业对外开放措施,落实放宽金融机构外资持股比例、拓宽外资金融机构业务经营范围等措施,支持符合条件的境外投资者依法设立各类金融机构,保障中外资金融机构依法平等经营。"这些都将大大有利于临港新片区金融交易平台创新发展。

围绕打造核心功能,临港新片区创新发展国际金融交易平台,提升新片区对于全球金融资源要素的配置能力。设立国际金融交易平台有助于吸引大批掌握核心

关键技术的世界一流企业在新片区落地并上市,突破当前上海国际金融中心建设国际资源配置能力和影响力不强的关键瓶颈,深入推进与长三角地区金融中心的一体化发展。在金融交易平台建设上,临港新片区以促进跨境金融、科技金融、绿色金融发展为出发点,与外滩金融集聚带形成错位发展;对标香港、新加坡、迪拜等国际先进自贸园区,依托上海金融市场体系基础,加快建设具有中国特色、符合国际惯例的金融交易平台。在临港新片区创新发展金融交易平台的过程中,应大力拓展全国性交易所在新片区的交易和服务功能,支持地方金融资产交易所在新片区建立金融交易平台,加强与长三角地区金融交易平台共建。围绕临港新片区"两步走"的建设目标,通过推进金融税制改革、加强金融对外开放、深化资本项目可兑换等制度创新,分阶段推进新片区金融交易平台建设;进一步加强与长三角地区的联动,深化已有金融交易平台建设,拓展已有平台服务功能。

2. 推动金融交易平台共建

当前,与新加坡港、香港港等国际知名自贸港区相比,临港新片区的金融基础较为薄弱。在空间分布上,上海金融业主要集中在陆家嘴金融城和外滩金融集聚带,而新片区尚未形成金融业集聚区。为此,应积极推动金融交易平台的建设,加强与长三角区域的协作。首先,加快建设油气资源交易平台,探索共建长三角一体化油气交易市场。充分发挥浙江自贸试验区在油气储运、炼化方面的优势,推进与浙江省联合开展贸易、交易等领域合作。其次,打造高水平科技创新载体和交易平台,与国际创新趋势和前沿领域互联互通。加强与国际知名科技中介机构及科研组织的深度合作,实现技术转移网络的全球化、高端化。充分发挥临港新片区的辐射引领作用,共同支持全球科技创新成果在长三角转化。

5.3.5 完善金融风险防控体系,提升金融风险防范能力

2020年以来,新冠肺炎疫情在全球蔓延,全球经济增长陷入深度衰退;国际经济遭遇"逆全球化"冲击,贸易冲突与摩擦不断加剧;全球金融市场呈现高债务、高泡沫、高风险特征,世界正处于百年未有之大变局中。由于临港新片区将深入推进金融一体化,实行更加开放自由的金融政策,在此过程中,新片区面临金融风险的概率大为增加。为此,临港新片区应建立健全金融监管协调机制,完善金融风险防控体系,加强金融科技在监管领域的应用,坚决防范系统性金融风险。

首先,利用强化金融功能监管、行为监管和智能监管,实现对临港新片区金融交易平台、交易主体监管的全覆盖。通过建立临港新片区信息共享机制,设立一体

化信息管理服务平台,为各部门间信息互联共享、执法互助提供支撑。部分措施可在临港新片区先行试点,进一步推广实现长三角企业和个人借贷信息全覆盖。反过来,依托长三角地区信用信息共享平台,加大信息归集共享和开发利用力度,服务新片区企业的信用融资。其次,依托自由贸易账户对临港新片区内各项业务和资金流动进行统计、分析与动态监测,加快建立本外币一体化的跨境资金流动精准监管体系。进一步地,依托临港新片区,开展长三角征信机构监管合作,试点建设长三角征信机构非现场监管平台。最后,在风险防范方面,推动设立金融科技业界共治新管理模式,综合运用人工智能、大数据、区块链等先进技术建立风险监测和防范体系,促进金融科技的有序规范和健康发展。总之,加强金融监管、防范金融风险将是今后一段时期内临港新片区金融工作的重中之重。

5.4　统筹加强科技合作,合力推进协同创新

临港地区作为长三角区域的重要节点,在推动长三角地区科技发展、技术进步和改革创新等方面起着无可替代的作用。对照《上海市城市总体规划(2017—2035年)》和上海市委市政府对临港的要求,临港地区主动融入长三角区域一体化国家战略,明确了"两区""两城"的发展定位,其中"两区"是指主体承载区和开放创新先行试验区;"两城"就是国际智造城和滨海未来城。临港新片区的科技发展致力于建成全球创新网络枢纽,继续发挥引领和支撑国家创新发展的核心作用,成为具有全球影响力的科技创新高地;成为长三角一体化发展的重要极核和世界级科学基础研究、科技创新策源地,高端产业发展和智能制造集聚区。临港新片区担负着长三角地区乃至全国重要科技创新基地的责任,在构建良好人才生态体系、促进科创资源共享和科创成果共享等方面要起到积极的引领作用。

未来临港新片区可能出台更有吸引力的人才税收减免、落户门槛降低等政策,将临港新片区打造成为一个世界性的高端产业高度发达、投资贸易极度便利、专业化人才聚集的现代化高端制造聚集区。

5.4.1　构建良好人才生态体系

人才集聚可以为经济建设和社会发展带来其他任何资源都无可比拟的巨大推

动力,人力资源更是科技创新发展的不竭动力。能否实现人才集聚对自贸试验区的发展而言是极其重要的,高层次、高水平的人才已经成为区内各竞争主体能否获取竞争优势的关键要素。临港新片区相比于其他自贸试验区而言,对人才的需求量更大,所需求人才的层次更高、专业更精准、特点更突出。在错综复杂的国际大环境下,临港新片区必须紧跟国际潮流,顺应时代发展需要,明确自身人才需求,加快人才引进和保障的改革力度和进度,依托其现有的国内外人才引进和保障政策,结合其实际经验和未来发展需求,构建更加精准、更加高效的人才生态体系。

1. 人才的错位引进机制

依据产业发展侧重点精准引进相匹配的人才,减少与长三角区域的人才竞争。临港新片区重点推动集成电路、生物医药、人工智能、航空航天等重点产业协同创新、协同发展,应重点引进与产业相匹配的人才,与长三角区域的人才引进形成分工合理、优势互补、各具特色的发展格局,减少人才争夺和资源浪费。

在大数据技术发展已经相对成熟的今天,临港新片区可借此建立人才精准政策驱动机制,与长三角地区的专业人才引进相错开,重点引进其发展重点产业急需的专业人才。借助大数据,可以实现对人力资本的横向比较和纵向延伸,为人才引进决策提供精准、透明、高效的标准,从而加快提升新片区急需、重点专项人才集聚的效果和效率,努力打造自贸试验区人才集聚和人才辐射的新窗口。

通过精准匹配人才供给与需求,实现人才与岗位的精准对接,从而提高引人、用人效率,提升临港新片区急需人才、重点专项人才的聚集效果。一方面,尝试建立与"产业链""服务链"相对应的"人才链",精准估计人才需求规模和结构,合理配置人才比例,制定科学的人才引进计划等,使两者形成相互促进而稳定的良性循环;另一方面,使人才引进制度更加规范化、科学化,积极探索人才引进新途径、人才吸引新激励、人才保障新思路。

引进大量高科技企业创造优质的就业机会,增强人才吸引力。临港新片区应当聚焦重大项目强化落实,推进促成一批重大合作事项、重大建设工程、重点环境治理、重大专项行动,不断组织推动事关长三角一体化长远发展的前瞻性课题研究,储备一批具有战略性、标志性、引领性的重大项目,为人才落地和引领促进长三角一体化过程提供推动力;充分利用自身优势,为长三角更高质量一体化发展源源不断注入新的动力。充分发挥重要平台的作用,提升现有平台的功能和能级,抓好重大创新平台、重大活动平台建设,办成品牌,办出影响力,增进长三角交流合作,吸引更多人才、技术、项目落地。

相比于长三角地区其他起步较早、发展较成熟的城市,临港新片区的企业较少、工作岗位较少、生活配套设施较不全面,尽管临港新片区及其周边有大量高等院校,但其对高等人才的吸引力仍有很大可提升空间。一方面,临港新片区应针对其重点发展的集成电路、生物医药、人工智能、航空航天等中国高质量发展急需的产业,积极引进相关行业的企业入驻,为人才引进提供岗位基础;另一方面,要以优厚的待遇和政策倾斜吸引人才,以其国内外衔接窗口的光明前景和巨大的发展空间增强对人才的吸引力。通过重点发展领域,聚集优秀人才协同攻关,以事业留人。

充分利用国内外两个市场两种资源的重要通道,赋予外国人才引进更大的自由度和便利度。临港新片区要当好国内外两个市场的重要衔接点,推动资本、技术、商品、人才等各类市场高端要素以临港新片区为导入口,在长三角区域内有序流动。健全人才的国际开发、全球培养和跨国引进机制,充分整合国际高校、名企和重点科研机构的人才流动信息,拓展不同层次、不同背景的人才引进渠道,加速形成国际化人才队伍。对于临港新片区产业发展急缺的外国高科技人才,比如高级技工、技师和科研人员,可以适度放宽年龄、学历、工作经历的限制;对于在临港新片区自主投资创新创业的外国人才,可在其公司成立后,适度放松其工作许可条件的限制,为其开辟人才工作许可"绿色通道";针对承担国家或市重点科研项目的外籍科技创新领军人才和主要外国科研人员,经区主管部门认定,可认定为外国高端人才并享受本市外国高端人才相关待遇;针对临港新片区雇佣的外籍员工和其他工作人员,经管委会认定推荐,可作为满足外国人来华工作许可和外国人才签证计点积分所涉及的地方鼓励性加分项;临港自贸试验区管委会可依据产业布局需要制定"上海市科技创新职业清单",给予纳入清单中的企业员工更优惠的待遇,努力打造"集聚海内外人才开展国际创新协同的重要基地"。

同时,长三角地区也积极为新片区内的企业搭建海外引才引智平台。长三角区域应充分利用海外资源,为临港新片区的人才引进搭建桥梁,拓宽海外引进人才渠道,与临港新片区形成互帮互助、资源共享新格局。

2. 人才的保障机制

加快制定和实施新片区专项人才培养计划。为确保关键岗位人才的素质和质量,建设优秀的后备人才队伍,促进人才的可持续发展,临港新片区应建立为人才量身打造的人才培养计划,为人才自身发展和新片区的人才管理提供支撑。通过科学分类,将跨境电商人才、网络监管人才、城市服务人才、专项科研人才等纳入重点人才培养计划,给予合理充分的人才发展方案,通过股权激励、技术入股、国际人才交流学习、项目成果转化等激励机制,不断推动人才科研创新。给予辅助工作人员必要的工作培训和学习机会,争取早日培养其成为科研工作的中坚力量。对于后勤保障人员,应充分考虑其生活需求,及时交流遇到的问题并努力为其解决,使其在工作中无后顾之忧,为整体工作提供周到、有序的环境。

临港新片区应对人才队伍提供差异化、定制化、梯队化的培养模式,营造激励更有效、竞争更有序的良好管理氛围,充分执行以按劳分配为主体、多种分配方式并存的分配制度,给予在科技创新领域作出卓越贡献的人才更优厚的奖励,充分激励全员创新、工作出新。

明确自身比较优势,重点关照相关领域人才。一方面,国家给予自贸试验区的自由度更高,临港新片区应当充分利用人才管理更加自由化的比较优势,克服"政府主导为主、社会力量参与度较低、人才资源市场配置的决定性作用发挥效果不佳"等普遍问题,盘活、用好人才,释放人才最大效能,实现人才最大价值。坚持人才管理"党管人才"与"行政放权"相结合的原则,加快建设国内外人才资源市场化配置的体制机制和服务体系。另一方面,新片区应该明确自身在国际贸易、跨境电商、数据安全以及特色重点产业上的比较优势,努力做好外交人才的培养工作,努力打造一支精神风貌佳、政治素质高、全局意识强、外语水平好、综合能力突出的自贸试验区领导队伍。

畅通和长三角地区的交通、医疗、教育、金融往来渠道,促进基础设施和居住条件的改进和完善。基础设施的完善不仅能促进产业发展和产品流动,打造产品流和信息流的畅通通道,更能加速社会公共服务和人才流动,助力人才引进。临港新片区在注重产业发展的同时,也应重点关注公共基础设施建设和商业、医疗、教育等生活配套设施的完善,畅通临港新片区和长三角地区的交通、医疗、教育、金融往来渠道,打造宜居生活环境,提升生活品质和配套支撑体系,为人才长期入驻提供后勤保障。

当前,临港新片区已经启动滴水湖金融湾、顶尖科学家社区首发区等八个重点区域的开工建设,不断提升交通住房、教育医疗、信息基础设施等城市配套功能,打造产城融合、宜业宜居宜游的现代化新城。然而,许多外国人才的生活保障仍存在各种各样的问题,如社会保险缴费比例尚不明确、医保体系尚未全面打通、子女入学教育困难、配偶家庭随行就业难等。新片区在政策待遇和各类优惠力度向外国人才倾斜的同时,应当照顾到其生活的各个方面,采取针对性举措切实解决此类问题,通过指定定点医院、成立外国员工子女学校、打破外籍人员基层就业壁垒等举措,为其长期驻扎、全心全意投入科研工作提供坚实有力的后勤保障。

向长三角区域人才保障示范城市看齐,为科创人才提供更丰富、更优质的生活服务。通过建设企业文化、管理创新活动、完善薪酬福利制度,优化精神激励和物质激励机制,开发后备人才的潜能,激励后备人才的工作积极性。临港新片区应努力挖掘自身优势,积极探索人才特点和需求,完善社会保障和配套服务,为之提供配套的法律咨询、健康检查等生活保障服务,定期举行文化交流和团队建设活动。

在落户政策上,可以适度降低人才落户门槛。2020 年 6 月 23 日,上海市崇明区人社局发布了崇明区 2020 年第一批特殊人才引进落户公示名单,引进了一批以电商直播销售为代表的新型岗位人才;同年 9 月 23 日,上海学生就业创业服务网发布了《2020 年非上海生源应届普通高校毕业生进沪就业申请本市户籍评分办法》,出台了复旦大学、上海交通大学、同济大学和华东师范大学四所高校毕业生可直接落户上海的优惠政策。临港新片区目前已经缩短了新片区"居转户"的期限,对于符合一定工作年限并承诺落户后继续在新片区工作两年的人才,将其"居转户"期限由 7 年缩短为 5 年;通过对新片区内教育、卫生等公益事业单位录用非上海生源应届普通高校毕业生直接落户打分时进行加分等政策,吸引优质人才入驻,形成与长三角区域协调共赢的人才保障格局。为进一步吸引各专业领域的拔尖人才,新片区可试行出台进一步的人才引进优惠政策。新片区应结合自身优势,进一步加大人才落户优惠力度,分阶段、分层次引进参与"双一流"建设的专业和学科的毕业生,吸引各专业的顶尖人才,充分发挥专业人才在科研攻坚、突破技术瓶颈和管理制度创新等领域的关键作用,助力新片区人才集聚和科技腾飞。

3. 人才的共享机制

加强人力资源协作,打造自贸试验区人才辐射新窗口。促进临港新片区和长三角区域的人才流动和人才共享,是实现人力资源有效利用、办公效率有效提高的重要手段。临港新片区应与长三角地区共建开放型人力资源共享信息库,推动人力资源和就业岗位需求共享和服务政策的有机衔接,联合开展招聘会、就业洽谈会等,促进人才尤其是高精尖人才在长三角区域内的高效流动和合理配置,让各类人才在新片区和长三角区域内各展其才、各尽其用,形成富有活力、高效快捷的动态人才共享体制。建立多层次人力资源市场,规范人才定价、交易和监管政策,促进人口流动自由化,吸引国际化高端人才集聚,构筑人才战略优势,从而形成对全球高峰人才的磁吸效应,加快构建具有全球竞争力的人才制度体系。

打通临港新片区与长三角区域的人才流动壁垒,努力实现人员空间上的从业和流动自由。提升异地公共服务便捷度,加快建立区内、区外统一市场,鼓励科技人员创新创业离岗的机制,鼓励高校科研机构或产业之间人才的流动。临港新片区应当探索出一条跨区域共建共享的人才流动新思路,形成人才潜能充分挖掘、各方互助共享的良好局面。充分利用现代信息平台，汇集各方的人才需求，通过智能匹配，实现人才共享共用，保证信息的快捷联通。长三角地区可以探索高端人才居住就业等机制联动问题，探索打造集旅游、休闲、购物、观光、高端疗养于一体的综合大型国际社区，吸引临港新片区的高端人才前往长三角各地消费、生活和工作。

临港新片区与长三角区域可联合开展人力资源的协同管理，开辟人才跨区域流动工作的新思路，探索"户口不迁、关系不转、身份不变、双向选择、能出能进"的人才柔性流动机制；联合开展人力资源招聘、岗前技术培训、岗中学习研讨等活动，推进双向人才互认共享。

充分发挥远程办公优势，灵活运用短期合同、项目制合同。新冠肺炎疫情背景下快速成长壮大的远程办公、线上开会、线上沟通的任务导向办公新模式，为我们节约交通通勤成本、提升办公效率和充分挖掘人才资源潜能提供了新思路。线上办公同时解决了空间流动的不便和时间浪费问题，对一些无须实验设备、无须亲力亲为而可以以语言文字、图表视频等方式完成信息传递和技术沟通，发展线上业务无疑是对时间、精力和资源的巨大节约。另外，应灵活运用短期合同、项目制实现人才在时间上的合理配置。建立健全人才培养和使用在时间上的安排机制，协调整合临港新片区与长三角区域人才需求时间线，推广"一人多用"的雇佣方式，在核心技术领域将核心人才的优势发挥到极致，努力为新片区乃至长三角的科技发展和技术进步提供人才保障。核心工作团队可以在长三角区域内流动工作，"哪里需要哪里搬"，使整个长三角都能享受到临港新片区的人才辐射效应。

5.4.2 促进科创资源共享

长三角一体化是高质量的一体化，应通过科技资源共享一体化，促进长三角地区的科技创新体系建设。临港新片区作为长三角地区的科技创新和高端制造业的建设高地，将在突破关键核心技术、推动产业创新、促进长三角整体科技进步的过程中充分发挥策源功能。

1. 促进科研设施与资金共用

重大科技基础设施是科研活动必需的平台，对科技创新具有强大推动作用。长三角区域内各地区应积极互助重大科研设施建设，形成相关的一体化协调机制，互相支持，互相协作。政府可给予适度特殊支持，设立联合基金，支持区域之间的科研合作、成果转化，形成集成创新。

投资自由化是金融市场一体化的最基本要求，促进临港新片区与长三角区域的资金自由流动,实现投资自由化,是实现区内生产要素合理配置的重要前提。总体方案明确允许境内外投资者在临港新片区创建联合创新专用资金,允许资金在长三角范围内自由流动。同时,方案还明确支持境内投资者在境外发起的私募基金参与新片区创新型科技企业融资,凡符合条件的可在长三角地区投资,在促进临港新片区技术发展的同时,实现与长三角区域的协同、联动发展。临港新片区应充分利用投资便利,进一步开拓各方联合、协调发展、共同繁荣的产业网络。

2. 促进信息共享,共同打造数字长三角

信息时代,科技创新离不开信息技术的互相支持和持续更新。临港作为上海科创中心的主体承载区,实现其与长三角区域的信息共享、数字共享、资源共享,将会节约双方在技术上攻坚克难和管理上信息搜寻的处理成本,对双方提升办公效率、推进科技进步产生重要推动力量。加强企业与科研院校合作,充分发挥高校的人力资源优势,提升科研成果转化效率,建立研发中心,汇聚科研院所力量,促进信息产业发展和技术创新在生产中的应用。

推进重点领域的智慧应用协同。临港新片区在引领长三角区域推动高新科技发展的过程中,应重点关注人工智能、物联网、大数据等特色产业和重点信息基础产业,提升信息化协同发展、各领域融合并进、管理高效化和精细化的水平。在制度创新方面,要充分利用科技进步带来的契机,加速推动新片区与长三角地区的联合政务管理,在城市建设、城市治安、信息安全和城市公共服务等领域实现数据资源共享共用,提升政务管理水平。在智能交通运输方面,新片区与长三角地区应协同推进客货运输领域的一体化管理,实现交通运输信息共享、交通治安协同监管、交通缴费方式互联互通等多领域的协同治理。以导航技术为依托,积极开展车联网、车路协同技术创新试点,筹建长三角地区智能交通示范项目。在新闻传播领域,推动智慧广电建设,探索新片区与长三角现有新闻输送途径的共鸣点,将临港新片区与长三角其他地区的新闻动态进行实时共享,提升信息共享水平。在邮政快递、水力电力供应等方面,积极推进以技术为依托的长三角统一网站式管理,加速生活服务的数字化转型。

与长三角地区共同建设信息基础设施。临港新片区应率先加快推进 5G 网络建设,加速高速信息网络建设,推动信息基础设施达到世界先进水平。鼓励电信运营、IT 技术、互联网公司等科技重心产业的龙头企业入驻新片区,协同互助开展技术设备研发、产品研发和服务创新,更好地服务于长三角地区的智能一体化进程。鼓励量子保密通信产业深耕,在区内统筹规划并合理布局量子保密通信干线网,实现与国家广域量子保密通信骨干网络的无缝对接,开展量子通信应用试点,保障机密网络信息的绝对安全。深入推进 IPv6 规模部署,加速网络应用升级改进,推进互联网技术不断升级,统筹规划长三角数字中心,实现临港与长三角地区数据中心、信息枢纽和存算资源合理布局。在智能交通上,临港新片区应推进长三角地区实现网上售票一体化、线下出行一卡通等一体化建设,提升居民畅行长三角的体验。

协力建设长三角工业信息互联网,促进更深层次的信息共享。近年来,"互联网＋"发展模式已经逐渐成为主流,临港新片区与长三角区域应合力打造区内互联互通网络,推进"互联网＋先进制造业"发展模式,打造国际领先、国内一流的跨行业、跨领域、跨区域工业互联网平台。

3. 充分发挥交通运输基础设施对科创资源共享的基础性作用

为联通临港新片区与江苏省、浙江省、安徽省的人流物流,要加速铁路基础设施建设,推动临港新片区快速联通江苏沿海和浙江沿湾地区;积极协同开展沪舟铁路项目研究,密切临港新片区与浙江自贸试验区的联系;加速新片区与浙江自贸试验区共同研究开发洋山深水港,协同发展中转集拼、物流运输和转口贸易;形成分工明确、互相协作的港口群和机场群等。

5.4.3　促进创新成果共享

首先,深度贯彻落实五个"自由"。临港新片区全方位、深层次、根本性的制度创新变革必须做到五个"自由",即投资自由、货物流动自由、人员流动自由、资金流动自由、信息流动自由。其次,聚焦新经济、新业态、新模式,加快形成新的增长极。临港新片区要成为辐射带动长三角地区的动力源泉,为经济发展提供更加强有力的引擎动力。临港新片区应充分发挥自身优势,例如在探索生物医药领域研发用生物材料便捷通关的常态工作机制过程中,新片区可扩大其服务范围至长三角区域,建立区内研发用生物材料便捷通关通道,帮助长三角企业解决涉证通关问题。

5.5　创新制度促规范,联动执行协发展

上海自贸试验区临港新片区对接服务长三角经济带的战略目标定位之一就是探索并形成可复制可推广的制度创新成果,以局部突破带动长三角区域协同发展。制度创新的标准是要有一些突破性或者颠覆性的创新和举措,对标国际最高标准、

最好水平的自由贸易区,实现全方位、深层次、根本性的制度创新变革。因此,临港新片区要充分发挥连接国际与长三角的枢纽功能,依托其更大的自主发展、自主改革、自主创新管理权限,坚持以制度创新为核心,大胆尝试和突破,借鉴国际著名自贸区的制度经验,构建与国际通行规则接轨的制度体系,将创新成果推广到长三角,加强与长三角区域协同发展。长三角区域通过自主学习临港新片区建设发展的经验与启示,提升在世界经济格局中的能级和水平,参与全球合作与国际竞争。临港新片区与长三角可在以下四个方面加强制度创新联动。

5.5.1　加强贸易监管制度创新联动

健全的贸易监管制度是实施自由贸易港的本质。临港新片区重点是要实现高度的自由开放,其中就包括贸易自由,所谓的贸易自由并非放任不管,而是有一系列的贸易制度对贸易自由进行规范。临港新片区学习与借鉴国际著名自贸区先进制度与经验,进行改革试点,从完善"一线放开、二线管住、区内自由"的贸易监管制度,完善国际贸易"单一窗口"制度,完善货物状态分类监管制度,建立新型贸易业态的全流程监管模式四个方面着手,对标国际最高标准、最好水平,探索出一系列规范标准化、可操作的"临港标准",并复制推广为"长三角标准"。

1. 实施"一线放开、二线管住、区内自由"的贸易监管制度

根据国际经验,成熟的自由贸易港的核心是"一线放开",所谓"一线放开"是指境外及区内的货物可以不受海关监管自由出入境,即自贸区与境外实现货物、资金、人员要素自由流动。进一步放宽贸易管制,除法律、法规、国际公约规定禁止入境的少数货品外,绝大多数货品可自由进出自贸区,免予报关报检手续。区内免征进口关税,进出货品不纳入贸易统计。临港新片区要在"一线"实行更高标准的自由化,实现更高标准的放开,放松货物贸易管制,取消或最大程度简化入区货物的贸易管制措施,最大程度简化甚至免于货物进出"一线"的申报,境外货物入区不报关仅申报或境外货物入区仅实施简化的安全监管,或只有"安全准入负面清单"上的货物才需履行申报手续。临港新片区在"放得开"的基础上,探索实行一线无条件注入、登记式备案、区内免证免审;引入市场机制、实施第三方采信乃至多方采信;采用合格假定、非侵入式监控等理念。此外,临港新片区在"一线放开"推进贸易便利化的同时,还需制定一系列安全准入规则,在货物实际入境前进行风险分析,加强贸易安全管理。"二线管住"是指将从自贸试验区出入国境内其他区域的货物,纳入全国海关通关一体化,实行常规监管,要征收相应的税收,并纳入贸易统

计。新片区在"管得住"的基础上,应用风险管理理论和技术,在大数据分析的基础上确定负面清单和重点监管对象,精准高效地守住底线。在向境内其他地方进出货物时,实行物联网、云计算、大数据、人工智能和区块链等职能化卡口,电子信息联网管理模式,最大限度地实现安全高效的管理。

2. 加强国际贸易"单一窗口"制度规范

临港新片区重点探索投资自由、贸易自由、资金自由、运输自由、人员从业自由等五个"自由",推进投资贸易自由化便利化,应当加快形成"五大自由""一大便利"的具体操作标准。目前,最为基础的,同时也是最急迫的是通关一体化和单一窗口标准互通。长三角区域通关一体化作业,首先就要实施统一的规范物流信息和监管信息格式,使得海关按照统一操作规范、统一业务流程、统一执法标准为企业办理通关,真正实现"区域一体化,多关如一关",临港新片区可以在以下三个方面同步推进,长三角视临港新片区实施成效后再进行探索性尝试。

第一,实现信息集成化。新加坡一直非常重视信息化建设在贸易、投资便利化中的作用,很早就采用高度整合的信息统一监管系统。1986 年,开始开发电子数据交换系统(EDI);1989 年,推出贸易管理电子平台贸易网(Trade Net),连接海关、检验检疫、税务、军控、安全、经济发展局、企业发展局、农粮局等 35 个政府部门,且全天候 24 小时运行。与进出口贸易有关的申请、申报、审核、许可、管制等全部监管流程,均通过该系统进行,提高了贸易活动的流程效率,节约了贸易商的交易成本,同时使得海关执法具有同一性。目前,长三角的单一窗口之间仍然存在条线分割、区域分割的现象,临港新片区应充分借鉴新加坡经验,全面利用大数据与云计算技术,积极发挥国际贸易最前沿的禀赋优势,在完善现有"单一窗口"功能与技术的基础上,形成新片区内各部门、各条线"单一窗口"的对接融合标准,建立"一站式"网络通关系统的贸易网络。

第二,实现数据标准国际化。用国际统一的数据标准,进一步简化申报数据,形成统一的单一窗口数据标准,并复制推广到长三角其他地区,逐步实现全国单一窗口,全面畅通。对于目前单一窗口数据标准不统一的问题,可借鉴瑞典统计局的海关信息系统——虚拟海关系统,在该系统中,进出口贸易商只需一次性向瑞典海关提交有关贸易或货运信息。根据业务的分类及特性,该贸易信息将通过虚拟海关系统被传递到特定的公共服务模块:如不涉及许可证件管理,虚拟海关系统会根据贸易商提供的原始数据比如贸易信息或货运信息自动生成一套标准的电子报关单。临港新片区海关可考虑整合目前的通关系统,将各方的传递数据进行统一,使之统一成标准化的数据后进行各方传输,从而提高数据传输的有效性。

第三,实现操作互通化。建设通关一体化的关键,就是建立健全长三角区域海关内外部信息全面交流和数据交互使用管理办法以及信息共享共用机制,积极推进单一窗口的跨区域发展,实现数据互换,借助统一的平台实现信息的交换与反馈,允许报关企业"一地注册、多地报关",允许区域外报关企业在区域内设立的分支机构,在区域海关直接报关;实现监管互认,增强执法的科学性、合法性、高效性,避免信息不对称;实现执法互助,就是各部门协作,减少可能发生的风险,严格审查货物,企业在一地办理商品预归类、价格预审核、原产地预确定的"三预"专业认定可以在区域内各海关通用,在总署总担保及汇总征税项目的基础上,实现"一份保函"区域通用。

3. 完善货物状态分类监管制度

由于货物进出自贸试验区的源宿地差异性,以及货物在区内操作方式的不同,造成货物监管的复杂性。海关需加强与税务部门的沟通联系,共同研究加工贸易的货物状态分类监管方案,并进一步扩大试点企业范围,尽早形成具有可操作性的货物状态分类监管制度。临港新片区可以适度参考借鉴美国对外贸易区(foreign trade zone,简称FTZ)的货物区域状态管理。对于新片区区内货物的分类监管可以结合货物在区内的操作方式,一定程度上借鉴美国的分类管理方法,不是简单地采用免税、保税和非保税几种状态,而是将自贸试验区货物分成加工型、物流仓储和展示型、中转型以及自用型几种类型,即在沿袭海关特殊监管区域的货物分类保税加工和保税物流的基础上再加以拓展,更加明确其用途和入区目的。这种货物状态分类主要从入区货物的用途和目的进行划分,既借鉴了美国对外贸易区的货物区域状态管理经验,又在一定程度上延续了中国海关特殊监管区域较为成熟的货物分类监管方法,同时兼顾了临港新片区货物源宿地差异和不同用途对税收状态的影响,能够有效地简化自贸试验区的货物监管,促进货物快速流动,并易于推广复制到长三角其他自贸试验区。

4. 加快推进新型贸易业态海关监管模式创新

近年来,从具有实体商品形式的跨境电子商务,到没有实体商品形式的跨境教育、跨境数据服务、跨境医疗等跨境电子服务贸易,包括服务贸易的兴起,引起许多融资、租赁、国际服务外包保税业务、期货保税交割等无形贸易业态的出现,这些新业务形态对海关的监管模式提出新的诉求,海关应积极借鉴公共服务理论、流程再造理论,"重视人的需求""以新技术为手段",站在更高的视角、从技术手段创新来思考建立新型贸易业态的全流程监管模式,采用"互联网＋海关"的监管模式,满足服务贸易业态及企业的快速、便利通关需求。长三角要深化复制推广临港新片区新型贸易业态海关监管工作,优化通关流程,支持新兴贸易业态发展。

5.5.2 加强税收制度创新联动

当今自由港有多种形态和模式,但普遍执行简税制和低税率政策,可见具有国际竞争性税制安排是自由贸易港的标志。上海自贸试验区临港新片区要实现对标国际公认最强的自由贸易园区,必须学习国际著名自由贸易港税制实施的经验,从而更好地制定与实施具有国际市场竞争力的税收制度和政策,上海自贸试验区临港新片区需充分发挥制度创新试验田的作用,向长三角地区推广开放经验和创新成果。在长三角地区其他自贸试验区借鉴临港新片区税制实施经验的同时,也要在税收管理与服务上做到协同与协调,将长三角区域打造成税收规则的"平地",逐步形成有利于长三角一体化发展、高质量发展的税收环境。临港新片区在以下四个方面"先行先试"。

1. 接轨国际成熟自由港的企业所得税低税率,吸引全球优质企业

简化税制和低税率一直是各个国家吸引优质企业的核心内容之一,临港新片区要实施具有国际竞争力的税收制度,意味着这一片区的税率,尤其是流转税不能高于国际平均水平,特别是各主要发达经济体的整体税负水平。目前,所得税方面除高科技企业可减15%的税率缴纳企业所得税外,自贸试验区注册企业实际业务不区分在区内还是区外发生,按25%征收,而在新加坡、中国香港、韩国、德国等著名自贸区内,企业所得税税率都在15%—17%。流转税方面,中国各自贸试验区内当前的增值税税率为17%,而韩国自贸区增值税率仅为2%,日本为8%,新加坡为7%。因此,对于企业所得税而言,自由贸易港税制改革的目标要基于产业发展定位的差异性之上,对标国际著名自由贸易港的税率水平,为此可以通过授权立法赋予市(省)在法规的框架内,以10年—15年为期,在自由贸易区内分阶段下调企业所得税税率至16%—18%范围,同时针对符合发展定位的特色产业和重点领域实施专项的税收优惠政策。临港新片区指定特定行业领域,如符合条件且从事集成电路、人工智能、生物医药、民用航空等关键领域核心环节生产研发的企业,自设立之日起5年内减按15%的税率征收企业所得税,有助于培育发展先进技术,形成产业辐射效应,带动长三角相关区域联动发展。

2. 实施个人所得税优惠政策,吸引国际高端人才

目前新加坡和中国香港都有众多国际高素质人才,每年其主导产业还能吸引大量高端人才。因此上海临港新片区除了要为各类人才提供出入境便利和宜居生

活环境外,其个人所得税政策也要体现对高端人才的重视,以构建国际高端人才的"蓄水池"。在个人所得税方面,短期内临港新片区可参照粤港澳大湾区的个税优惠政策,对在自由贸易区工作的境外高端与紧缺人才,其缴纳的个人所得税税额超过其按应纳税所得额的 15% 计算的税额部分,由上海财政给予补贴。未来对于在上海临港新片区工作的国际高端人才可给予与中国香港或新加坡接近的税负安排,增加临港新片区对境外人才的吸引力。长三角可以推出类似的政策,这对于吸引全球科学家、包括港澳台的高端科技人才、科技服务、技术投资等人才到长三角地区落户是大有帮助的,后续还可以更进一步,将个人所得税优惠政策补贴延伸到国内顶尖科研、创投等人才,形成人才的虹吸效应。

3. 简化增值税税制结构,扩大增值税政策适用范围

中国 2017 年将增值税基本税率由四档变三档,并分别于 2018 年和 2019 年两次降低三档税率至 13%、9%、6%。同新加坡只有一档基本税率的 7% 相比,中国增值税税率档次过多,税率也较高。为此中国还有必要继续合并简化增值税的税制结构,营造简洁透明的税收环境。另外扩大临港新片区服务出口增值税政策适用范围,新片区企业向境外提供服务适用零税率的范围若进一步扩大,与金融开放创新密切相关的金融服务更可能受益。长三角要以临港新片区优化税收营商环境举措为借鉴,对标国际一流税收营商环境,根据实际情况进一步扩大税收政策适用范围。

4. 积极开展离岸税制的探索,培育离岸经济发展"新动能"

从国际层面的竞争来看,当前上海和长三角其他自由贸易试验区在离岸功能的探索方面均需要补齐短板。仅以上海为例,2018 年上海港货物吞吐量、集装箱吞吐量连续八年位居全球港口首位,这预示着未来上海在岸贸易规模继续扩张的空间有限,因此上海自贸试验区应该由以在岸功能为主向在岸与离岸功能并重转变,持续培育离岸经济发展"新动能"。临港新片区要做到适应离岸业务发展,应该研究适应境外投资和离岸业务发展的新片区税收政策,若能在新片区有所突破,可为在长三角区域中推广政策起到良好的引领作用。

5.5.3　加强营商环境创新联动

上海是参与世界银行营商环境评价的样本城市,临港新片区有义务对标国际最高标准、最好水平,在营商环境标准方面推动长三角区域营商环境市场化、国际化、法治化,在更高水平上推进长三角营商环境一体化,引领长三角营商环境接轨世界一流水平。长三角营商环境一体化的水平是决定长三角能否实现高质量发

展、提升城市群国际核心竞争力的重要环节之一,临港新片区从以下四个方面起到引领示范作用。

1. 科学制定长三角营商环境评价体系,引领营商环境跃升

目前三省一市从各自视角出发均制定了高质量发展监测评价指标体系,但基于协同发展的战略要求,需要用"同一把尺子"来动态监测、评估区域一体化进程,并及时调整政策以确保实现长三角区域营商环境一体化的目标。在营商环境方面,可基于世界银行和国际标准制定《长三角区域营商环境评价标准》,并将能够反映"区域间协作共建、协同治理"的指标纳入指标体系。世界银行营商环境评价体系,更加侧重新进入企业的感受,更多反映市场活跃程度。包括临港新片区在内的自贸试验区本身应当是市场最为活跃的区域,新设企业数是衡量其建设成效的重要标准之一。临港新片区可将特斯拉项目"签约后 17 个月就投产"、新奥燃机项目"5 天 4 证"等经典案例,固化为可复制、可推广的标准模式,在此基础上,制订具体的时间表、路线图,引领长三角各自贸试验区共同落实标准,力争在 3 年内,对照世界银行营商环境评价体系,全部达到全球前 10 位经济体的水平。对于存量企业而言,营商环境是一个更加广义的概念,包括涉及企业及其员工的各项要素。建议临港新片区结合现有工作,围绕企业最关心的人才、融资、配套设施等环境,对照国际先进地区经验做法,探索制定若干标准,进而形成更加广义的营商环境评价体系,并率先在长三角各自贸试验区复制推广。

2. 建立规则统一的制度体系,缔造规范的营商环境

(1)健全政策制定协同机制。建立重点领域规则和重大政策协调机制,加强临港新片区与长三角政策协同,在企业登记、土地管理、环境保护、投融资、财税分享、人力资源管理、公共服务等政策领域建立政府间协商机制并形成协同方案,由各级政府根据协同方案制定相应政策措施,实现由商品和要素的合作向规则等制度的一体化转变。

(2)推进区域标准一体化。开展区域标准化试点,加快推进标准互认,临港新片区需加强与长三角区域标准领域合作,积极推动公共服务、城市管理、全域旅游、环保等领域的区域标准一体化,推动新片区区域内重点政务、公共服务领域标准目录、具体标准制定、标准实施监管与长三角区域协同,按照建设全国统一大市场要求探索区域一体化标准体系。临港新片区优化新兴行业市场主体准入,协调长三角解决新兴行业分类、经营范围规范表述等问题,探索建立统一的产业准入清单,实现统一标准满足企业需求。修订外商投资准入负面清单,提高外资准入的透明度、便利性和可预期性。

（3）深度推进政务审批服务一体化。积极推进高频事项接入长三角"一网通办"，推动企业服务和便民服务事项线上"一地认证、全网通办"，线下"收受分离、异地可办"，应用电子证照在长三角实现办事材料免交、异地发证。通过建立数据池等方式，推动"单一窗口"数据与长三角"一网通办"实现对接，有序推进数据开放应用，进一步实现"大数据"管理。对于双向互通互认有困难的管理事项，在风险可控的基础上，探索率先开展临港新片区的单向联通和认可。

（4）共同建设长三角一体化数据中心。临港新片区推进国际互联网数据经济交流合作，参与全球数字经济合作交流的同时充分利用长三角三省一市现有的大数据中心和数据共享交换基础，探索制定长三角区域数据共享目录、统一数据标准，建立共享交换平台和一体化数据库，逐步建成"逻辑统一、物理分解、共享共用"的长三角数据中心。大数据中心集成区域内的人才、科技、创新、市场、金融、生态等要素信息，为启动生产要素的跨区域流动提供信息支撑，消除信息不对称，实现生产力提升。

3. 建立区域市场主体信用体系，树立公平公正的营商环境

市场主体最终是由投资行为来投票的，要从世界格局、未来思维角度来谋划建设公平公正、透明可预期的营商环境，认真做好减政放权的"减法"、做强监管的"加法"、优化服务的"乘法"，不断提高行政效能，消除束缚企业手脚的不合理限制，消除跨行政区域阻隔带来的藩篱。同时，要更加注重市场在区域一体化发展中的决定性作用，各地政府对企业跨区域行为限制进一步减少的过程中，行政区划形成的天然障碍能够被市场的一体化所克服，要利用市场的力量打破行政壁垒。信用是商业社会的基础，新片区加强信用分级管理，完善信用评价基本规则和标准，实施经营者适当性管理，按照"守法便利"原则，把信用等级作为企业享受优惠政策和制度便利的重要依据。建立主动披露制度，实施失信名单披露、市场禁入和退出制度。长三角根据临港新片区制度经验，系统性推进信用体系建设，建议统筹规划统一的长三角区域市场主体信用体系共享平台，探索建立长三角企业和重大项目的信息共享机制，推进沪苏浙皖一市三省区域内市场监管部门与其他政府部门间的涉企信息共享，有效归集和整理国家企业信用信息公示系统、省市场监管信息平台、市公共信用信息平台内的涉企信用信息，对企业及政府的失信行为进行双向监督。建立统一授信、失信行为认定标准及政策措施的互认机制，加强信用联合惩戒领域合作力度，商标评审、政府招投标等，要对有严重失信行为的企业实行一票否决制，压缩失信企业的生存空间，营造诚信经营的商业环境。

4. 加强法治领域合作力度，建立法制化的营商环境

从长远看，营商环境建设的根本是"法治化"，建立以市场竞争为基础、非行政

扭曲的竞争体系,通过营造公平竞争的市场环境,消除地方保护、垄断和不正当竞争,推动经济从"发展竞争"转向"平等竞争"。三省一市各部门应对已出台的地方法规文件进行排查,废除和修改其中涉及妨碍统一市场和公平竞争的不合理规定,并依法对其他部门拟出台的政策文件提出审查建议。开展针对不公平竞争和垄断行为的专项整治行动,对滥用市场支配地位限制竞争、乱收费的行为进行查处和整顿,并加大对商标侵权、专利侵犯等知识产权侵权违法行为的打击力度。同时,探索建立区域性协同立法机制,推动信用长三角、优化营商环境等重点领域协同立法,加强地方立法协作,建立地方立法冲突的协调机制。

此外,积极推进法律便民服务一体化融合。突出惠民、便民、利民导向,继续深化法律援助协作,完善异地协作交流机制;加强公证领域联动,建立互助协查、数据共享机制,推进在线公证合作;探索跨区域法律服务信用体系建设,在机构人员查询、服务资源共享、信用信息发布、实施联合奖惩等方面深化交流协作,切实提升长三角地区公共法律服务的公信力;强化智慧法务建设,打通网络平台数据接口,共同探索"互联网+律所""互联网+公证"等服务模式,打造"全天候、普惠式"区域性互联网法律服务。

5.5.4 推进专项立法进程,引领法治创新

中国对外开放的过程,也是在法律法规和政策制度上不断与国际接轨的过程。随着自贸试验区这一最为开放区域的设立,对现有制度体系的修补已难以适应新的要求,特别是临港新片区肩负着加大开放型经济风险压力测试的重任,需要从法律层面强化保障。成功的自贸区通常都会根据国家制定的统一经济区域基本法律,结合各自优势制定有利于形成的独特优势的法律保障体系,做到优惠经济政策的法律化与本身经济要素结构的互补。放眼全球,不少自贸区进行了专门立法,比如新加坡早在自贸区设立之初,由最高立法机关制定了专门的《自由贸易区法案》,对自贸区的定位、功能、管理体制、运作模式、优惠政策等进行全面规定,执法机构根据《海关法》《公司法》《环境保护法》《商品及服务税收法》等法律制度进行监督。临港新片区分两个层面进行突破。

法律层面。法治化的营商环境是稳定可靠的营商环境。新加坡自由港的发展离不开政府制定的具有权威性和统一性的相关法律,对港区内市场风险进行防范和控制,给予了港区内的工作活动顶层的法治保障。国家层面应抓紧研究制定自由贸易区相关法律,通过法律明确功能、定位和监管体制等内容,进一步规范执法

体系,规范各级政府相关职权和责任,避免利用自贸试验区建设寻租、涉租,营造公平正义的市场环境,让法治成为长三角协同发展的核心竞争力,真正发挥区域带动和示范作用,引领整个长三角区域发展,形成高质量发展的区域集群。

政策层面。发挥中央部委与地方的作用。临港新片区应主动顺应国际经贸形势的变化,遵循世贸组织规则,有针对性地提出战略性新兴产业扶持政策建议,规避政策与国际规则相冲突,多用普惠性税收政策,避免税收竞争和补贴竞争。在不导致税基侵蚀和利润转移的前提下,探索试点自由贸易账户的税收政策安排。长三角区域可根据实际情况协调、统一区域内的政策执行标准,高质量推进长三角一体化发展。

5.6　加强深度融合发展,探索一体化新思路

5.6.1　加强资源集成一体化,强化资源配置功能

临港新片区要主动参与和引领长三角相关资源的集成。临港带动长江经济带整体物流运输能力的提升,促进长三角区域劳动力、技术、信息、资本等生产要素跨行政区划的自由流动,进而推动长三角一体化的高质量协同发展。当前,临港新片区与长三角区域的一体化进程仍有诸多瓶颈制约,资源配置不尽合理,资源共享水平也有待提高,在医疗、教育、生活服务等领域的资源共享仍不充分。在医疗上,要重点解决医疗设备和医护人员配比极度不均、医疗专家跨区域流动存在重重阻碍等突出问题;教育方面重点扶持教育资源紧缺的教育洼地,加速长三角地区的教育资源整合,优化学科体系、科研体系和教育体系,加速世界一流学科和研究基地建设;加速大学公共资源的互通共享;打破信息资源共享的地区限制,促进跨区域的人才资质互认、养老金领取资格异地认证等加强长三角数据资源开发的公共规划,建立公共数据平台,充分发挥和有效整合企业掌控的数据资源,形成互通共享机制。加快资源集成一体化是实现临港新片区与长三角地区协同发展最基本的出发点和落脚点,应加速推进资源合理配置。

5.6.2　完善市场配置机制,加速市场协同发展

当前,临港新片区和长三角区域的联动、合作仍是以政府推动为主,尚未形成

自主自发的联动协同发展机制,市场机制发挥的作用远远不足。在人才引进方面,尚未建立人才有序竞争统一规则,仍存在人力资源争夺的非良性竞争局面;在交通运输领域,机场组的航班在时间、路线上存在较大重合,在航线开辟和货物运输等方面存在无序竞争;在相似产业的发展上,市场化的利益分配和共享机制尚未形成,存在利益冲突和同质化竞争。因而,要加速建立健全各领域的竞争合作统一规范,加速打破人才引进和交通运输的壁垒,实现错位竞争的良性竞争格局,充分发挥市场主体的配置功能,促进临港新片区与长三角区域实现更合理的资源配置和深层次的资源共享。

1. 完善长三角区域产权市场一体化

推进现有产权市场的线上交易,促进公共资源、公共产品和交易平台共享,完善统一的信息披露、信息管理制度,建设长三角科技成果产权交易共同市场。培育完善各类产权交易平台,逐渐扩大产权交易领域和范围。建立统一的技术市场,推进跨区域技术资质公认、跨区域技术能力共享。加大产权保护力度,尤其是保护私营企业和科技人员的合理产权。建立统一的知识产权和动产确权与评估机制、知识产权保护规则、市场监管规则和风险防控机制。

完善产权交易市场,更有利于利用产权交易市场的信息集聚、价格发现和制度规范等功能,促进市场向更加有序、有效、透明的方向迈进。

2. 建立统一的土地市场

在土地资源紧缺、地价昂贵的今天,统筹规划土地使用、土地保护和土地管理显得尤为重要。遵循"国家统筹、地方分担"的基本原则,优先保障跨区域重大生态环境工程项目和基础设施项目所涉及的新增建设用地和占补平衡指标。推进土地要素市场化配置综合改革,提升资源要素配置效率和土地资源集约化利用水平。深化国有土地有偿使用制度改革,扩大有偿使用的土地范围,建立健全低效用地再开发激励约束机制和存量建设用地退出机制。

3. 实行成本共担利益共享机制

临港新片区应积极探索与长三角地区在重大基础设施建设、跨区域产业转移、园区合作等领域的成本共担、利润共享机制,推进以市场效果为导向的政府绩效考核制度,激励政府和市场两个主体的活力。探索建立区域间互利共赢的税收收入共享机制和征管协调机制,促进公平竞争。探索建立区域投资、税收等利益争端处理机制,形成有利于生产要素自由流动和高效配置的良好环境。

参考文献

Anderson, E., and E. Wincoop, 2004, "Trade Costs", *Journal of Economic Literature*, 42(3):691—751.

Branstetter, C., R. Fisman, F. Foley, and K. Saggi, 2010, "Does Intellectual Property Rights Reform Spur Industrial Development?", *Journal of International Economics*, 83(1).

Porter, M., 1985, *Competitive Advantage：Creating and Sustaining Superior Performance*, New York：Free Press, 33—53.

《中国(上海)自由贸易试验区临港新片区总体方案》(国发〔2019〕15 号)。

《中国(上海)自由贸易试验区临港新片区管理办法》,2019 年 7 月 30 日上海市政府第 60 次常务会议通过。

《中国(上海)自由贸易试验区临港新片区国土空间规划(2019—2035 年)》(草案),2020 年 6 月 23 日《上海发布》。

《中国(上海)自由贸易试验区临港新片区重点产业企业所得税优惠资格认定管理办法》(沪财发〔2020〕12 号)。

《中共上海市委、上海市人民政府关于促进中国(上海)自由贸易试验区临港新片区高质量发展实施特殊支持政策的若干意见》(沪委发〔2019〕20 号)。

《关于以"五个重要"为统领加快临港新片区建设的行动方案(2020—2022 年)》,中国上海门户网站。

财政部、税务总局《关于中国(上海)自由贸易试验区临港新片区重点产业企业所得税政策的通知》(财税〔2020〕38 号)。

《中华人民共和国海关对洋山特殊综合保税区监管办法》(海关总署〔2019〕170 号)。

《洋山特殊综合保税区产业和空间布局规划》(沪自贸临管委〔2020〕376 号)。

《关于促进洋山特殊综合保税区对外开放与创新发展的若干意见》(沪自贸临管委〔2020〕377 号)。

《中国(上海)自由贸易试验区临港新片区总体方案》,解放日报(2019),2018年第 8 期。

《上海自贸区临港新片区:比自贸区政策有哪些新突破》,http://finance.sina.com.cn/china/2019-08-29/doc-iicezueu1976971.shtml。

本报特约评论员:《围绕投资贸易自由化 打造金融开放新高地》,中国城乡金融报,2019 年。

曹磊、张周平:《跨境电子商务全产业链时代:政策红利下迎机遇期》,中国海关出版社 2019 年版。

曹炜钱:《重庆市转口贸易发展的研究——基于"渝新欧"铁路和"一带一路"背景》,重庆大学硕士论文,2017 年。

曹晓路、王崇敏:《中国特色自由贸易港立法的基本框架与实现路径——以海南自由贸易港立法为视角》,《当代法学》2020 年第 4 期。

陈文玲:《基于通用航空发展现状的通用航空产业体系研究》,《经济研究导刊》2019 年第 5 期。

陈相香:《国际投资协定对价值链贸易的影响研究》,东北财经大学硕士论文,2019 年。

成斐:《离岸贸易发展的产业关联与制度约束:国际对比及其启示》,暨南大学硕士论文,2016 年。

崔巍:《上海能成为亚洲的转口中心吗?》,《国际贸易问题》1994 年第 7 期。

崔卫杰:《中国自由贸易试验区开放引领功能再升级》,中国经济时报,2019 年。

邓志超、景建国:《自由贸易账户与多账户体系比较研究》,《新金融》2019 年第 12 期。

丁斌:《上海自贸区临港新片区的优势和挑战研究》,《商讯》2019 年第 22 期。

董岗、陈心怡:《区域扩围视角下长三角港口群空间结构演化及协同策略》,《大连海事大学学报(社会科学版)》2017 年第 4 期。

段娅妮:《贸易便利化对服务贸易出口的影响研究》,湖南大学硕士论文,2015。

桂海滨、邵哲一:《上海自贸试验区临港新片区设立对浙江的影响分析》,《浙江海洋大学学报(人文科学版)》2019 年第 5 期。

韩剑:《区域一体化与自贸区联动发展》,《群众》2019 年第 20 期。

韩余静、陈丽云、王纪忠:《自由贸易区背景下海南转口贸易发展的机遇、困境及对策》,《中国经贸导刊》2019 年第 4 期。

胡东、周英芬:《上海临港新片区高等院校"产教城"融合发展的思考》,《产业与科技论坛》2020 年第 1 期。

胡方:《国际典型自由贸易港的建设与发展经验梳理——以香港、新加坡、迪拜为例》,《人民论坛·学术前沿》2019 年第 22 期。

胡曙虹、张宓之、乐嘉昂:《如何建设长三角科技创新共同体》,《华东科技》2020 年第 7 期。

黄国雄、王平、李德俊、杨根子、王成武:《新时代皖苏结合部共建自贸区港研究》,《安徽冶金科技职业学院学报》2019 年第 1 期。

黄庆平、李猛:《国际竞争性税制经验对中国探索建设自由贸易港的启示》,《国际贸易》2019 年第 9 期。

黄文军:《宁波发展离岸贸易的对策研究——基于国内外城市借鉴的视角》,《三江论坛》2012 年第 7 期。

黄新祥:《上海离岸贸易的发展现状、存在问题与对策》,工程和商业管理国际学术会议,2012 年。

黄新祥:《外高桥保税区离岸贸易的发展现状、问题与对策》,《特区经济》2012 年第 3 期。

贾远琨:《上海港:"冲刺"国际领先航运枢纽》,经济参考报,2019 年。

黎峰、曹晓蕾、陈思萌:《中美贸易摩擦对中国制造供应链的影响及应对》,《经济学家》2019 年第 9 期。

李菲、龙耀辉、赵劲松、任红梅、张恬、雷雨、张宏翔:《我国生物医药产业现状及区域化发展战略》,《中国生物工程杂志》2020 年第 8 期。

李娜:《基于区域一体化背景下的长三角海洋经济整合研究》,《上海经济研究》2014 年第 7 期。

李娜、姜乾之、张岩:《新时代下长三角港口群发展新趋势与对策建议》,《上海城市管理》2019 年第 4 期。

李晰睿:《我国通用航空发展现状与对策研究》,《中国民航飞行学院学报》2020 年第 1 期。

林锋:《上海发展转口贸易的相关要素分析》,《国际经济合作》2009 年第 5 期。

刘洪铎、曹翔、李文宇:《双边贸易成本与对外直接投资:抑制还是促进?——基于中国的经验证据》,《产业经济研究》2016 年第 2 期。

刘伟、武长虹:《跨境电子商务综试区战略》,浙江大学出版社 2019 年版。

刘志彪、徐宁:《统一市场建设:长三角一体化的使命、任务与措施》,《现代经济探讨》2020 年第 7 期。

卢进勇、邵海燕、黄珊珊：《外贸出口新方式亟需金融创新支持》，《国际贸易》2014 年第 11 期。

路建楠：《上海发展跨境电子商务的建议》，《科学发展》2016 年第 10 期。

马述忠、潘钢健：《从跨境电子商务到全球数字贸易——新冠肺炎疫情全球大流行下的再审视》，《湖北大学学报（哲学社会科学版）》2020 年第 5 期。

毛立坤：《晚清时期香港对中国的转口贸易（1869—1911）》，复旦大学博士论文，2006 年。

梅冠群：《全球数字服务贸易发展现状及趋势展望》，《全球化》2020 年第 4 期。

闵梓：《民航局公布 2019 年民航行业发展统计公报》，中国航空报，2020 年。

潘峰华、曾贝妮：《离岸金融中心的地理学研究进展》，《地理科学进展》2019 年第 2 期。

戚奇明：《上海自贸区临港新片区的优势和挑战》，上海金融报，2019 年。

邱晨：《上海港与长三角港口的联动发展》，《水运管理》2020 年第 8 期。

上海海关学院—海关总署研究室课题组：《上海自贸试验区对接服务长江经济带国家战略相关问题研究》，《科学发展》2019 年第 2 期。

邵沙平、王小承：《美国外资并购国家安全审查制度探析——兼论中国外资并购国家安全审查制度的构建》，《法学家》2008 年第 3 期。

沈克华、彭羽：《离岸贸易与香港国际贸易中心地位的演变——兼论对上海国际贸易中心建设的启示》，《亚太经济》2013 年第 3 期。

沈玉芳、刘曙华、张婧、王能洲：《长三角地区产业群、城市群和港口群协同发展研究》，《经济地理》2010 年第 5 期。

师磊：《上海自贸区离岸金融的发展及借鉴意义》，《现代管理科学》2018 年第 6 期。

施东辉：《设立国际金融交易平台　打造临港新片区开放新高地》，第一财经日报，2020 年。

舒琴芳：《中国（上海）自由贸易试验区海关监管服务改革创新研究》，《海关与经贸研究》2015 年第 5 期。

舒琴芳：《依托上海自贸试验区优化海关职能作用促进服务贸易发展的思考》，《海关与经贸研究》2017 年第 7 期。

宋春子：《全球价值链分工对国际贸易摩擦的影响研究——基于中国的案例分析》，辽宁大学博士论文，2014 年。

宋晓燕:《中国(上海)自由贸易试验区的外资安全审查机制》,《法学》2014 年第 1 期。

孙浩:《上海自贸试验区海关监管服务改革的创新发展探究》,《上海经济研究》2015 年第 12 期。

汤世强:《上海发展离岸贸易问题研究》,《科学发展》2010 年第 12 期。

汤蕴懿:《长三角通关一体化制度建设问题》,《上海经济研究》2016 年第 4 期。

唐芳、张奇:《自贸试验区背景下海关特殊监管区域发展模式的思考》,《国际贸易》2017 年第 11 期。

陶立峰:《外国投资国家安全审查的可问责性分析》,《法学》2016 年第 1 期。

汪斌、侯茂章:《经济全球化条件下的全球价值链理论研究》,《国际贸易问题》2007 年第 3 期。

王丹、彭颖、柴慧、谷金:《"十四五"时期深化上海国际航运中心建设面临的挑战及对策》,《科学发展》2020 年第 6 期。

王淑娟:《上海深化自贸金融领域开放创新》,《金融世界》2020 年第 8 期。

王颖、陆簧、张小平、胡骏:《上海生物医药产业发展报告(2018 年度)》,《上海医药》2020 年第 7 期。

王忠豪:《全球价值链视角下我国加工贸易转型升级路径研究》,重庆工商大学硕士论文,2015 年。

魏颖:《新型国际商贸中心指数编制研究》,《现代商业》2019 年第 36 期。

吴根宝:《服务贸易,经济发展新动力——建设中国(上海)自由贸易试验区》,上海交通大学出版社 2015 年版。

吴汉洪、李秀玉:《外资并购的反垄断审查和国家安全审查的比较》,《国家经济研究》2014 年第 12 期。

吴爽、陈丽云、王纪忠:《海南发展转口贸易的相关要素分析》,《当代经济》2019 年第 4 期。

吴轶:《上海建设全球资产管理中心研究》,《科学发展》2020 年第 10 期。

夏骥:《上海自贸试验区临港新片区引领长三角更高质量一体化发展》,《科学发展》2020 年第 3 期。

夏炎:《中国转口贸易现状与问题思考》,《现代商贸工业》2011 年第 20 期。

肖本华:《上海自贸试验区临港新片区发展金融交易平台思路和举措》,《科学发展》2020 年第 7 期。

谢文卿、吴文娟:《全球经济继续下行 港口生产尚未复苏——全球港口发展半年报》,《中国航务周刊》2020 年第 40 期。

熊鸿军、叶金龙、富立友:《中国(上海)自由贸易试验区临港新片区:历史演进及特征分析》,《国际商务财会》2020 年第 2 期。

徐晨、孙元欣:《外资安全国家审查制度国际比较与借鉴》,《上海经济研究》2018 年第 8 期。

徐军海、黄永春、邹晨:《长三角科技人才一体化发展的时空演变研究——基于社会网络分析法》,《南京社会科学》2020 年第 9 期。

徐美娜、彭羽:《中国(上海)自由贸易试验区离岸贸易发展战略研究》,《亚太经济》2014 年第 3 期。

徐占春:《近代上海转口贸易的历史统计》,《统计研究》2012 年第 12 期。

许蒙亚:《把长三角区域打造成税收规则的"平地"》,中国财经报,2019 年。

严剑峰、赵晓雷:《美国外国投资安全审查制度及其对上海自贸试验区的启示》,《科学发展》2015 年第 2 期。

杨陈静、刘航:《自贸区协同发展的研究综述》,《四川行政学院学报》2019 年第 2 期。

杨晨、李薇、王忠强:《口岸城市为跨境电商发展营造良好物流环境的对策建议——以上海市为例》,2017 中国城市交通规划年会论文集,2017 年。

杨广丽:《大力发展离岸贸易加快广东自贸区服务功能升级》,《广东经济》2015 年第 9 期。

杨继军、范从来:《"中国制造"对全球经济"大趋势"的影响——基于价值链的实证分析》,《中国社会科学》2015 年第 10 期。

杨汝岱:《香港转口贸易及其对中美贸易平衡的影响》,《经济科学》2008 年第 2 期。

杨长通:《美国的外商投资安全审查制度及启示》,《中国经贸导刊》2013 年第 12 期。

杨长涌:《美国外国投资国家安全审查制度的启示及我国的应对策略》,《宏观经济研究》2014 年第 12 期。

姚凯:《加快临港新片区人才集聚　打造自贸区人才辐射新窗口》,第一财经日报,2019 年。

叶金龙:《制度创新是临港新片区产业发展的最优途径》,《国际商务财会》2020 年第 6 期。

易朝军:《上海服务贸易的国际竞争力研究》,华东师范大学硕士论文,

2017 年。

袁群华:《香港离岸贸易发展现状及其影响因素分析》,《城市观察》2019 年第2 期。

张颢瀚:《论长三角港口群、区域与交通发展的一体互动》,《南京社会科学》2009 年第 1 期。

张欣园:《展望临港新片区金融改革与创新》,《中国外汇》2019 年第 18 期。

张智革、吴薇:《中国对外贸易依存度的动态分析》,《国际贸易》2011 年第10 期。

赵祎琦:《上海自贸区建立人民币离岸金融中心的可行性分析》,《中国商论》2020 年第 7 期。

致公党江苏省委会、浙江省委会联合课题组:《加强协同推动长三角区域营商环境一体化发展》,《中国发展》2019 年第 6 期。

中国(上海)自由贸易试验区临港新片区进一步促进服务业高质量发展的实施意见:https://www.lgxc.gov.cn/m/cyzsdetail.html?id=26239。

中国(上海)自由贸易试验区临港新片区总体方案:http://www.gov.cn/zhengce/content/2019-08/06/content_5419154.htm。

周丹:《中国自由贸易区建设对全球价值链嵌入程度的影响研究》,湖南大学硕士论文,2017 年。

周学强、何万篷:《发挥上海龙头带动作用　加快三大重点区域建设》,《群众》2019 年第 20 期。

邹兆敏:《上海国际金融中心建设对"一带一路"沿线国家市场要素配置影响的研究——兼论临港新片区金融服务定位》,《上海立信会计金融学院学报》2020 年第 3 期。

图书在版编目(CIP)数据

2021上海城市经济与管理发展报告：上海自由贸易
试验区临港新片区发展研究/上海财经大学上海发展研
究院等编.—上海：格致出版社：上海人民出版社，
2021.11
（自贸区研究系列）
ISBN 978 - 7 - 5432 - 3294 - 5

Ⅰ.①2… Ⅱ.①上… Ⅲ.①城市经济-经济管理-
研究报告-上海- 2021 ②自由贸易区-经济发展-研究报
告-上海 Ⅳ.①F299.275.1

中国版本图书馆 CIP 数据核字(2021)第 208915 号

责任编辑 张宇溪 程 倩
装帧设计 路 静

自贸区研究系列
2021上海城市经济与管理发展报告
——上海自由贸易试验区临港新片区发展研究

上 海 财 经 大 学 上 海 发 展 研 究 院
上 海 财 经 大 学 城 市 与 区 域 科 学 学 院
上海市政府决策咨询研究基地"赵晓雷工作室"   编
上海市教育系统"赵晓雷城市经济与管理工作室"

出　　版　格致出版社
　　　　　上海人 \& 出版社
　　　　　(201101　上海市闵行区号景路 159 弄 C 座)
发　　行　上海人民出版社发行中心
印　　刷　常熟市新骅印刷有限公司
开　　本　787×1092　1/16
印　　张　13
插　　页　3
字　　数　240,000
版　　次　2021 年 11 月第 1 版
印　　次　2021 年 11 月第 1 次印刷
ISBN 978 - 7 - 5432 - 3294 - 5/F·1407
定　　价　55.00 元